사회학의
눈으로 본
먹거리

한국 농식품체계의 변화와 위기

사회학의 눈으로 본 먹거리

한국 농식품체계의 변화와 위기

초판 1쇄 발행 | 2018년 4월 30일
초판 2쇄 발행 | 2020년 1월 15일

지은이 | 김철규
펴낸곳 | 도서출판 따비
펴낸이 | 박성경
편   집 | 신수진, 차소영
디자인 | 이수정

출판등록 | 2009년 5월 4일 제2010-000256호
주소 | 서울시 마포구 월드컵로28길 6(성산동, 3층)
전화 | 02-326-3897
팩스 | 02-337-3897
메일 | tabibooks@hotmail.com

ISBN 978-89-98439-46-0 93330
값 18,000원

이 책은 2013년 정부(교육부)의 재원으로 한국연구재단의 지원을 받아
수행된 연구입니다(NRF-2013S1A6A4014857)

사회학의 눈으로 본 먹거리

한국 농식품체계의 변화와 위기

| 김철규 지음 |

따비

뇌경색 후유증으로 4년째 고생하시는 여든넷 노모는 찾아뵐 때마다 "밥 먹었냐"고 물으신다. 오후 3시든 저녁 9시든 상관없다. 그만큼 그 세대에게는 밥이 삶의 중심이고 관계의 핵심이었기 때문이리라. 먹거리가 넉넉하지 않았던 사회에서는 식사 여부를 묻는 것이 일반적인 인사였다. 모든 것이 풍성해진 오늘날은 많이 달라진 것처럼 보인다. 텔레비전을 틀면 흥겨운 '먹방'으로 떠들썩하고, 세련된 모습의 셰프들이 온갖 멋진 요리를 소개한다. 이제는 밥걱정하지 않아도 되는 세상이 온 것 같다. 하지만 정말 달라졌을까? 영화 〈살인의 추억〉에서 송강호가 박해일에게 던진 "밥은 먹고 다니냐?"라는 질문이 큰 반향을 일으킨 것을 보면 꼭 그렇지도 않은 모양이다. 1인당 국민소득 3만 달러 시대에도 제대로 된 밥 못 먹고 다니는 사람이 참 많다. 돈이 없어서 혹은 시간이 없어서 편의점 삼각김밥으로 한 끼를 때우는 청춘이 적지 않다. 대개 텔레비전과 마주 앉아 혼자 식사하는 독거노인이 약 138만 명이라고 한다. 아이들은 패스트푸드에 익숙해지고 그 결과 전체 중·고등학생 가운데 12.8%가 비만으로 분류된다. 청소년 비만율은 저소득층이나 농촌에서 더 높다고 한다.

사람이 사는 데 먹거리는 너무도 기본적인 요소다. 그래서 오히려 그 중요성을 잊게 되는지 모르겠다. 물과 공기가 그런 것처럼 당연한 삶의 조건으로 고마운 줄 모르고 살아왔던 것이다. 과학기술이 아무리 발달하고, 사회가 발전해도 먹지 않고 살 수 없다. 다만 먹거리가 생산되고, 유통되고, 소비되는 방식은 계속해서 변화했고 복잡해졌다. 종자회사, 식품기업, 유통회사, 대형 마트, 외식업체 등 다양한 조직이 전체 먹거리의 생애과정에 개입하게 되었다. 바로 이런 점에서 먹거리에 관한 사회학적 관점이 필요하다. 이 책은 사회학자의 눈으로 한국인의 먹거리 생산과 소비의 문제를 설명하고, 문제점을 분석하고, 대안을 모색하려는 노력이다.

먹거리는 매우 사회적인 문제이고 먹기는 인간의 중요한 행위인데, 의외로 사회과학자들의 관심은 낮은 편이다. 사회학회에 가봐도 아직은 먹거리 관련 연구자가 많지 않다. 모임에서 먹거리에 관해 연구하는 사회학자라고 소개하면, 약간 의아해하는 것을 느낄 수 있다. 하지만 왜 이렇게 먹거리를 연구하는 사회학자들이 적을까 의아하게 생각하는 쪽은 오히려 나다. 원래 사회학은 인간 행위, 조직, 제도, 문화 등을 연구하는 학문이다. 먹기는 당연히 인간의 중요한 행위이며, 먹거리를 생산하고 유통하기 위한 다양한 조직이 발달해왔다. 또한 국가와 시장이라는 제도는 먹거리의 조달에 대단히 중요하다. 여러 사회는 다양한 먹거리 문화를 만들고, 교류하고, 발전시키고 있다. 이렇게 보면 먹거리와 먹기가 사회학의 연구 대상이 될 수밖에 없다. 사회학자로서 먹거리와 먹기에 관심을 가지는 것은 너무도 당연한 일이다. 더 많은 사회학자가 먹거리에 관심을 가져야 하고, 먹거리 문제를 바라볼 때 사회학적 접근이 필요하다.

이 책에서는 먹거리라는 창窓을 통해 한국사회의 변화와 특징을 관찰할 것이다. 더불어 사회학적 관점을 활용하여 먹거리가 담고 있는 사회적 관계를 보다 분명하게 드러내고자 한다. 현대사회에서 사람들은 먹거리를 '상품'으로 만난다. 이탈리안 식당의 와인을 곁들인 스테이크는 고급 식문화의 경험과 미각의 충족이라는 효용을 제공하고, 소비자는 기꺼이 비싼 가격을 지불한다. 대형 마트에서 구입한 삼겹살 두 근은 고기에 대한 욕망과 배고픔을 채워주고, 소비자는 그에 상응하는 돈을 지불한다. 소비자로서 개인들은 스테이크용 쇠고기가 호주의 퀸즈랜드 목장에서 120일 동안 곡물로 체중을 불린 소의 '살'이라는 사실에는 관심이 없다. 또 100g당 980원 하는 캐나다산 삼겹살이 어떤 과정을 거쳐 한국의 대형 마트에까지 오게 되었는지 알지 못한다. 이 책은 사회학적 시각으로 먹거리의 신비를 밝히고자 한다. 먹거리가 어떻게 하나의 상품으로 사회적으로 구성되는가를 보려는 것이다. 예컨대 호주산 쇠고기가 방목이 아니라 곡물 비육으로 생산되는 데는 마블링을 고급 고기로 취급하는 일본과 한국의 쇠고기 등급제라는 제도가 있었다. 양국 소비자의 마블링에 대한 선호 역시 중요한 역할을 했다. 이에 조응해서 호주의 쇠고기 사육 농가들은 전통적인 방목에서 비육으로 그 사육 방식을 전환했다. 소들을 축사에 가둬놓고 곡물 사료를 먹이는 일종의 공장형 축산이 호주에서도 확산되고 있다. 일본인과 한국인이 무엇을 먹는가가 호주의 쇠고기 생산 방식에 변화를 가져온 것이다. 이처럼 먹거리의 소비와 생산은 서로 연관되어 있다. 이 관계를 보는 것이 사회학적 관점의 핵심이다.

이 책은 지난 10여 년간 공부한 것들을 정리하고 종합해낸 것이다. 부제가 보여주듯, 한국 농식품체계의 변화를 분석할 것이다. 즉, 한국에서 먹거리가 생산되는 과정을 주로 농업의 변화를 통해 역사적으로 규명한 뒤, 먹거리 소비의 변화가 가지는 사회적 의미를 밝힌다. 독자들이 농업과 먹거리를 통합적으로 바라보고, 이를 기반으로 성찰적 관점에서 먹을 수 있게 되기를 바란다. 이런 바람은 내 개인의 학문적 궤적과 무관하지 않다. 처음 대학원에서 공부할 때는 자본주의 발전 문제에 관심이 있었고, 그 관심의 틀 속에서 농업 문제를 공부했다. 농업 문제를 공부하다 보니 자연히 농산물에 관심을 갖게 되고, 먹거리에 대해 연구하게 되었다. 공부할수록 농업과 먹거리, 농과 식이 별개가 아니라는 점을 깨닫게 된다. 쌀밥을 먹으며 땡볕에 그을었을 농민에게 감사한 마음을 가진다면 당신은 먹거리시민이다. 한 잔의 커피를 마시면서 남미의 커피농장 노동자의 임금 문제에 대해 생각한다면 그것이 사회학적 상상력이다. 궁극적으로 독자들이 사회학적 상상력을 가진 먹거리시민이 되는 데 이 책이 기여했으면 하는 기대를 가진다.

자본주의에서 농업으로, 그리고 다시 먹거리로의 학문적 여행에 있어 내게 큰 영향을 준 고마운 분들을 밝히지 않을 수 없다. 10년 전부터 로컬푸드, 먹거리위기, 지속가능성 등을 주제로 함께 프로젝트를 진행해온 'SSK 먹거리와 지속가능성 연구단'의 김선업, 김흥주, 송인주, 윤병선, 안윤숙, 이해진, 정혜경 선생님께 깊이 감사드린다. 농촌과 먹거리에 관한 연구에 이런저런 모양으로 도움을 준 고려대 대학원의 김태완, 김현진, 박동범, 이지웅에게도 고마움을 전한다. 빡빡한 일정 가운데 거친 원고를 다듬고 정리해서 책 모양을 갖춰준 도서출판 따비에 깊이 감사드린다.

힘든 재활의 과정을 거치고 계신 어머니께 이 책을 바친다. 편찮으신 와중에도 절뚝거리면서 밥 챙겨주시려는 어머니를 보며, 밥이 사랑임을 느낀다.

2018년 봄 안암 캠퍼스에서
김철규

차례

책을 내며 —— 4

1장   농업과 먹거리 —— 11

2장   원조 체제와 한국 농업구조의 형성 —— 31
      : 해방 이후에서 1960년대 초반까지

3장   개발주의와 산업형 농업의 등장 —— 52
      : 1960년대 초반에서 1980년대 초반까지

4장   세계화와 개방 농정 —— 68
      : 1980년대에서 현재까지

5장   먹거리 소비의 사회사 —— 82

6장   곡물의 정치사회학 —— 103

7장   한국 농식품체계의 위기 —— 115

8장   먹거리 위험사회와 식품 안전 —— 136

9장   신진대사의 균열과 대안농업 —— 150

10장 대안먹거리운동과 생활협동조합 —— 169

11장 공동체지원농업과 농민시장 —— 198

12장 지속가능한 농식품체계를 향하여 —— 222

참고문헌 —— 235

그림 차례

그림 2-1 식품군별 1인 1일 칼로리(1910~2013) —— 36
그림 2-2 식품군별 1인 1일 칼로리 비중(1910~2013) —— 36
그림 6-1 쥐잡기 포스터 —— 111
그림 11-1 미국 농민시장의 성장 추이(1994~2009) —— 209

표 차례

표 2-1 미국의 대한 원조 농산물 실태 —— 47
표 3-1 주요 식품 공급 추이: 쌀 —— 64
표 3-2 주요 식품 공급 추이: 밀 —— 65
표 4-1 곡물자급률 —— 79
표 5-1 딕슨의 먹거리 분석 모델 —— 90
표 5-2 한국인 1인 연간 식품 소비량 변화 —— 93
표 5-3 주요 식품 공급 추이: 육류 —— 98
표 6-1 연간 1인당 곡물 소비량: 종류별 —— 107
표 7-1 미국 농식품 부문의 상위 4대 기업 집중률 —— 125
표 7-2 한국의 곡물자급률 변화 —— 132
표 7-3 한국의 곡물메이저 의존 비율 —— 133
표 7-4 밀의 공급량 변화 —— 134
표 8-1 PERI의 먹거리 위해요인과 위험 유형 —— 140
표 8-2 먹거리 안전 관련 주요 사건e일지 —— 142
표 8-3 한국인의 먹거리 위험 인식 특성 —— 146
표 10-1 생협의 사업 현황 —— 174
표 10-2 한살림 회원의 일반 먹거리에 대한 인식 —— 183
표 10-3 한살림 물품에 대한 회원 만족도 —— 184
표 10-4 한살림 물품 가격에 대한 회원 평가 —— 185
표 10-5 한살림 회원의 지난 1년간 활동 경험 —— 187
표 10-6 한살림 회원의 생산자에 대한 인지 —— 188
표 10-7 한살림 회원의 '로컬푸드운동'과 '가까운 먹을거리운동' 인지 여부 —— 190
표 10-8 한살림 회원의 지역농산물 구입 노력 여부 —— 190
표 10-9 한살림 회원의 관계성과 지역성의 예측 요인들 —— 193
표 11-1 CSA의 스펙트럼 —— 215

1장

농업과 먹거리

문제 제기

의·식·주는 사람이 살아가는 데 모두 중요하다. 하지만 생존에 무엇이 가장 중요한가 묻는다면 사람들 대부분이 음식이라고 답할 것이다. 모든 생명체에게 먹이야말로 생존의 필수 요소다. 인간에게도 당연히 그러하다. 하지만 경제발전과 산업화 과정에서 먹을 것이 풍성해지면서 상대적으로 먹거리의 중요성이 간과되었다. 배를 채우는 것이 쉬워지면서, 먹는 것보다는 입는 것(옷), 사는 곳(집), 그리고 다른 즐기는 것에 대한 관심이 높아졌던 것이다.

최근 약간의 변화가 감지되고 있다. 문화로서의 음식에 대한 관심이 뜨겁다. 매체들마다 음식에 관한 기사가 넘쳐나고, 텔레비전과 인터넷에선 소위 먹방과 쿡방이 유행이다. 음식을 만드는 다양한 조리법을 소개하는 프로그램이 증가했고, 전국 방방곡곡의 맛집들이 소개되어 '뜨기도' 한다. 스타 요리사가 만들어지고, 연예인들까지 출연해 음식을 만들고 먹고 웃는다. 음식 관련 블로그가 셀 수 없이 많고, 식당에서 음식이 나오면 카메라부터 들이대는 것이 어색하게 여겨지지 않는다. 얼핏 사람들이 먹거리의 중요성을 재인식한 것처럼 보이기도 한다. 과연 이제 주변으로 물러났던 먹거리가 관심의 중심으로 복귀했다고 할 수 있을까?

한편, 또 다른 먹거리 관련 현상이 주목을 받고 있다. 바로 혼밥, 혼술, 그리고 편의점 도시락 열풍 등인데, 이런 현상들을 보며 여러 가지 생각을 하게 된다. 음식이 일반적으로 가지고 있는 '관계'의 의미가 사라진 새로운 먹기 현상을 어떻게 볼 것인가? 혼밥은 현대인의 성격 변화와 인간관계의 단절을 의미하는가? 과연 혼밥은 자발적 현상인가? 혼자 편의점 도시락을 사 먹는 것은 사회적으로 어떤 의미를 지니는 것일까? 일반적으로, 음식은 사회와 문화의 상징물이다. 함께 먹기는 다른 사람과의 친밀도를 높여주며, 사회 구성원들 간에 정체성을 확인하게 해주고, 공동체를 강화하는 역할을 한다. 하지만 이제 전혀 다른 형태의 먹거리 현상을 보며, 음식과 먹기에 대한 사회학적 접근의 필요성을 더욱 절실히 느끼게 된다. 먹거리를 보다 큰 사회구조와 변동 속에서 이해할 필요가 있는 것이다.

먹거리의 생애주기를 쫓아 거슬러 올라가보면 그 출발점은 농업이다. 집에서 어머니가 차려준 아침밥은 전라도 어느 지역의 농민들이 땀 흘려 재배한 벼에서 비롯된 것일 수 있다. 패스트푸드 식당에서 바삐 삼킨 햄버거의 패티는 미국 북서부의 어느 목장에서 사료를 먹고 체중을 불린 소의 몸에서 온 것일지 모른다. 점심 먹고 기분 좋게 한

잔 마시는 커피는 베트남의 여성농민이 수확한 원두로 만들어졌을 가능성이 높다. 사람들은 많은 음식을 먹지만, 그 먹거리가 어디에서 왔는지는 잘 모른다. 아니 잘 생각하지도 않는다. 현대인은 그저 식당에서 편의점에서 대형 마트에서 최종 상품으로 먹거리를 구입할 뿐이다. 우리는 그런 시대에 살고 있다.

한국사회의 지난 50년은 개발, 산업, 경쟁의 시대였다. 산업 경쟁력만을 강조하는 경제개발 과정 가운데 農은 우리 관심의 주변부로 밀려났다. 먹거리를 이야기할 때, 농업, 농민, 농촌에 관해 잘 이야기하지 않는다. 하지만 먹거리를 생산하는 일이 농업이며, 먹거리를 생산하는 사람이 농민이며, 먹거리를 생산하는 곳이 농촌인 것이다. 소위 근대화 과정에서 농업은 쇠락했으며, 농촌은 붕괴되었고, 농민들은 경제적으로나 사회적으로 어려움에 처해 있다. 그 과정에서 우리나라의 먹거리 사정도 결코 좋아졌다고 할 수 없다. 겉보기에 화려해졌지만, 한국인은 제대로 된 먹거리를 먹고 있는 것일까? 우선 우리나라 농산물 시장은 빠르게 개방되었다. 이제 외국산 농산물이 우리 식탁을 지배하고 있다. 밀은 우리 음식의 중요한 일부가 되었지만, 자급률은 1% 안팎이다. 육류의 절반 정도는 외국에서 수입하고 있으며, 국내 축산업조차 대부분의 곡물 사료를 수입에 의존한다. 수입된 사료 곡물은 유전자 변형 작물GMO일 가능성이 높다. 대표적인 사료곡물인 콩과 옥수수의 자급률은 각각 13%와 1% 정도에 불과하다. 국내산 고기를 먹어도 실제로는 수입 콩과 옥수수를 먹고 있는 것이다.

음식에 관심이 있는 사람도 내가 무엇을 먹는가가 먹거리 생산구조와 연관된다는 점을 간과하기 쉽다. 예컨대 쌀 소비량 감소는 벼농사 의존도가 높은 우리나라 농민들의 어려움을 가중시킨다. 달콤한 초콜릿은 중남미 카카오 농장 아이들의 값싼 노동력에 의존하고 있다. 곡물 먹여 키운 육류의 과도한 소비는 굶주림에 시달리는 세계 8억 빈곤층의 기아 문제를 더욱 심각하게 한다. 값싼 쇠고기를 생산하기 위한 벌목으로 아마존 지역의 열대우림이 파괴되고 있다.

이 책은 먹거리에 대한 관심이 농업에 대한 관심과 떼려야 뗄 수 없다는 점에서 출발한다. 그리고 진정으로 좋은 먹거리는 '좋은 환경'에서만 가능하다는 점을 강조하고자 한다. 좋은 환경이란 사람들과 함께 나누는 사회적 환경과 먹거리 생산 조건인 토지·물 등이 건강한 자연환경을 포괄한다. 안전한 먹거리, 깨끗한 먹거리를 찾는 것은 개인과 가족의 건강을 위해서 중요한 일이다. 그런데 정말로 좋은 먹거리를 먹기 위해서는 그것을 뒷받침할 수 있는 사회적·생태적 기반이 필요하다.

농약을 덜 쓴 채소와 과일, GMO가 아니라 풀이나 조사료를 먹은 고기를 생산하는 체계가 만들어져야 한다. 음식에 대한 개인적 관심이 사회에 대한 생각으로 확장될 필요가 있다. 내가 무엇을 먹는가가 생산자농민, 지역 생태계, 제3세계 노동자의 삶과 연결되어 있다. 진정으로 좋은 음식을 먹고 싶다면, 그리고 그 음식을 나누고 싶다면, 그것을 가능하게 하는 지속가능한 생산체계가 필요하다. 음식은 먹는 것이기도 하지만 생각하는 것이기도 하다. 먹으면서 생각하고, 생각하면서 먹자는 얘기다.

농식품사회학

'생각하면서 먹자'고 했는데, 이를 체계적으로 뒷받침하는 분과학문이 먹거리사회학Sociology of Food 혹은 농식품사회학Sociology of Food & Agriculture이라고 할 수 있다. 이 책은 농식품사회학적인 접근을 통해 한국의 먹거리 관련 현상을 분석하고자 한다. 한국의 농업 생산과 먹거리 소비의 구조변화를 통합적이고 역사적으로 이해하는 데 목표를 두고 있는 것이다. 한국인이 무엇을 먹고 있으며, 한국인의 식탁에 올라오는 먹거리는 어디에서 생산되어 어떻게 그곳까지 도착하게 되는가를 사회변동과 연결시켜 설명하고자 하는 것이다. 지난 50여 년 동안 한국사회는 급격한 변화를 겪었다. 사회의 모든 분야에서 거대한 전환이 이뤄진 것이다. 먹거리 생산과 소비의 영역도 예외일 수는 없다. 그럼에도 불구하고, 사회과학자들의 먹거리체계에 관한 연구는 단편적으로 이뤄지거나 충분히 진행되지 못한 것이 사실이다.

한국사회에서 먹거리에 대한 관심은 비교적 최근의 일이며, 외국의 연구나 대중서를 번역하거나 소개하는 것으로 시작했다(폴란, 2008, 2012; 비어즈워스와 케일, 2010; 캐롤란, 2014). 최근에는 인문학적 관심을 가진 식품영양학자들에 의한 연구들이 눈에 띈다(정혜경, 2015, 2017). 일부 경영학자들에 의해 외식산업을 중심으로 한 식품 경영이나 마케팅 관련 연구들도 발견된다. 하지만 사회학자들의 먹거리에 대한 관심은 지극히 최근의 일이며(정은정, 2014; 김흥주 외, 2015; 윤병선 외, 2009, 2011), 체계적인 연구도 그다지 많지 않다. 먹거리 소비에 대한 관심보다는 주로 먹거리의 생산, 즉 농업에 주로 관심을 가져왔다고 할 수 있다. 이것은 국내만의 이야기는 아니다. 미국에서도 일부 농촌사회학자들이 먹거리의 소비와 유통을 포함한 전체 농식품체계에 관심을 가지기 시작한 것은 20~30년밖에 되지 않았다. 그동안 사회학자들의 먹거리 연구는 생산과 소비를 분리해서 이뤄진 경향이 강했다. 즉 다수의 농촌사회학자는 먹거리 생산에 초점을 맞추어, 농업 조직, 기술, 노동과정 등을 연구해왔다(Mann and Dickinson, 1978). 1980년대 이후 상품체계 분석을 제시한 프리드랜드(Friedland, 1984)에 의해 먹거리 생산, 유통, 소비에 대한 통합적 분석이 강조되었으나, 본격적인 농식품체계적 연구가 진행된 것은 1990년대 이후라고 할 수 있다(Dixon, 2002).

한편, 외국에서 식품 소비에 관한 연구는 문화 연구자들에 의해 주로 이뤄졌다. 이들은 식품 소비 행태 및 취향을 계층, 문화적 자본, 젠더, 이데올로기 등과 연관시켜 많은 연구 성과를 낳았다. 또 비만, 먹거리 불안, 건강 불평등에 관한 경험적 연구가 활발히 진행되었다(Bourdieu, 1984; Beardsworth and Keil, 1997). 그런데 음식 소비에 관한 문화 연구들이 생산과의 관계에는 그다지 주목하지 않은 것이 사실이다. 이처럼 먹거리 생산과 소비 연구 간에 발견되는 간극을 캐롤란(Carolan, 2012: 5)은 생산 지향적 연구와 소비 지향적 연구 사이의 '균열'이라고 표현한 바 있다. 2000년대 이후 이러한 틈새를 줄이기 위한 노력이 진행되고 있다.

이 책은 기존 다양한 분야의 연구들을 바탕으로 하되, 보다 사회학적이고 또한 역사적인 분석을 시도한다. 더 나아가 이 책은 한국 농식품체계의 지속가능성 문제를 검토한다. 즉, 그것이 안고 있는 구조적인 위기에 관해 밝히고, 이를 넘어서기 위한 대안에 대해 고민할 것이다.

이 연구는 먹거리 생산과 소비가 서로 분리될 수 없는, 하나의 체계라고 하는 전제에서 출발한다. 즉 최근 인식론적 전환을 강조하며, 입지를 넓히고 있는 농식품체계론agri-food system의 틀에서 한국의 먹거리 생산과 소비 구조를 조망하고자 하는 것이다(Carolan, 2012). 농식품체계의 형성 과정, 작동 기제, 그리고 위기 증상 등을 분석함으로써, 한국의 먹거리 문제를 보다 체계적으로 이해하고자 한다. 더불어 현재 한국 농식품체계가 안고 있는 문제들을 사회생태적 균열socio-ecological rift이라는 관점에서 비판적으로 검토함으로써, 지속가능한 농식품체계를 위한 대안을 모색하고자 한다.

농업과 현대 먹거리체계

'문화culture'는 인간을 다른 종들과 구별 짓는 중요한 특징이다. 그리고 문화의 출발점은 농업agriculture이다. 농업을 통해 안정적으로 식량을 생산하고 저장하면서, 인류는 다양한 문화 활동을 할 수 있게 된 것이다. 농업은 땅이라는 뜻을 가진 agri라는 접두사와 경작이라는 뜻을 가진 culture가 합쳐진 단어라고 한다. 어원으로 정리하자면, 땅을 경작하는 것을 통해 농업이 만들어졌으며, 그 농업은 다시 풍성한 문화를 낳는 기반이 되었다고 할 수 있다. 문화가 인간만의 특성이라고 할 때, 그 인간의 특수성은 결국 농업에서 비롯된 것이다.

농업은 문화적 존재인 인간이 자신들의 생존에 필요한 먹거리를 조달하기 위한 체계적인 방법이다. 채집과 수렵이 아니라 스스로 종자를 심고, 가꾸어 수확하는 농업은 인간의 진화 과정에서 혁명적인 변화였다. 육식동물이든 채식동물이든 모든 종은 먹이를 조달한다. 잡식동물인 인간은 진화 과정에서 농업을 통해 자신들에게 필요한 먹거리를 체계적이고, 규칙적으로 생산하여 조달하게 되었다. 그리고 이 먹거리 생산의 활동인 농업을 위해 사람들은 서로 관계를 맺고, 협동하며, 규범을 만들면서 더불어 살게 되었다. 농업 생산량의 증가와 풍요를 기반으로 인간은 문명의 꽃을 피울 수 있었던 것이다.

인간을 포함한 모든 생명체에게 먹이를 조달하는 것만큼 기본적이며 중요한 일은 없다. 생존의 필수 조건이기 때문이다. 인간의 먹이 조달 방식은 농업이므로, 인간사회에 농업만큼 중요한 활동이 없다고 할 수 있다. 우리가 잘 아는 것처럼 거대한 전환이 '근대'의 이름으로 진행되었고, 농업 역시 이 변화를 비껴갈 수 없었다. 자본주의 발전, 산업화, 도시화 등은 인류의 생활 방식과 식량 생산 및 소비 방식에도 심대한 변화를 초래했다. 우리가 주목하는 바는 먹거리 소비와 농업 생산의 (1) 사회적 분화인 산업화와 (2) 공간적 분리인 도시화다. 산업화는 공업과 농업이라는 분업구조를 만들었다. 또한 도시화는 주로 임금노동자들이 거주하는 도시와 농민들이 거주하는 농촌이라는 새로운 공간의 분할을 야기했다. 물론 이런 과정은 상당히 장기간에 걸쳐 진행되었으며, 자본주의라는 전혀 새로운 사회운영 방식에 의해 주로 추동되었다고 할 수 있다.

현대사회의 도시인은 자기 손으로 먹거리를 조달하지 못한다. 농업에서 멀어졌기 때문이다. 그 대신 사람들은 대부분 자신의 노동력을 판매한 대가로 받은 화폐를 통해 '시장'에서 먹거리를 조달한다. 임금을 쪼개 마트에 가서 진열대를 넘치게 채우고 있는 식품들을 구입해서, 냉장고에 재워놓고 산다. 이 단순하고 당연한 것처럼 보이는 현실이 어떻게 만들어졌는가가 이 책의 중심 주제다. 이 주제에 관심을 가지는 학문 분야가 농식품사회학이다.

농식품사회학적 접근을 위해서는 중요한 인식론적 전환이 필요하다. 앞에서 지적했듯, 현대사회의 발전에 따라 먹거리와 농업은 완전히 단절된 것처럼 보이게 되었다. 이런 착시 현상을 극복하고, 먹거리와 농업이 서로 긴밀하게 연결되어 있다는 점을 명확히 인식하는 것이 중요하다. 즉, 농업과 먹거리는 두 개의 분리된 영역이나 활동이 아니라 하나의 체계의 부분이다. 먹거리에 관심을 가진 독자들은 당연히 먹거리의 출발점으로서 농업에 관심을 가져야 한다. 마찬가지로 농업에 관심이 있는 사람들은 농업의 결과물인 먹거리 문제에 신경을 써야 하는 것이다. 농업과 먹거리를 이처럼 유기적 관계를 가진 하나의 전체로 바라볼 때 문제의 퍼즐 조각들이 제대로 맞춰질 수 있다.

현대 농식품체계는 여러 가지 문제를 안고 있다. 몇 가지 주요 문제를 다음과 같이 정리할 수 있다. 첫째, 먹거리의 생산과 소비 간의 물리적 거리가 멀어지고 있다. 먹거리의 탈지역화가 급속하게 진행되고 있는 것이다. 둘째, 먹거리 생산자와 소비자 간의 사회적 거리가 증가하고 있다. 이 중간에서 먹거리를 신비화하고, 불투명하게 하는 제도가 시장이다. 농민은 시장을 겨냥해서 상품으로서의 먹거리를 생산한다. 소비자 역시 시장에서 돈을 주고 상품으로서의 먹거리를 구입할 뿐이다. 셋째, 1980년대 이후 진행되고 있는 먹거리보장food security의 시장화는 내용적으로는 소수의 거대 초국적 기업들에 의한 지배력 강화의 과정이다. 이 과정에서 세계의 소농들과 경제력이 없는 서민들이 어려움에 직면하고 있다. 넷째, 농민들은 신자유주의적 농식품체계 혹은 기업식량체제의 구조 안에서 살아남기 위해 기술, 농업 투입재, 토지 등을 더욱 집약적으로 사용하는 농업의 쳇바퀴agricultural treadmill에 빠지게되었다. 혹은 이런 쳇바퀴에서 탈락하며 절망의 나락에 빠지고 있다. 다섯째, 먹거리의 생산과 소비 부문의 전후방 과정을 지배하는 대형마트들의 힘이 점점 더 커지고 있으며, 이에 따라 생산자와 소비자 모두 먹거리에 대한 결정권이 약화되고 있다. 이런 문제점들을 안고 있는 현대 농식품체계는 결코 지속가능하지 않다. 뿐만 아니라 지속가능하지 않은 농식품체계는 우리 사회의 지속가능성을 위협한다. 그런 의미에서 지속가능한 한국사회를 만들기 위해서는 보다 지속가능한 농식품체계의 모색을 위한 학술적·정책적 노력이 필요하다.

잘 알려진 바와 같이, 사회학자 밀스C.Wright Mills는 '개인적 문제personal trouble'를 사회적 맥락에서 이해하고 '사회적 의제social issue'로 바꿔 생각하는 것을 사회학적 상상력sociological imagination이라고 했다. 먹거리와 관련해서도 이런 사회학적 상상력이 필요하다. 개인으로서 소비자가 먹거리를 통해, 다양한 행위자(예컨대 농민, 대형 마트, 정부 정책, 초국적 농식품기업 등), 그들 간의 관계 방식, 권력의 문제 등을 이해하기 위한 노력이 요구되는 것이다.

먹거리의 상품화

현대사회의 대단히 중요한 제도 가운데 하나가 시장이다. 상품을 팔고 사는 시장경제가 지구의 거의 모든 사람의 생존환경이 되었다. 소위 전통사회에서는 대부분의 먹거리와 재화의 소비는 자급을 통해 이뤄졌다. 기껏해야 일부 남는 먹거리와 재화들이 지역시장에서 교환되거나 거래되었다. 농업 중심의 사회에서 사회적 분업은 매우 제한적이었다. 하지만 자본주의의 출현과 지리적 확산은 모든 것을 변화시켰다. 사회적 분업을 통해 전문화가 이뤄졌고, 각기 다른 상품을 생산해서 시장에서 교환하는 체계가 만들어졌다. 스스로 생산해서 먹고, 입고, 쓰던 물건들을 시장에 구입하게 된 것이다. 역사적으로 보면 자본주의가 처음 태동한 것은 인클로저enclosure를 통해 소농이나 소작인들이 농지에서 쫓겨나 이중적 자유를 얻으면서부터다. 이중적 자유란 봉건적 굴레에서 벗어나 자신의 노동력을 판매할 자유와 굶주릴 자유다(Marx, 1974). 이 냉혹하고 역설적으로 들리는 표현이 현대 삶의 본질이 되었다. 사람들은 자신의 노동력을 판매하여 공장에서, 사무실에서 돈을 번다. 그 돈으로 먹을 것을 구입해서 굶주림에서 벗어나고 있는 것이다. 현대의 임금노동자들은 먹거리를 생산하지 못한다. 대신 농사를 전문으로 하는 농민들로부터 구입해야 한다. 농업과 공업의 분화는 자본주의사회 출현의 중요한 신호였고, 현대사회의 사회적 분화, 더 나아가 균열을 의미하는 것이다. 어떤 사람들은 논이나 밭에서 농사만

짓고, 어떤 사람들은 공장에서 기계만 돌리며 살게 되었다. 소위 전문화가 진행되었다. 이 같은 일의 분화는 농촌과 도시라는 공간의 분화와 함께 진행되었다. 가보지 못한 저 어느 시골에서 누군가가 소를 키우고, 벼농사를 짓고, 과일을 재배하고 있다. 이제 우리가 먹는 대부분의 먹거리는 농촌에 살고 있는 농민들에 의해 생산되어, 도시로 수송된 뒤 시장에 진열되어 판매되는 과정을 겪게 되었다. 이때 농촌은 단지 우리나라의 공간만을 의미하지 않는다. 그야말로 전 세계 농촌에서 온갖 먹거리가 대량으로 생산되어 우리 식탁에 오르는 것이다.

사회적으로 분화되고 공간적으로 분리된 농農과 식食은 개인들을 파편화시키고, 시장에 종속된 무기력한 농민과 수동적인 소비자로 전락시켰다. 현대 농업과 먹거리의 문제는 이런 분절화와 파편화를 추동해온 상품화의 구조와 역사에 관한 이해에서부터 출발해야 한다. 그리고 이 과정에서 먹거리 생산과 소비의 체계를 관리하고 조정해온 기제에 대한 분석이 필요하다. 역사적으로 볼 때, 현대 농식품체계는 국가, 자본, 과학기술의 상호작용에 의해 만들어졌다. 그리고 그 과정에서 '사람'의 식량권, 경작에 관한 의사결정권, 먹거리 안전, 환경 등의 문제는 부차적이거나 형식적인 사안으로 전락했다.

농업과 먹거리의 신비화mystification of agriculture & food라고 표현할 만한 변화들이 현대사회에서 진행되었다. 먹거리가 우리 손/입에 들어오기 전까지의 과정이 우리 눈에서 사라진 것이다. 이제 먹거리는 슈퍼에 진열되고, 냉장고에 들어 있다. 채소, 과일, 고기 등이 생명체로서 지녔던 생애주기 전체는 우리 시야에서 멀어졌다. 현대인은 상품으로서의 채소와 과일과 고기를, 화폐를 지불하고 구입할 뿐이다. 오직 소비의 쾌락만이 남아버렸다.

먹거리의 대량소비는 이를 뒷받침하는 대량생산 및 유통체계와 더불어 발전했다. 먹거리라는 상품을 대량으로 공급하기 위한 물류체계가 완성되었다. 사시사철 유사한 식품을 공급하기 위해 한편으로는 국내외 여러 지역으로부터 먹거리를 조달하게 되었고, 다른 한편으로 가공식품을 통해 농산물의 계절성을 극복하기 위한 방안들이 실현되었다. 이런 과정을 통해 먹거리는 자연, 생명, 계절 등이 제거된 추상적 상품으로 변모했다. 그리고 먹거리와 인간을 연결하는 것은 가격으로 표시되는 화폐다. 현대의 소비자들은 먹거리가 마트의 진열대에 오르기까지 누가 어떤 방식으로 관여했는지에 관심이 없거나 잘 알지 못한다. 대부분 그 식품의 가격이 얼마인지, '1+1' 상품인지에 눈이 갈 뿐이다. 이것이 현대 농식품체계의 중요한 특징이다. 추상화된 시장은 먹거리가 가진 다양한 사회·생태적 의미들을 사상시켜버리며, 음식을 먹는 사람들을 단순하고 수동적인 소비자로 만든다. 상품관계가 먹거리를 둘러싼 관계를 지배하게 되는 것이다.

포드주의적 농식품체계와 기업식량체제

먹거리의 상품화 경향은 자본주의 발전 과정에서 꾸준히 진행되어 왔다. 하지만 우리가 오늘날 의존하고 있는 대량생산-대량소비 체계가 만들어진 것은 역사적으로 볼 때 20세기 중반부터라고 할 수 있다. 보통 대량생산-대량소비 방식을 포드주의Fordism라고 표현하며, 이는 미국의 전성기를 만든 특정한 경제발전 양식이었다. 20세기 초반 미국은 여러 가지 산업적 혁신을 통해 경제대국으로 부상했다. 미국 경제발전 모델의 중요한 특징이 포드주의였다. 포드주의는 과학기술을 생산 과정에 활용하여 노동 효율성을 비약적으로 높일 수 있었다. 즉 생산 과정을 여러 개의 단순노동으로 나누고, 노동자들은 같은 작업을 반복하도록 했던 것이다. 찰리 채플린이 연출·주연한 영화 〈모던 타임스〉의 배경이 이런 노동과정의 변화다. 이 새로운 노동관리 방식은 노동의 탈숙련화와 더불어 생산성 증가로 이어졌다. 보다 거시적 측면에서는 내구재 공산품의 가격이 하락하여 소비가 증가했고, 자본의 이윤율 증가로 이어졌다. 이런 노동 방식을 처음 성공적으로 도입한 것이 포드 자동차 회사이기 때문에 포드주의라는 이름이 붙었다. 포드사는 1929년 비교적 저렴한 자동차 모델 T를 생산하기 시작했는데, 이는 자동차 대량생산과 보급의 기폭제가 되었다. 한편으로 노동과정 효율화를 통해 자동차 생산 비용을 줄여 자동차의 가격을 낮췄다. 다른 한편, 생산성 향상에 따라 증가한 이윤의 일부로 노동자들의 임금을 인상할 수 있었다. 이 새로운 시스템은 다수의 노동자가 임금 구매력을 바탕으로 자동차를 구입할 수 있게 함으로써 자동차 매출이 급신장되는 결과를 낳았다. 결과적으로 기업의 이윤이 증가하면, 이는 다시 노동자의 임금 및 구매력 상승으로 연결될 수 있다. 이런 선순환구조가 포드주의의 핵심으로, 20세기 중반 내구재 대량생산-대량소비를 중심으로 한 미국 경제 부상의 요인으로 꼽힌다(Aglietta, 1987; Lipietz, 1987).

포드주의는 미국인의 먹거리 소비 양식에도 큰 변화를 가져왔다. 경제가 성장하고 소득이 증가하면서 중산층이 빠르게 늘어났다. 충분한 구매력을 갖춘 중산층은 도시에서 보다 쾌적한 교외지역으로 이주하기 시작했다. 이런 수요에 맞춘 주택단지가 미국 전역에서 조성되었다. 마이클 J. 폭스가 주연으로 출연한 영화 〈백 투 더 퓨쳐〉에서, 주인공이 1950년대 중반으로 시간 이동을 했을 때 한창 신규 주택단지를 개발하는 장면을 볼 수 있다. 이러한 교외화suburbanization 현상이 진행되면서 자동차는 필수품이 되었고, 도로망이 급격하게 확충되었다. 자동차를 소유한 사람들은 도시 내부의 시장이나 잡화점이 아니라 널찍한 주차장을 갖춘 슈퍼마켓에서 식료품을 구입하게 되었다. 식품 조달의 혁명이 진행되었던 것이다. 식품 매장이 따로 있고 먹거리를 저렴하게 판매하며 주차장을 갖춘 슈퍼마켓의 시작은 1930년대에 마이클 컬런Michael J. Cullen이 설립한 킹컬렌King Kullen이다. 이후 슈퍼마켓은 식료품 유통의 중심 조직이 되었다. 그리고 이런 새로운 식료품 유통조직은 '발전'과 '근대성'의 지표로 간주되었다. 미국에서 완성된 대량생산·대량소비형 현대 먹거리체계가 미국 주도의 세계질서 속에서 빠르게 세계로 퍼져나갔다.

이는 단순히 식품 유통조직의 문제에 국한된 것이 아니었다. 미국에서 시작된 새로운 먹거리 소비 양식과 문화는 개인의 일상을 바꾸게 되었다. 즉, 주말이면 슈퍼마켓에 가서 먹을 것을 잔뜩 구입해서 자동차에 싣고 와서 냉장고에 재워놓고 일주일간 소비하는 방식이 보편화되기 시작했다. 슈퍼마켓, 자동차, 냉장고를 통해 포드주의 먹거리체계의 절반이 완성되었다고 할 수 있다.

포드주의 먹거리체계의 나머지 절반은 먹거리 생산, 즉 농업과 관련되는 혁명적인 변화들이었다. 급증하는 도시 먹거리 소비자들의 수요에 부응하기 위해 새로운 농업혁신들이 진행되었다. 화학농업 혹은 석유농업이라고 할 수 있는 산업형 농업이 완성되었다. 토지 생산성을 높이기 위해 화학비료, 농약, 농기계 등이 집중적으로 투입되어 곡물과 채소가 대량으로 생산되었다. 도시 소비자들의 소득이 증가하면서 육류와 유제품의 소비 역시 빠르게 증가했다. 이런 수요 증가에 부응하기 위한 전문화된 집중형 가축 사육, 즉 공장형 축산이 발달했다. 농가에서 몇 마리씩 키우는 가축이 아니라, 전적으로 '고기'를 생산하기 위한 대규모 축산업이 발전했던 것이다. 이는 미국의 농무성, 농과대학, 과학기술, 축산기업 등에 의해 진행된 체계적인 축산 공업화 과정의 결과였다. 닭고기 생산에서 시작된 공장형 축산 모델은 20세기 중반 이후 돼지와 소 사육으로까지 확장되었고, 세계로 퍼져나갔다. 산업형 농업과 공장형 축산은 농가의 입장에서는 전통적인 통합형 농축산으로부터 전문화된 단작으로의 전환을 의미하는 것이었다. 곡물 생산자는 곡물만, 채소 농민은 채소만, 그리고 축산 농가는 고기만 생산하는 분업이 이뤄졌다. 이렇게 단절된 생산자 농민들의 활동을 조정하고 통제하는 권력이 등장했으니 그것이 농기업 자본agri-business capital이다. 종자, 비료, 농약, 농기계, 사료, 육가공 등의 농업 관련 하위 산업이 급속히 팽창했으며, 이에 따라 농업에 대한 기업의 영향력이 증가했다. 더불어 농민들의 자율성이 쇠락하고, 농가의 기업 및 금융 의존성이 증가했다.

먹거리 생산과 유통의 퍼즐들이 맞춰지면서 현대 농식품체계가 완성되었다. 그 결과를 정리하면 다음과 같다. 첫째, 전문화된 그리고 비교적 대규모의 농업 생산자들의 역할이 커지게 되었다. 둘째, 새로운 농업 생산자들은 순환적인 농업 생산이 아니라 대량의 외부 투입재, 즉 종자, 비료, 농약, 농기계 등을 적극적으로 활용하여 생산량을 극대화한다. 셋째, 거대 농기업들은 농업 생산자들에게 다양한 농업 투입재를 공급하면서 생산 과정에 대한 실질적인 지배권을 행사하게 되었다. 넷째, 대량으로 생산된 농산물을 원료로 사용하는 가공식품이 폭발적으로 증가했다. 다섯째, 여러 지역에서 대규모로 생산된 먹거리를 상시적으로 판매하는 대규모 소매시장, 특히 슈퍼마켓이 등장했다. 이는 지역의 전통 시장과 소형 식료품점의 몰락을 가져왔다. 더불어 먹거리 상품의 표준화를 낳았다. 여섯째, 먹거리의 장거리 이동을 가능하게 하는 철도 및 도로망이 발달했다. 결과적으로 원래 농산물이 가졌던 장소성과 계절성이 사라지게 되었다. 일곱 번째, 냉장 운송시설을 기본으로 하는 냉장체계가 완성되어 식품 유통과 보관이 안정화되었다. 이는 엄청난 양의 에너지 사용을 의미한다.

이제 세계 대부분 국가와 지역들이 이런 현대 농식품체계 안에 포섭되었다. 무엇보다 소수의 거대 농식품기업과 대형 유통업체들이 먹거리 생산, 유통, 소비의 과정을 지배하며, 농민과 소비자들의 권리를 위협하고 있다고 해도 과언이 아니다.

거대 초국적 농식품기업들에 의한 농식품체계에 대한 지배는 1980년대 이후 진행된 신자유주의 세계화 속에서 이뤄졌다고 할 수 있다. 맥마이클의 표현에 따르면, 기업식량체제Corporate Food Regime가 우리의 먹거리를 조정하고 통제하고 있는 것이다(McMichael, 2005). 오늘날 우리의 먹거리를 통제하는 기업식량체제는 대량생산·대량소비형 포드주의 농식품체계에서 진화한 것이다. 앞에서 언급한 바와 같이 포드주의적 농식품체계는 미국에서 처음 형성되고 이후 다른 지역으로 확산되었다. 이는 제2차 세계대전 이후 자본주의의 새로운 헤게모니 국가로 등장한 미국에 의해 관리되는 자본주의 혹은 배태된 자유주의 embedded liberalism의 구조 속에서 진행되었다. 포드주의 농식품체계는 개별 국가 내에서 중앙정부의 정책적 개입 속에서 운영되었다. 국민국가 내 농업의 생산성을 높이기 위한 정책들이 시행되었다. 국가 경제발전의 틀 속에서 농업 부문 역시 '식량 증산' 같은 생산주의 목표를 추구했다. 농업 근대화의 기치 아래 화학비료, 농약, 농기계 등이 적극 사용되는 녹색혁명형 농업이 자리 잡았다. 그리고 개별 국가들의 농산물 생산은 자국 소비자들에게 식량을 공급하기 위한 것이었다. 많은 국가가 식량 자급을 농업 목표로 설정했다. 하지만 현실적으로는 많은 국가가 식량 자급 목표를 달성하지 못했는데, 부족한 식량은 이미 산업적 농업industrial agriculture 모델을 달성한 미국의 공적 원조와 지원을 통해 공급되었다. 세계 헤게모니 국가로서 미국은 식량원조를 통해 국제 식량질서를 조정하는 관리자의 역할을 담당했던 것이다. 그리고 이런 역할은 미국과 소비에트 간의 체제경쟁에서 매우 중요한 것이기도 했다.

1970년대 이후 미국의 헤게모니가 약화되고 냉전체제가 와해되면서, 배태된 자유주의는 신자유주의로 전환되었다. 개별 국가 단위에서는 정부의 개입과 역할이 감소되고, 국제적으로는 미국의 관리자 역할이 약화되었다. 시장적 원리가 보편화되는 가운데 신자유주적 질서는 식량 조절 기제에도 변화를 초래했다. 새로운 식량체제는 국경을 자유롭게 넘나드는 진정으로 세계화된 것이다. 기업식량체제에서 초국적 농식품기업들은 종자, 화학비료, 농약, 곡물 유통, 육류 가공·유통 등 먹거리의 전 분야를 통합적으로 지배하게 되었다. 예컨대 미국의 카길 Cargill은 미국 곡물 수출량의 25%와 육류 유통량의 25%를 차지하고 있다. 한국의 입장에서는 전체 곡물 수입량의 40% 정도를 카길을 통해 수입하고 있다. 몬산토Monsanto는 종자 및 유전공학은 물론 이와 연계된 농약 및 제초제 부문을 지배하고 있다.

기업식량체제는 다음과 같은 특징을 지닌다. 첫째, 소수의 초국적 농식품기업들이 세계를 무대로 먹거리의 생산, 유통, 소비를 조직하고 있다. 둘째, 농식품기업의 활동을 지원하기 위해 각국의 농업 관련 정책들이 재편되고 있다. 그 과정에서 다수의 소농에 대한 보호 및 지원 정책들이 와해되고 있다. 셋째, 탈규제와 자기규제의 흐름 속에서 먹거리의 안전성이 위협받고 있다. 넷째, 금융자본이 농지에 투자하는 농지 수탈이 발생하여 제3세계의 소농과 농촌공동체를 파괴하고 있다. 다섯째, 초국적 대형 슈퍼마켓과 프랜차이즈 업체들이 전 지구적으로 영향력을 확대하면서, 먹거리의 표준화와 동형화를 가속화하고 있다. 그 과정에서 전통 음식과 토착적 식자재들이 멸종의 위기에 처했다.

이런 거시적 구조 속에서 한국의 농업과 먹거리의 현실, 역사적 궤적, 그리고 문제들을 분석하는 것이 이 책의 구체적인 작업이 될 것이다. 더불어 우리의 농업과 먹거리의 위기를 넘어서기 위한 대안과 실험을 통해 가능성을 가늠해보고자 한다.

책의 구성

이 책은 12개의 장으로 구성된다. 문제제기에 해당하는 이 장에 이어 다음 3개의 장에서는 먹거리 생산과 농업에 관한 역사적 조망을 시도했다. 연대기적 구성으로 이뤄졌는데, 해방 이후 식량 수급체계를 이해하기 위해 세계체계, 국가, 그리고 농촌구조를 분석틀로 삼는다. 2장은 '원조 체제와 한국 농업구조의 형성'이라는 제목으로, 미국의 식량 원조와 농지개혁에 주목해서 어떻게 한국의 농촌사회가 특정한 형태로 구조화되었는지를 분석한다. 이들 정책에 의해 저임금 수출산업화를 위한 과잉인구가 창출되고, 식량 생산구조의 취약성이 만들어졌음을 밝힌다. 이어지는 3장 '개발주의와 산업형 농업의 등장'에서는 박정희 정부의 근대적 프로젝트였던 개발주의의 열풍 속에 진행되었던 녹색혁명과 새마을운동 등에 주목한다. 국가에 의한 농업에 대한 개발주의적 개입이 어떻게 농업의 구조와 지형을 바꾸었는지를 분석할 것이다. 다음 4장은 '세계화와 개방 농정'이라는 제목을 달고, 1980년대 이후 진행되어온 개방 농정, 농산물 수입 자유화, 우루과이라운드UR, 세계무역기구WTO 체제, 그리고 자유무역협정FTA 등을 통해 어떻게 식량 수급의 패러다임이 전환되었는지를 분석한다. 또 이런 패러다임의 전환이 한국의 농업과 농민에게 어떤 의미를 가지며, 식량안보 문제와 어떻게 관련되는지를 규명할 것이다.

그다음 3개의 장은 먹거리 소비의 측면을 다룬다. 5장 '먹거리 소비의 사회사'에서는 1960년대 이후 서구화, 소득 증가, 개인화 등에 따른 한국인의 먹거리 소비구조의 변화를 기술하고, 그 의미를 읽어내고자 한다. 한국인의 먹거리 소비의 변화와 특성을 경험적으로 보여준다. 이를 위해 통시적인 자료를 활용하여, 한국 사회사의 맥락에서 먹거리 소비 변화가 가진 의미를 해석할 것이다. 6장은 '곡물의 정치사회학'이라는 제목으로 한국인의 쌀과 밀의 소비 변화를 주로 분석한다. 1980년대 140kg 가깝던 1인당 쌀 소비량은 이제 70kg 이하로 감소했다. 특히 젊은 세대에게 쌀은 더 이상 주식이 아니라고 할 수 있다. 이런 현상이 발생하게 된 사회경제적 배경과 그 함의에 관해 논의할 것이다. 더불어 우리 식탁의 중요한 식품으로 자리 잡은 밀을 통해 사회학적 분석을 시도한다. 전통적으로 소비가 미미하던 밀은 이제 빵, 면, 과자 등의 형태로 1인당 연간 30kg 이상 소비되고 있다. 하지만 국내 밀의 자급률은 1% 전후다. 2차 세계대전 이후 미국의 식량원조에 의해 제공되던 밀은 그동안 정부 정책, 제빵산업의 발전, 그리고 입맛의 서구화 등에 의해 우리 음식문화에 깊이 침투하게 되었다. 이런 과정을 자료를 통해 경험적으로 검토하고, 그것의 정치사회학적, 문화적 의미를 밝히고자 한다.

이어지는 3개의 장에서는 한국 농식품체계가 가진 지속불가능성을 비판적으로 분석한다. 7장 '한국 농식품체계의 위기'에서는 낮은 식량자급률 문제를 먹거리주권과 연결시켜 검토함으로써 1990년대 이후 심화되고 있는 한국 농식품체계의 구조적 위험에 대해 분석한다. 먹거리보장 문제를 자유무역 원리에 맡기려는 신자유주의적 정책이 초래하는 낮은 식량자급률과 이것이 생산자와 소비자에게 미치는 영향을 밝힐 것이다. 8장 '먹거리 위험사회와 식품 안전'에서는 초국적 기업들과 대형 마트에 의해 지배되고 있는 농식품체계가 안고 있는 구조적인 식품 안전의 문제와 이로 인한 불안을 분석한다. 예컨대 광우병, 구제역, 조류인플루엔자, 식중독 등의 식품 위해와 그로 인한 심리적 불안 문제를 다룰 것이다. 9장 '신진대사의 균열과 대안농업'에서는 한국의 농식품체계의 위기를 생태적 균열이라는 개념을 통해 종합적으로 평가한다. 포스터(Foster, 2002)의 신진대사 균열 개념을 원용하여, 농식품체계의 위기를 이론적, 경험적으로 정리한다. 즉, 인간과 자연, 도시와 농촌, 농업 생산과 먹거리 소비의 단절 문제를 강조할 것이다.

마지막 한 묶음의 글들은 대안에 관한 고민을 담아내고자 했다. 국내외에서 진행되고 있는 여러 대안먹거리운동의 사례들을 정리하고, 그 의미와 한계를 짚어본다. 10장에서는 최근 활발하게 활동하고 있는 생활협동조합의 역사적 형성 과정과 현재를 한살림을 통해 분석할 것이다. 더불어 생활협동조합이 다양한 사회적 가치와 경제적 지속가능성을 담보하고 있는지에 대해서도 회원 조사를 통해 확인할 것이다. 11장 '공동체지원농업과 농민시장'에서는 전국여성농민회총연합(전여농)에서 운영하는 '언니네텃밭'과 같은 꾸러미 사업, 원주 등의 농민시장 등을 경험적으로 분석하고, 그 의미를 읽어내고자 한다.

결론에 해당하는 12장에서는 이제까지의 논의를 종합하여, 지속가능한 농식품체계를 만들기 위한 몇 가지 방안을 제시한다. 사회생태론의 시각에서 인간과 자연, 도시와 농촌, 그리고 인간과 인간의 분리와 균열을 넘어서기 위한 노력들을 강조할 것이다.

2장

원조 체제와 한국 농업구조의 형성
: 해방 이후에서 1960년대 초반까지

서론

사람들의 먹을 것 대부분은 자연과 노동의 '상호작용'을 통해 만들어진다. 대표적인 것이 농업이다. 수렵과 채취에 주로 의존하던 인류가 한 곳에 정착해서 농업을 시작한 것은 대개 기원전 6000년경으로 추정된다. 정착농업의 발달은 식량 조달이라는 측면에서 혁명적인 변화였다. 농업을 통한 충분한 식량 생산은 인구 증가를 가져왔고, 조직과 제도가 발달했으며, 문화와 문명 발전의 기반이 되었다. 첨단 과학기술이 비약적으로 발달한 현대사회에서도 사람들이 먹는 음식 대부분의 출발점은 농업이다. 고급식당에서 값비싼 코스요리를 먹거나 대형 마트에서 다양한 채소와 과일을 구입할 때 사람들은 그 먹거리들이 어디에서 왔는지를 궁금해하지 않는다. 하지만 먹거리의 대부분은 농업을 통해 생애주기를 시작했을 것이 분명하다. 그런 의미에서 식食에 관해 알기 위해서는 농農에서 출발해야 한다.

이 책의 분석 초점은 1960년대 이후, 산업화 시기 이후의 농업과 먹거리다. 즉, 현대 한국의 농식품체계에 관심을 가지고 있다. 하지만 역사는 일종의 연속성을 가지고 진행되며, 먹거리 생산과 소비 역시 예외는 아니라는 점에서 그 이전의 시기에 관한 논의가 필요하다. 현대 농식품체계의 전사前史에 대한 개략적 검토가 요구되는 것이다. 사실 20세기 전반부의 일제 식민통치 기간과 해방 이후 1960년까지의 시기는 단순한 전사의 의미를 훨씬 넘어서는 중요한 역사적 시공간이었다. 식민지배, 해방, 미군에 의한 통치, 한국전쟁 등 중요한 사건들events이 한국사회의 구조를 만들었으며, 그 속에서 한국의 현대적 농식품체계가 형성되기 시작했기 때문이다.

이 장에서는 현재 남한 농식품체계를 만드는 초기 조건들을 제공한 2차 세계대전 이후 15년 정도의 기간에 초점을 맞출 것이다. 이에 앞선 20세기 초반, 조선은 일본 제국주의에 의해 자본주의 체제로 강제 편입되었다. 1945년 해방과 더불어 남한은 미국의 군정에 의해 3년간 통치되었다. 이 3년은 남한을 일본 제국주의적 자본주의의 식민지에서 미국 중심의 세계 자본주의의 주변부로 편입하기 위한 조건들이 만들어졌던 시기로 볼 수 있다. 특히 식민지 조선의 지배적 계급관계였던 지주-소작제가 해체되었으며, 시장 기제가 남한사회의 지배적 운영 제도로 자리 잡기 시작했다. 자본주의사회에서 가장 중요한 시장은 전통적 억압적 관계에서 벗어난 사람들의 노동시장, 정치적으로 관리되던 것에서 벗어난 농산물시장, 그리고 전통적 계급적 관리의 대상에서 자유로워진 토지시장 등이라고 할 수 있다. 이런 상품시장의 형성에 필요한 정치적, 사회적 변화들이 이 시기에 진행되었던 것이다. 이 과정에 작용한 가장 중요한 정책이 바로 농지개혁과 미국에 의한 식량원조 프로그램이었다. 따라서 이 장에서는 해방 이후 박정희 정부에 의한 근대화 프로젝트가 시작되기 전까지 남한의 먹거리 생산 및 공급 구조가 어떻게 형성되었는가를 밝히도록 하겠다. 그에 앞서 식민지 조선과 탈식민화의 식량체제론적 의미를 간단히 검토하겠다.

식민화, 탈식민화, 헤게모니의 전환

오랜 역사적 계보를 가진 개발주의developmentalism는 유럽의 자본주의 발전과 제국주의에 의해 식민지 지역에 이식되었다. 이는 식민모국 혹은 식민정부가 적극적으로 개입한 '야만적'이고 '낙후된' 지역에 대한 계몽적 발전 프로젝트였다. 이 새로운 프로젝트는 식민지 본국의 제도·조직의 선진성은 물론 백인들의 비백인에 대한 우월성을 식민 지역에 확산시키며 발전의 이상을 공유하도록 했다. 아시아의 유럽을 표방했던 일본 역시 유사한 식민지 운영을 추진했지만, 조선과 일본 간의 오랜 역사·문화적 관계는 일본 제국 통지의 정당성 확보를 어렵게 했다. 그런 의미에서 일본의 조선 식민통치는 훨씬 강력한 물리력에 의존할 수밖에 없었다.

19세기 말부터 동아시아 패권국으로서 일본은 산업적 경쟁력을 기반으로 새로운 국제분업질서를 만들어갔다. 유럽과 미국으로의 공업생산품 수출, 조선·포모사(대만)·만주의 식민화, 그리고 동남아시아에서의 자원 추출 등은 새로운 아시아의 분업구조를 형성했던 것이다. 19세기 말에서 20세기 초반 일본은 급속한 산업화와 도시화를 경험했는데, 이 과정에서 식량 부족과 쌀 가격의 폭등에 직면하게 되었다. 식량위기와 서민 노동자들의 불만은 쌀 폭동을 낳기도 했다. 급격하게 팽창하던 일본의 노동계급을 먹이기 위해서는 부족한 쌀을 안정적으로 공급하는 것이 매우 중요했으며, 그 주요 공급원이 식민지 조선이었다. 일본은 토지조사, 간척, 관개사업, 산미증식계획 등을 통해 식민지 조선의 농업 생산성 향상을 시도했다. 조선총독부는 산미증식계획의 목표를 "조선 내의 수요 증가에 대비하고 농가경제의 성장으로 반도경제의 향상을 도모하고, 아울러 제국의 식량 문제의 해결에 이바지하는 것"이라고 천명했다(재인용, 이헌창, 2003: 339). 그 결과 1910년 약 50만 톤이던 식민지 조선의 쌀 생산량이 1938년에는 100만 톤을 넘어섰다. 또 농업 생산 전체로 볼 때, 미곡으로의 집중이 이뤄졌다. 예컨대 농업 총생산에서 미곡이 차지하는 비중은 1920년 57.4%에서 1935년 63.6%로 증가했다. 이들 가운데 대부분은 무역과 공출을 통해 일본으로 수출되어, 일본 노동자들의 밥상에 올려졌다. 1910년 1~2석에 불과하던 조선에서 일본으로의 쌀 수출량은 1930년대 정점에 달해 10석에 이르렀으며, 일본 미곡시장에서 조선미가 차지하는 비중도 1920년 약 6%였던 것이 1930년에는 약 15%에 달했다. 조선미는 질적으로도 우수하고 일본인의 구미에 맞았다고 한다. 그 결과 조선미의 수입은 일본의 쌀값 안정에 크게 기여했다(이헌창, 2003: 340).

한편 식민지 조선 내부의 식량 사정은 양적인 면에서나 질적인 면에서 악화되었다. 농민과 노동자들은 주로 보리를 포함한 잡곡을 주식으로 했다. 육소영(2018)의 추정에 따르면, 1920년 조선인의 1인당 하루 칼로리 공급량은 약 2,000kcal였으며, 1940년대 초반에는 1,400kcal 정도까지 떨어진다(〈그림 2-1〉 참조). 그리고 쌀 소비량은 급격히 감소하고, 이를 보리 및 잡곡류가 대체했다(〈그림 2-2〉 참조).

거칠게 정리하자면, 적어도 19세기 후반부터 조선의 농업은 급속히 발달한 일본 자본주의 체제의 경제적 식민지로서 일본의 식량 부족 문제를 해결하는 데 활용되었다. 식민지 조선에서 생산된 쌀은 때로는 무역의 형태로 때로는 공출의 형태로 일본으로 공급되어, 일본 노동계급의 재생산과 자본주의 발전에 기여했다. 반면 식민지 조선에는 임노동계급의 형성보다는 농지를 매개로 한 지주-소작관계의 심화라는 결과를 낳았다. 일본 제국적 자본주의의 주변부로서 조선의 농업 부문은 비임금 강제 노동, 즉 소작농으로 재편되었으며, 이를 임혁백은 재농노화refeudalization라고 표현하기도 했다(임혁백, 2014: 172). 자본주의 세계체제에서 주변부의 비임금 노동형태 혹은 형태상 봉건적 노동형태는 매우 흔하게 발견된다는 점에서 이는 그다지 특별한 것은 아니라고 할 수 있다(Wallerstein, 1974).* 한반도의 농업은 일본의 자본 축적에 중요한 역할을 담당했다. 이는 식량체제론자들이 유럽의 경험을 바탕으로 제1차 식량체제라고 부른 것과 유사한 동아시아적 식량체제의 형성이었다고 할 수 있다. 물론 20세기 초반 동아시아의 식량체제는 유럽의 1차 식량체제와는 차이가 있었다. 한반도는 정착지가 아니며 또한 미작 지역이라는 점에서 그 특수성이 있었다고 할 수 있다. 또 쌀의 공출은 정치군사적인 개입이 강했다.

견고한 것으로만 보였던 일본의 한반도 식민통치는 2차 세계대전의 종식과 더불어 막을 내렸다. 이어서 세계질서가 급변하기 시작했고, 전쟁의 충격이 가라앉으며 세계는 소비에트를 중심으로 한 공산주의 진영과 미국을 중심으로 한 자본주의 진영으로 분리되었다. 냉전이 시작

---

* 그런 의미에서 식민지 조선의 지주-소작관계의 강화를 근거로 이를 '전자본주의' 혹은 '봉건주의'라고 명명하는 것은 자본주의를 과도하게 기계적으로 개념화하는 것이며, 분석 단위를 지나치게 협애화하는 것이다.

그림 2-1 식품군별 1인 1일 칼로리(1910~2013)

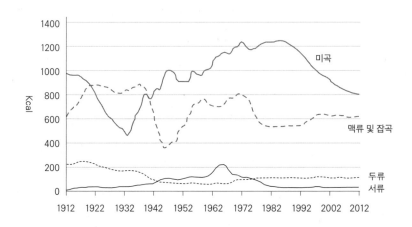

출처: 육소영, 2017.

그림 2-2 식품군별 1인 1일 칼로리 비중(1910~2013)

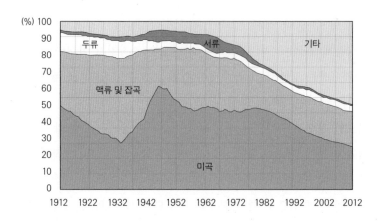

출처: 육소영, 2017.

된 것이다. 냉전의 폐해는 한반도에 고스란히 제도화되었다. 남북 분단이 시작된 것이다. 소비에트와 미국의 체제경쟁 속에서 미국은 소위 자유주의 진영의 지배국 혹은 헤게몬으로 자리 잡았다. 오랜 유럽의 제국주의 지배에서 벗어난 탈식민 지역들은 갑작스레 신생 독립국가들로 독립했고, 이들 국가는 소비에트와 미국의 후원 아래 발전 프로젝트에 동참했다.

남한은 미국 헤게모니 체계의 일부로 포섭되었다. 우선 1945년부터 3년 동안 미군정American Military Government 치하에서 남한의 '국가'는 잉태되었다. 이후 1948년 남한의 단독정부가 출범하고, 이승만에서 박정희로 이어지는 약 30년의 시기는 미국의 후원 아래 개발주의가 남한 사회 모든 곳에 뿌리내리는 시기였다고 평가할 수 있다.

미국의 헤게모니는 자유주의에 기반하고 있었지만, 영국의 그것과는 달리 시장에 대한 국가의 개입과 관리를 전제로 한 것이었다. 즉 개별 국가의 중앙정부가 자국 경제에 대한 관리자로서의 역할을 하고, 교역을 비롯한 국제경제 영역은 미국이 조정자 역할을 하는 형태였다. 이 새로운 국제질서 속에서 세계는 발전 프로젝트에 매진했다. 미국은 아시아와 아프리카 지역에 막대한 양의 원조와 경제지원을 통해, 한편으로는 소비에트와 체제경쟁을 했고 다른 한편으로는 자본주의의 부흥기를 이끌었다.

많은 탈식민국가에서 군부 엘리트들이 정권을 장악했고, 이들은 억압적이고 강력한 국가조직을 활용해 통치를 했다. 이런 방식의 통치는 근본적으로 정당성 문제를 안고 있었으며, 정치적 정당성의 문제는 경제성장에 의해 적어도 짧은 기간은 해결될 수 있었다. 따라서 식민지에서 해방된 많은 주변부 국가는 미국을 비롯한 서구 개발 전문가들의 자문하에 적극적인 경제개발 정책들을 세우고, 추진했다. 이런 방식으로 많은 주변부 국가가 열정적으로 발전 프로젝트에 참여했으며, 이는 미국의 헤게모니를 공고히 했다.

2차 세계대전 이후 1970년대 초반까지 견고하게 유지되었던 미국 헤게모니 체계는 몇 가지 특징을 지닌다. 첫째, 미국 헤게모니 체계는 자기조정적 시장 혹은 자본의 논리가 강조되었던 영국 헤게모니와는 분명히 구별되며, 국가의 역할과 영토적 논리가 강조되었다(Arrighi, 1994). 둘째, 이전의 헤게모니 체계와는 달리 정치적·군사적 식민지를 통한 통치가 아니라 독립된 국가들 간의 자유로운 교역을 기반으로 하는 국제질서가 안정화되었다. 적어도 1960년대까지 미국은 자유와 평등을 보편적 가치로 하는 이데올로기적 우위를 확보함으로써 진정으로 헤게모니적이었다. 셋째, 이런 헤게모니는 제3세계 국가 차원에서는 발전 프로젝트 혹은 근대화 프로젝트로 변환되어 탈식민 독립국가들에서 보편화되었다(McMichael, 2000: 75). 넷째, 미국 헤게모니 아래 새로 독립한 다수의 제3세계 국가들이 경제발전을 추구함에 있어 모순적인 경향이 나타났다. 이들 국가는 한편으로 이념형으로서의 공업과 농업으로 구성된 '국가경제national economy'를 지향했다(Friedmann and McMichael, 1989). 반면 현실 경제 정책에 있어서는 공업 우선주의를 추구하고, 농업 부문은 산업화를 위한 자원으로 활용했다. 그리고 식량 부족 문제는 미국의 잉여농산물에 의존했다. 공업과 농업은 신국제 분업new international divison of labor 구조의 틀 속에서 새로운 지리적 분포를 만들기 시작했던 것이다. 결과적으로 산업형 농업을 일찍이 정착시킨 미국의 식량이 주변부 지역의 저임금 노동계급을 형성하는 데 큰 역할을 했다.

이념형으로서의 국가경제와 현실 경제의 산업 부문 간 괴리는 남한의 사회변동 과정에서도 발견된다. 1948년 남한 정부가 공식적으로 출범하면서 국가경제 형성 과정에서 일종의 수사로서 공업과 농업의 균형적 발전을 추구했지만, 현실에 있어서는 신국제분업의 지리적 하부단위로 자본주의질서 속에 편입되었다. 만성적인 식량 문제는 미국의 원조를 통해 봉합되었다. 특히 한국전쟁 이후 본격적인 식량원조가 이뤄지고 미국의 잉여농산물을 기반으로 한 식량 공급이 제도화되면서 값싼 임노동을 기반으로 하는 수출지향적 경공업구조의 기반이 마련되었다. 1960년대 이후 남한의 본격적 산업화의 조건들은 미국 헤게모니하에서 공산주의와의 체제대립 구조 속에서 만들어진 농업 정책들에 의해 형성되었다. 구체적으로는 다음에 살펴볼 농지개혁과 식량원조다.

농지개혁과 자본주의적 사회관계의 형성

1945년 해방 직후부터 한반도에서 가장 큰 경제·사회적 이슈 가운데 하나가 토지 문제였다. 농업기반사회에서 토지는 경제적 가치를 만들어내는 중심 생산수단이다. 일본 제국주의하에서 토지는 소수의 지주들에게 집중되어 있었고, 다수의 소작인은 극도의 착취상태에 있었다. 식민지 조선의 농업은 일본의 자본 축적, 특히 급증하는 일본 내의 임금노동자에게 값싼 미곡을 공급하는 역할을 했다. 쌀 생산에 집중하던 식민지 조선의 계급관계는 전통적인 방식을 다시 강화하는 방식으로 유지되었다. 전통적인 지주-소작관계가 오히려 강화되었고, 대부분의 농지는 친일 조선인 지주들과 일본 지주들이 소유하고 있었다. 1945년 남한의 농가는 약 200만 호였는데, 그중 자작농의 비율은 13.8%였고 소작농 및 자소작농의 비율은 무려 83.5%

에 달했다. 전체 논 89만 정보 가운데 70%가 소작지였으며, 89만 정보의 논 가운데 80%는 조선인 지주의 소유, 그리고 나머지 20% 정도가 일본인 지주 소유였던 것으로 보고되었다(이경숙, 1985: 88-89). 지주-소작제의 핵심 쟁점은 현물로 납부하는 소작료였다. 소작인은 한 해 수확량의 30% 정도를 지주에게 지불하는 것이 일반적이었다. 하지만 일본 통치의 억압성이 강화되면서, 해방 직전의 소작료는 수확량의 50~70%에 달해 농민들의 불만이 극에 달했다. 따라서 일제의 통치는 정치적인 문제였을 뿐 아니라 경제적 문제였다. 소작료와 관련된 불만은 일제 말기 정점에 달했고, 때로는 폭력적 저항이 발생하기도 했다.

해방은 조선인에게 새로운 사회의 도래와 평등한 농지관계의 희망을 갖게 했다. 일본의 퇴각은 한반도 전역에서 소작인과 소농들에게 보다 평등하고, 합리적인 토지 분배에 대한 기대를 높였다. 그리고 새로운 토지관계를 만들기 위한 자체적인 노력들이 해방 직후부터 광범위하게 전개되었다. 해방군으로서 미군의 주둔 역시 초기에 농민들의 기대감을 고조시켰다. 해방의 기쁨 속에 혁신적인 변화가 진행될 것으로 기대했던 것이다. 하지만 기대가 컸던 만큼 실망과 분노가 커졌다. 미군정은 농지개혁에 매우 소극적이었으며, 기존 지주 세력들의 기득권 유지를 위한 노력이 노골화되었기 때문이다. 가장 중요한 농지 문제에 대한 개혁이 지지부진한 가운데, 북한에서 급진적인 농지개혁 소식이 들려오자 남한 농민들의 불만이 커졌다. 북한에서는 무상몰수·무상분배를 원칙으로 하는 사회주의적 농지개혁이 빠르게 진행되었던 것이다. 반면 남쪽은 미군정하에서 토지개혁은 지지부진했고, 남한 농민들의 요구에 대한 통제가 계속되자 곳곳에서 농민들의 집합행동이 일어났다. 전국에서 농지를 둘러싼 사회적 갈등이 심화되었으며, 이는 미군정과 충돌을 불러일으켰다(Cumings, 1981). 하지만 북한에서 시행된 무상 몰수·무상분배 형태의 농지개혁은 남한에서는 수용하기 어려운 것이었다.

미국 정부에서도 남한 농지 문제의 심각성을 인지하고 있었다. 특히 소비에트와의 체제경쟁 속에서 공산주의의 확산을 막고 남한의 정치적 안정을 확보하기 위한 개혁적 농지개혁을 시행하려고 했다. 주로 미국의 자유주의적 농업경제학자들에 의해 마련된 농지개혁안이 동아시아를 비롯한 탈식민지 국가들에 대한 정책 처방으로 제시되었다. 전통적인 억압적 계급관계를 해체하고 새로운 농지제도를 마련하고자 했다. 자유주의적 농업경제학자들은 미국의 상업적 가족농에 준하는 자영 농민을 탈식민 국가들에 만들고자 했다. 즉, 자기 소유의 농지를 가진 시장지향적 농민들이 조용하지만 보수적 다수로서 사회정치적 안정의 기반이 되는 사회관계의 틀을 지향한 것이다. 이런 미국의 정책적 틀 속에서 남한 내부의 전문가, 정치인, 지주, 민중 등이 논쟁을 벌였지만 농지개혁안을 만드는 것은 결코 쉽지 않았으며, 시행하는 것은 더 어려운 일이었다(김철규, 2002).

다수 농민이 보다 급진적인 농지개혁을 원했지만 결국 유상몰수·유상분배를 근간으로 하는 농지개혁을 실시하는 방향으로 가닥이 잡혔다. 그러나 그마저도 지주계층의 끈질긴 반대에 부딪쳐 진행이 느렸다. 그에 따라 지주와 소작인들 간에 물리적 충돌이 빈번하게 발생했다. 특히 1946년 10월 전국에서 불붙은 농민시위는 남한의 정치상황을 매우 불안정하게 만들었다. 따라서 미국 역시 농민들의 높은 불만을 해소하고 정치적 안정을 회복하기 위해 가능하면 빨리 농지개혁을 추진하고자 했다. 우선 일본인 지주가 소유했던 토지, 즉 귀속농지의 분배를 실시하게 되었다. 더불어 1947년 2월 농지개혁법안을 논의하기 시작했지만 보수 지주 세력이 주를 이룬 입법위원이 농지개혁 법안 상정에 반대했다.

1948년 8월 15일 남한에 대한민국 정부가 수립되었고, 미국의 자문 하에 본격적인 농지개혁 관련 제도들이 만들어졌다. 1949년 6월 21일 농지개혁법이 제정·공포된 뒤, 1950년 3월 25일 농지개혁법 시행령, 4월 28일 시행규칙이 공시되었다. 다수 농민이 바라던 무상몰수·무상 분배와는 거리가 먼 유상몰수·유상분배 원칙에 의해 농지개혁이 시작되었다. 우선 정부가 지주들로부터 국채를 통해 3정보 이상의 농지를 구입하도록 했다. 구체적으로는 농가가 아닌 자의 농지, 자경自耕하지 않는 농지, 한도를 초과하는 부분의 농지(3정보 이상)는 모두 해당 농지 생산물의 150% 가격으로 정부가 매수토록 했다. 그리고 그 대금은 5년간에 걸쳐 지주에게 지불하기로 했다. 다음으로 정부가 매수한 농지는 소작농, 농업노동자, 영세 자작농에게 불하하도록 했다. 농민들에게는 분배받은 농지의 대금을 5년에 걸쳐 정부에 상환토록 했다. 즉, 농민들이 평년 생산고의 150%를 5년간 정부에 상환하도록 했던 것이다. 농지개혁으로 분배된 농지는 일반농지가 34만 2,365정보, 귀속 농지가 26만 2,502정보로, 합계 60만 4,867정보가 농민들에게 분배되었다. 농지를 분배받은 농가는 총 167만 1,370호로, 이는 전체 농가호수 217만 2,435호(1947. 12. 31)의 76.9%에 해당된다. 농지개혁의 시행 과정에서 차명 소유권 전환과 같은 다양한 형태의 편법이 있었던 것으로 보인다. 지주들은 어떻게든 기득권을 유지하기 위해 노력했다. 하지만 한국전쟁의 강력한 충격 속에서 지주들의 저항은 무력화되었고, 결과적으로 자본주의 국가에서는 사례를 찾기 힘들 정도의 급격한 계급 구조의 변화가 일어났다. 남한 농지의 대부분이 비교적 평등하게 개인 소유 농지로 전환된 것이다. 그리고 이런 새로운 농지관계는 이후 남한

사회변동에 있어 매우 중요한 조건이 된다.

해방 이후 미국 헤게모니 체계 속에서 농민의 요구와 공산주의와의 대결구도 속에서 진행된 농지개혁은 이후 남한 사회관계의 틀을 만드는 데 중요한 역할을 했다. 일본, 대만, 한국 등에서 미국에 의해 기획된 자본주의적 농지개혁은 몇 가지 중요한 기능을 수행했다. 첫째, 전통적인 농민peasants과는 다른, 시장 의존적 농민farmers을 만들어냈다. 지주-소작관계에서 벗어난 농민들은 비록 영세한 규모이긴 하지만 사유재산으로서 농지를 소유하게 되었다. 새롭게 형성된 농민은 농업을 통해 생산된 농산물을 시장에 판매해야 생존할 수 있는 시장적 주체로 등장하게 된다. 새로운 주체로서 농민들은 농업 투입재의 구매자, 농작물 생산의 의사결정을 해야 하는 경영자, 그리고 농업 상품 판매자로서의 역할을 수행하게 된 것이다. 둘째, 투표권을 행사하는 시민으로서의 농민층을 만들어냈는데, 소규모이긴 하지만 사적인 재산인 농지를 지니게 된 다수의 농민은 집권당의 보수적 지지 세력이 되었다. 이런 조건은 이후 남한의 정치구조와 정치동학에 매우 큰 영향을 끼쳤으며, 1970년대 쌀을 매개로 국가와 농민들 간의 국가조합주의적 관계를 형성하도록 했다. 셋째, 남한 내에서 농업이 하나의 산업 부문으로 자리 잡게 되어, 현대적 농업 정책의 단위가 되었다. 1960년대 이후 공업화의 길을 걷게 되면서 남한의 농민들은 도시 소비자들의 식량 공급을 위한 전문 생산자로 전환되고, 산업 정책의 일부로서 농업 정책이 만들어지기 시작했다. 또한 농업이 외부 투입재에 의존하게 되면서 화학비료, 농약, 농기계 등 산업적 농업 투입재 시장이 성장하게 되었다. 넷째, 3헥타르 이하, 그리고 평균 1헥타르 이하의 소규모 농지를 소유한 농민 가계는 처음부터 경제적으로 지속가능하지 않았다. 영세한 농지에서 농사를 지어 6~7명의 가구원이 생계를 이어갈 수가 없었던 것이다. 따라서 가구 내 다수의 젊은 구성원이 도시로 유출되어 산업예비군과 노동계급으로 편입되는 결과를 낳았다. 결과적으로 농지개혁은 자본주의적 산업화에 핵심적인 임노동자계급의 형성에 결정적인 역할을 했다.

정리하면, 남한에서 실시된 농지개혁은 그 사회적 의미가 대단히 컸다. 전통적인 지주-소작관계의 유지가 불가능해졌다. 봉건적 소작제가 붕괴되고, 근대적인 의미의 농민계급이 형성되었다. 지주들의 입장에서는 토지를 기반으로 한 재생산과 부의 축적이 어려워졌다. 동시에, 소작인들은 봉건적 사회관계로부터 해방되었다. 소규모의 농지를 소유한 자영농체계가 만들어지면서, 자본주의적 사회로의 전환이 이뤄진 것이다. 이는 일종의 본원적 축적 과정이라고 할 수 있다(Marx, 1977). 억압적 사회관계가 해체되고, 임노동자계급을 형성하는 계기가 마련되었던 것이다. 농지개혁에 의해 다수의 자작농이 창출되었는데, 영세한 농지 규모 때문에 이들은 경제적으로 열악한 상황에 놓이게 되었다. 게다가 이후 식량원조를 통해 강화된 저곡가 정책은 가족농 내의 일부 구성원을 도시로 배출하게 된다. 결과적으로 농지개혁은 농촌에 잉여인구를 만들어내고, 산업예비군을 형성시켰다. 남한의 노동집약적 산업화에 필요한 저임금 노동자들을 공급하는 기반이 된 것이다(김철규, 2002).

식량원조 프로그램과 모순적 식량질서의 형성

미국은 2차 세계대전 이후 새로운 패권국으로 세계질서의 재편과 자본주의질서의 안정화 작업에 나서게 된다. 우선 유럽에서는 마셜 플

랜을 통해 오랜 전쟁으로 인해 황폐화되었던 경제의 부흥을 위한 노력을 기울였다. 또한 유럽의 식민지에서 벗어난 신흥 독립국가들에 대해서는 원조 프로그램을 통해 미국 중심 체제로의 편입을 유도했고, 자본주의의 정치적 안정화를 도모했다. 이런 기획의 맥락에는 소비에트와의 체제경쟁이 존재했다. 특히 한국전쟁은 공산주의 확산에 대한 우려를 높였으며, 이에 따라 동아시아 지역에 대한 미국의 정치·경제적 개입이 적극적으로 이뤄졌다.

이 맥락에서 중요했던 것이 미국의 식량원조다. 1954년 미국의 '공법 480호The Agricultural Trade Development and Assistance Act: PL480'*와 '상호보장법Mutual Security Act'이 제정되었다. 이어 1955년 한·미 간에 잉여농산물 도입협정이 체결되어 1956년부터 대량의 미국 농산물이 남한으로 들어오게 되었다(윤병선, 1992; 김병택, 2002). 식량원조 프로그램은 미국의 입장에서는 세 가지 목표를 달성하기 위한 것이었다. 첫째는 누적된 잉여농산물을 외국으로 방출함으로써, 미국 내 농산물 가격 하락을 완화하여 농민들의 정치적 지지를 확보하는 것이다. 20세기 초반에 완성된 산업형 농업은 미국에서 농산물 과잉생산 문제를 야기했고, 이에 따라 농산물 가격이 떨어지면서 농민들의 불만이 높아지고 있었다. 따라서 과잉생산된 농산물의 일부를 외국으로 내보냄으로써 국내 농산물의 가격 안정을 도모하려 했던 것이다. 둘째, 빈곤과 기아 문제에 시달리고 있는 남한을 포함한 제3세계 지역에 대한 식량원조는 이들 국가의 정치적 안정에 기여하여 공산화의 위험을 낮출 것으로 기

* Agricultural Trade Development and Assistance Act of 1954(Public Law 480, July 10, 1954): "미국 농산물의 해외 소비량을 늘리고 대외관계를 향상"시키기 위한 것이라고 선언한 법안으로, 당시 달러가 부족했던 제3세계의 국가들이 원조를 받을 수 있도록 현지 화폐로 미국 농산물 수입 대금의 결제가 이루어지도록 했다.

대했다. 미국 중심 자본주의 체제의 공고화에 있어 식량원조는 중요한 수단이 되었던 것이다. 셋째, 장기적으로 식량원조는 미국 농산물의 소비자를 세계적으로 확대하는 데 기여할 것으로 예측되었다. 특히 제3세계의 사람들에게 낯선 곡물이었던 밀을 무상으로 혹은 매우 저렴하게 대량으로 공급하는 것은 잠재적인 밀 소비자를 육성하는 사업이었다. 결과적으로 미국의 식량원조 프로그램은 이 세 가지 목표를 일정하게 달성했으며, 남한을 미국을 중심으로 형성된 식량체제에 편입시켰다.

남한은 미국의 식량원조 프로그램의 최대 수원국 중 하나였다. '공법 480호'에 의한 원조 규모는 1956~61년 사이에 약 2억 300만 달러에 달했다. 이 가운데 밀과 밀가루가 차지하는 비중이 가장 컸다. 〈표 2-1〉은 1957년 이후 어마어마한 양의 밀이 국내로 수입되었음을 보여준다. 원조 초기였던 1950년대에는 주로 밀가루가 수입되었다. 아직 국내 제분산업이 발달하지 않은 상태에서 가공된 밀가루가 원조로 공급되어 서민들에게 배급되거나 소규모 밀가루 가공업체에 공급되었다. 1957년의 경우 밀가루 원조는 2만 6,000톤이 넘었지만, 밀은 전혀 공급되지 않았다. 하지만 1960년대 중반부터는 상황이 바뀌었다. 예를 들면 1968년의 경우 밀가루 원조량은 10만 톤이 약간 넘었던 반면, 밀의 원조량은 21만 톤이 넘었다. 미국산 밀이 수입되어, 국내에서 밀가루로의 가공이 이뤄진 것이다. 이 과정에서 일부 제분기업이 급격하게 성장할 수 있었다.

미국에서 들어온 대량의 농산물은 국내 경제와 농업에 여러 가지 영향을 끼쳤다. 첫째, 미국의 잉여농산물 원조는 국내 농산물 가격의 전반적인 하락을 초래하여 국내 농업 생산기반을 약화시켰다(김종덕, 2000: 68). 실제로 남한에서 부족한 식량 부족분보다 더 많은 농산

표 2-1 미국의 대한 원조 농산물 실태   (단위: M/T)

연도	소맥분	소맥	총 곡물 원조량 (쌀, 옥수수, 대두 등 포함)
1956	–	–	4,050
1957	26,249	–	71,000
1958	29,216	35	86,147
1959	24,354	–	28,113
1960	18,800	16,232	73,552
1961	18,410	–	61,770
1962	20,748	–	56,423
1963	20,787	–	79,885
1964	61,791	–	130,381
1965	53,945	–	175,613
1966	118,697	109,177	260,079
1967	35,372	266,295	322,659
1968	109,463	217,976	352,861
1969	10,407	–	10,407
합계	**548,239**	**609,715**	**1,708,890**

출처: 농림부, 《농림양곡통계연보》 (김종덕, 1997을 재인용 정리).

물 원조가 유입되었기 때문에 이런 부작용은 더 컸다고 할 수 있다. 예컨대 1959년 식량 부족량은 109만 5,000석이었는데, 도입량은 그보다 훨씬 많은 189만 석에 달했다. 또 1960년 실제 부족량은 211만 8,000석이었는데 도입량은 351만 2,000석이었다(김종덕, 1997: 216). 미국산 잉여농산물의 과도한 유입은 국내 농산물 가격에 하방압력을 가했고, 이에 따라 남한 소농들의 경제적 어려움은 심화되었다. 이는 빈곤에 시달리던 농가 구성원들의 일부가 도시로 이주하여, 저임금 노동자계급으로 전환되는 계기가 되었다.

둘째, 미국의 대규모 식량원조는 남한에 국가 주도적 경제체제를 형성하는 데 결정적인 역할을 했다. 모든 물적 자원이 부족했던 남한의 상황에서 미국에서 제공된 농산물은 매우 중요한 경제적 자원이었다. 이 희소한 자원을 통제하고 배분하는 권한은 남한의 국가기구에 집중되었고, 이에 따라 국가의 권력이 증대되었다. 식량을 일반 국민에게 배급하는 과정에서부터 산업체에 밀이나 설탕을 공급하는 것에 이르기까지 국가조직의 권한은 절대적이었다. 초기 산업화 과정에서 핵심이었던 제분(밀), 제당(설탕), 섬유(면화)의 소위 삼백산업三白産業은 모두 국가에 의해 배분되는 자원에 의존했다. 따라서 국가와 기업의 관계는 위계적일 수밖에 없었으며, 국가권력이 강화되었다. 또한 밀, 설탕, 면화 등을 독점적으로 공급받은 일부 기업인은 급속하게 성장하여 이후 대기업, 재벌로 성장할 수 있었다. 이 과정에서 국가 조직과 기업 간의 밀접한 관계가 중요했다. 삼성의 모태가 된 제일제당이나 제일제분 등이 그 대표적인 사례다.

셋째, 잉여농산물 원조, 특히 밀의 대량공급은 쌀 중심의 한국인 식단에 큰 변화를 가져왔다. 밀 소비가 증가하기 시작한 것이다. 6장에서 살펴볼 바와 같이 '밀 먹는 한국인'을 만들게 되었다. 넘쳐나는 값싼 밀을 활용하여 서민들은 세 끼를 때워야 했으며, 그것이 수제비, 칼국수, 라면, 소면이라는 밀가루음식의 대량소비를 낳았고, 이후 한국 음식문화의 일부로 자리 잡게 했다. 이는 일차적으로 밀 가격이 매우 저렴했다는 사실에 기인한다. 더불어 쌀 부족 문제에 직면한 정부가 다양한 방식으로 밀 소비 진작을 추진했다는 점 역시 중요했다.

결론

이 장에서는 20세기 전반부에서 시작해 1960년 개발주의 시기 이전까지의 한반도 농업체계를 개관했다. 남한의 농업구조를 이해하기 위해서는 그것이 위치하고 있는 국제적 맥락이 중요하다는 점에서 20세기 초반 일본 식량체제와 20세기 중반 이후 미국 중심의 식량체제의 틀 속에서 우리 농업의 변화를 이해하고자 했다. 현재 우리 농업체계와 모순은 오랫동안 구조화된 여러 제도와 궤적의 결과물이라고 할 수 있다. 우리가 특히 주목했던 중요한 사건은 미국이 깊숙이 개입했던 농지개혁과 식량원조 프로그램이었다. 이 두 가지 정책은 여러 가지 면에서 남한사회를 변화시켰다. 무엇보다 자본주의 발전을 위한 사회적 관계의 재편이 핵심이었다. 이 과정에서 남한의 농식품체계의 생산구조는 매우 독특한 형태로 재편되었다. 그리고 이후 개발주의 체제의 산업화를 위한 중요한 기반을 제공했다.

다음 장에서 다룰 남한의 개발주의 체제를 위해 농지개혁과 미국의 식량원조가 남긴 사회경제적 영향을 정리하면 다음과 같다.

첫째, 평균 1헥타르 미만의 소규모 자영농 체제는 평등주의적이지만 농민 가계의 경제적 자립과는 거리가 먼 것이었다. 따라서 농가의 일부 혹은 다수가 농가를 떠나 도시로 이동할 수밖에 없는 인구 배출압력이 작동했다. 이들은 산업예비군으로 개발주의의 시대에 저임금 노동자계급으로 남한 자본주의 발전의 주역이 되었다.

둘째, 소규모 자영농의 경제에 더욱 악영향을 끼친 것이 식량원조였다. 산업형 농업 방식으로 생산된 값싼 미국산 농산물은 국내 농산물 가격을 억제하는 역할을 했다. 따라서 국내 소농들의 경제적 어려움은 가중되었다. 열악한 농촌의 경제 상황을 견디지 못한 다수의 농민은 대규모로 도시로 이주할 수밖에 없었다.

셋째, 경제적 어려움에도 불구하고, 소농들은 처음으로 자신의 농지를 소유하게 되었다는 사실 때문에 토지 소유자로서 혹은 프티 부르주아로서 정치적 보수주의의 담지자가 되었다. 이승만 정부에서 박정희 정부에 이르기까지 기본적으로 집권여당과 기존 대통령을 지지하는 경향을 보이게 된다. 특히 쌀을 매개로 한 국가와 농민의 조합주의적 관계를 통해 농민은 보수적 정치세력으로 자리 잡게 되었다.

넷째, 원조를 통한 미국산 밀의 대량유입은 한국인의 음식문화를 변화시키는 데 큰 역할을 하게 된다. 물론 밀 소비의 증가는 단순히 개인의 선택이나 시장의 자연스러운 기능 때문만은 아니었다. 1960년대 이후 강력한 권위주의 정부에 의한 근대화 프로젝트 속에서 밀 소비 증진을 위한 다양한 정책이 나왔으며, 그 결과로 밀은 한국인의 식탁에서 중요해졌다.

미국은 1970년대 이후 원조 프로그램의 대부분을 축소하고, 곡물을 상업적 수출 정책으로 전환한다. 그럼에도 불구하고 원조를 통해 밀에 익숙해진 많은 제3세계 노동자들은 달러를 지불하고서라도 밀을 수입할 수밖에 없게 되었다. 미국의 식량원조 프로그램이 의도했던 잠재적 밀 소비자의 전 세계적 확대라는 목표가 달성되었다고 할 수 있다. 이 과정에서 전통적인 농업 부문의 해체와 농민들의 임노동자화 proletarianization가 촉진되었다. 이를 통해 소위 '제2차 식량체제'가 완성되었던 것이다(Friedmann, 1982). 제2차 식량체제는 20세기 중반 자본주의 체제의 내포적 축적으로의 전환과 관련되는데, 특히 제3세계 지역의 임노동자화와 공업화를 뒷받침했다. 그리고 이 과정의 배경에는 자본집약적이고, 에너지집약적인 포드주의적 미국 농업이 존재했다(Kenny et al., 1989). 대량생산 체제에 의해 생산된 저가의 미국 농산물은 결과적으로 한편으로는 세계 농민의 궁핍화를, 다른 한편으로는 산업예비군 및 대규모 임노동자 형성을 통해 세계적 규모의 자본 축적에 기여했던 것이다. 20세기 중후반 남한의 농업구조와 산업화체계는 이러한 맥락에서 변화하였다.

3장

개발주의와 산업형 농업의 등장
: 1960년대 초반에서 1980년대 초반까지

서론

이 장에서는 1960년대 이후 본격화된 남한의 경제성장과 개발주의의 틀 속에서 농업 문제를 검토한다. 앞장에서 살펴본 바와 같이, 해방 이후부터 1960년대 초반까지의 시기 남한의 농업은 농지개혁과 미국의 식량원조를 통해 새로운 형태로 재편되었다. 농지개혁을 통해 일제 강점기에 고착화되었던 지주-소작관계가 해체되고, 농민들이 자기소유의 토지를 갖게 되었다. 즉, 소규모 자영농계급이 형성되어 이들은 이후 한국 농촌의 농민으로 자리 잡게 된 것이다. 다른 한편, 미국의 식량원조 프로그램에 따라 엄청난 양의 값싼 농산물이 국내로 유입되었다. 이는 국내 농산물 가격에 하방압력을 행사해 농민들의 소득을 낮추고, 경제적 어려움을 가중시켰다. 그 결과 평균 농지 규모 1헥타르 이하였던 농가들은 가족 구성원 중의 일부를 '배출'할 수밖에 없었다. 농촌의 과잉인구가 도시로 유입되었다. 하지만 도시 역시 특별한 산업적 기반을 갖추지 못한 상태였다. 농촌에서 배출된 과잉인구가 도시에서 잉여인구로 상주하는 형태의 사회변동이 이뤄졌던 것이다. 즉, 도시에 대규모 산업예비군이 형성되어 저임금기반의 산업화 조건이 만들어졌다. 앞 장에서 강조했듯 1960년대 이후의 산업화는 농지개혁과 식량원조라는 조건 위에서 이뤄진 것이다.

1960년대 중반 이후 남한은 새롭게 형성되던 국제분업 구조 속에서 일정한 역할을 담당하게 되었다. 특히 공산주의와의 체제경쟁 속에서 남한의 지정학적 위치는 미국과 특수한 관계를 가능하게 했다. 남한은 미국에 의해 관리되는 국제금융기구로부터 공적 차관을 받을 수 있었고, 기업들이 생산한 경공업 제품을 미국 시장에 판매할 수 있었다. 1960년대 내내 엄청난 양의 식량원조를 받으며, 도시 서민들의 식량 문제를 적어도 잠정적으로는 해결할 수 있었다. 남한이 위치한 세계체계 내의 정치지리학이 남한의 발전에 큰 역할을 했던 것이다. 물론 남한의 내적 구조와 조건들 역시 중요했다. 쿠데타를 통해 집권한 박정희 정권은 정치적 정당성에서 취약했다. 이런 근본적 문제를 경제개발로 봉합하기 위해 국가가 주도하는 강력한 근대화 프로젝트를 추진했다. 경제기획원을 중심으로 경제개발에 관한 장단기 목표를 설정하고, 국내 산업 부문에 대한 관리와 지원 정책을 펼쳤다. 농업은 효율적 산업화를 위한 하위 부문으로 간주되었으며, 농촌은 '근대성'과 반대되는 '전통'의 낙후성을 담지하고 있는 공간으로 여겨졌다. 따라서 개발주의 체제 속에서 농업과 농촌은 남한 산업화를 뒷받침하기 위해 식량과 인적 자원을 최대한 추출하기 위해 재편되었다. 농촌은 도시로 값싼 노동력을 공급하는 배후지 역할을 했을 뿐 아니라 보수 집권 세력을 정치적으로 뒷받침했다. 더 나아가 근대화의 기획 속에 농업과 농촌 자체도 큰 변화를 겪게 되는데, 여기서 가장 중요한 것이 녹색혁명과 새마을운동이라고 할 수 있다. 농촌은 도시와는 다른 방식으로 국가의 개발주의 프로젝트에 편입되었다. 이 장에서는 이러한 농업 및 농촌의 변화 궤적을 분석한다.

세계체계와 박정희의 개발주의 체제

1960년대는 미국 헤게모니의 전성기로, 미-소 냉전을 통한 체제경쟁이 극심했던 시기다. 한국전쟁 이후 한반도는 냉전체제 속에서 미국의 중요한 전략적 공간으로 자리매김했으며, 남한의 정치적 안정과 경제성장은 동아시아 국제질서의 관리라는 측면에서 미국의 관심사로 부각되었다. 1960년대 사회주의 국가들 역시 개발의 열풍에 휩싸였는데, 북한 역시 비교적 빠르게 경제성장을 달성했다. 남한과 북한의 경제개발은 체제의 우위성을 판단하는 중요한 사례로서 국제사회의 관심을 끌었다. 남북한 양측의 지도자들 역시 국내 통치의 안정성을 위해서 자국의 경제발전에 신경을 쓸 수밖에 없었다.

4.19와 이승만 체제의 붕괴, 그리고 5.16 군사 쿠데타 등 격동의 시대는 일단 박정희에 의한 권위주의 정권의 출범으로 마무리된다. '61년 체제'가 형성된 것이다. 박정희는 쿠데타 이후 권력을 민간에 이양하겠다고 했지만, 실질적으로는 자신이 군복을 벗은 뒤 1963년 선거에 출마하여 13만 표의 근소한 차이로 대통령이 되었다. 박정희는 여러 가지 면에서 정치적 정당성을 확보하기 어려웠다. 만주군 장교 및 좌익

경력은 물론 쿠데타 자체의 민간기반의 부재, 미국의 불신 및 의혹 등은 박정희가 혁명 직후부터 대통령으로 선출된 후에도 계속 커다란 짐이 되었다. 결국 박정희가 선택할 수 있었던 정당성 확보 방안이, 임혁백의 표현을 빌리자면 '실적에 의한 정통성legitimacy by performance'이었다(임혁백, 2014: 451). 즉 경제개발을 통해 빵 문제를 해결해줌으로써, 대중의 지지를 얻고 정치적 정당성을 확보하려고 했던 것이다. 이후 20년 가까이 '61년 체제'가 지속되는데, 이 기간은 문자 그대로 개발주의의 극성기였다. 1960년 쿠데타의 성공에 이어 출범한 박정희 체제는 약간의 시행착오를 겪은 뒤, 미국 헤게모니 체계 내에서 일정한 역할을 수행하게 된다. 미국 중심의 브레턴우즈 체제 속에서 달러를 중심으로 한 경제 재구조화에 착수했다. 달러를 벌어들이기 위한 수출지향적 산업화가 빠르게 추진되었으며, 이를 위해 강력한 권위주의 정부는 정치적 통제를 극대화했다.

다른 한편으로 보면, 실적에 의한 정당성 확보는 박정희 개인의 선택 문제는 아니었다. 오히려 미국 헤게모니 체계라는 거시적 구조와 냉전의 맥락에서 미국의 직접적 영향권 안에 있다는 지정학적 구조가 중첩되면서 제시된 거의 유일한 선택지였다. 남한은 미국에 의해 주도되었던 개발주의의 길로 달려갈 수밖에 없었다. 그런 의미에서 1960년대 이후 남한의 수출지향적 산업화 선택은, 바둑 용어를 빌리자면, '외통수'였다. 세계분업 구조상 주변부였던 남한은 저가의 공산품 생산기지라는 역할을 담당하게 되었다. 새롭게 만들어지고 있었던 국제 분업구조 안에서 남한은 농업을 방기하고, 공업에 집중하게 되었다. 부족한 근로자들의 식량은 미국의 포드주의적 농업체계가 공급했다. 이 구조속에서 남한 농민은 정부의 정치적 필요에 따라 일정한 시혜적 보상을 제공받았다. 이데올로기로서 '농업 부문'은 미작에 대한 정부의 정책으로 유지되어왔는데, 이것은 그나마 20세기 중후반의 세계체계가 국민국가 단위의 조절을 허용해왔기 때문에 가능했다.

세계를 지배하던 발전 프로젝트의 틀 속에서 저임금을 바탕으로 한 산업화 전략이 적극 추진되었다. 이는 다음과 같은 몇 가지 과정을 통해 이뤄졌다. 첫째, 한국 농촌인구의 탈농민화depeasantization다. 근대화론의 시각에서 발전은 농촌인구의 도시로의 이주와 농민의 산업노동자로의 전환을 의미하는 것으로 간주된다. 1960년대 이후 이런 변화가 전 세계적으로 관찰되었는데, 이를 개념화한 것이 탈농민화다. 농촌의 과잉인구가 도시로 유입되면서 산업예비군이 형성되었고, 이들은 남한 초기 산업화의 주역이 되었다. 둘째, 한국의 경공업 상품에 대한 미국의 관대한 수입 정책이다. 미국과 소비에트의 대립이라는 냉전구도 속에서 남한의 수출상품에 대한 지정학적 배려가 있었던 것이다. 이런 기회구조를 바탕으로 남한은 빠르게 산업화의 길을 달렸으며, 대만, 싱가포르, 홍콩과 더불어 아시아의 '4마리 용'으로 부상했다. 그 결과 1980년대가 되면서 남한은 주변부에서 반주변부로 상승할 수 있었다. 셋째, 기업과 노동계급을 관리하고 통제하는 국가기구의 역할과 권력의 강화다. 경제발전이라는 목표하에 다른 사회적 권리와 의제들은 무시되었다. 경제적으로는 경제기획원, 정치사회적으로는 중앙정보부의 관리와 통제 아래 강력한 국가가 기획하는 근대화의 길을 걷게 되었던 것이다.

이런 과정이 진행되면서, 농업은 쇠퇴하고 농촌은 피폐해졌다. 젊거나 어린 여성 노동력은 공장이나 여러 가지 비공식 부문의 근로자로 농촌을 빠져나갔다. 또한 적지 않은 농민의 아들들이 대학은 물론 중고교 학업을 위해 서울을 비롯한 대도시로 유입되었다. 이들 두 집단은 모두 도시에서 계속 거주하며, 혼인을 하고 자녀를 낳음으로써 도시

인구의 팽창에 기여했다. 이는 농촌의 인적 자원을 고갈시키는 결과를 낳았으며, 장기적으로 농촌의 지속가능성을 위협하는 조건이 되었다. 결국 현재 남한 농촌의 가장 심각한 문제 중의 하나인 인구 과소화와 고령화는 1960~70년대 시작된 농촌인구의 도시 유입의 장기적 결과다. 구체적으로는 1965년부터 1970년 사이 이농자 수는 약 139만 명이었다. 1965년 당시 농촌 인구의 11%에 달하는 사람들이 도시로 이동했던 것이다.

남한의 농업 부문은 근대화를 위한 '자원'으로 활용되어왔다. 농촌은 도시 노동자들에게 저가의 식량을 공급하는 기지였으며, 값싼 노동력을 제공하는 인력의 풀pool이었고, 독재정권의 정치적 안정을 보장해주는 안전판의 역할을 했다. 농업 부문의 이런 역할에 대한 정부의 보상이 추곡수매 정책이었다고 할 수 있다. 즉, 국가가 농민들을 정치적으로 조직하고 동원하기 위해, 그들에게 최소한의 경제적 지원을 제공하여 정치적 정당성 문제를 해결하려 했던 것이다. 추곡수매 정책은 따라서 국가와 농민 관계를 유지하고, 농민을 세계시장의 불안정에서 보호하는 장치였다. 이러한 제도는 국가 단위, 국가 중심의 개발 모델 내에서만 가능했다(윤근섭·김철규, 2001: 56). 박정희 체제가 출범한 뒤, 남한에서는 본격적인 자본주의 발전이 이뤄지기 시작했다. 제1차 경제개발 5개년 계획을 시작으로 남한은 국가의 주도하에 근대화, 산업화의 길을 걷게 된다. 바야흐로 개발주의 시대가 도래한 것이다. 박정희 체제는 기본적으로 수출지향적 산업화를 위해 국내의 모든 자원을 동원하는 방식을 활용했다. 권위주의적 국가가 남한사회 전체에 대한 근대화 기획을 본격화했으며, 이에 따라 일상생활 영역에까지 국가가 개입하여 변화를 추동해나갔다. 농업 부문은 산업화를 지원하는 영역으로 재구조화되었으며, 저곡가 정책에 의해 농촌의 인구가 도시로 빠르게 유입되었다. 신국제분업의 형성 과정에서 남한은 중심부 국가에 경공업 제품을 공급하는 생산기지가 되었고, 이를 지탱하기 위한 농업체계가 자리 잡게 되었다.

개발주의 시대의 농업 정책

이 시기 남한 정부의 농업 정책의 핵심은 농산물 가격을 최대한 낮추는 것이었다. 농산물 가격 상승이 경제성장을 저해한다는 시각에서 정책 개입을 실시했다(김병택, 2002). 개발주의 시기 초반 남한 농업에 큰 영향을 준 것은 미국으로부터의 식량원조였다. 국내 농업의 생산성 증대를 통한 식량 증산은 많은 시간이 걸린다. 이에 남한 정부는 값싼 원조 농산물을 식량 공급을 위한 손쉬운 정책수단으로 활용했다. 수출산업의 경쟁력을 확보하기 위해 정부는 저곡가 유지와 양곡 수급 문제를 주로 원조를 통해 해결하려 했던 것이다(조승연, 2000: 106). 1966년 이후 밀가루와 밀이 대규모로 수입되어 한국인의 식탁에 오르기 시작했다. 특별한 날에나 먹던 밀가루로 만든 잔치국수가 가장 저렴한 한 끼 식사로 대중화되었다. 밀가루를 재료로 하는 라면, 칼국수, 비빔국수, 수제비 등이 급속하게 대중화되었다. 미국으로부터의 잉여농산물 원조가 없으면 가능하지 않았던 식습관의 변화가 시작된 것이다. 그리고 이는 1960년대 중반 이후 남한 경제성장의 동력이었던 경공업 산업노동자들을 유지할 수 있었던 조건이었다. 청계천 평화시장 부근의 피복산업, 영등포 및 구로 공단, 마산 수출자유지역의 전자산업 등에서 일하던 수천 명의 여성 노동자는 밀가루로 만든 라면으로 끼니를 때우며 '수출역군'이 되었다.

정부의 입장에서 식량 가격 안정화에 있어서의 큰 걸림돌은 쌀이었다. 쌀은 한국 농업의 중심 작물이기도 하며, 동시에 모든 한국인이 먹고 싶어한 주곡이었다. 문제는 쌀은 늘 충분하지 않았다는 점이다. 1960년대에 '흰 쌀밥'은 경제발전의 핵심적 상징이었다. 또한 쌀은 남한과 북한 간 체제경쟁의 상징이었다. 예컨대 북한의 지도자 김일성은 1962년 신년사에서 "머지않아 모든 인민이 이팝에 고깃국을 먹고 비단옷을 입으며 고래등 같은 기와집에서 살게 해주겠다"며 "비료는 쌀이고, 쌀은 공산주의다"라고 천명했다(김환표, 2006: 111). 하얀 쌀밥을 마음껏 먹는 것은 북한 주민에게도 경제발전을 상징하는 것이었으며, 쌀이 정치적으로 가진 의미 역시 '쌀은 공산주의다'라는 표현에서 읽어낼 수 있다. 더불어 과학적 농업을 위한 화학비료의 사용이 쌀 생산의 중요한 조건이었음을 알 수 있다. 1963년 10월 5일 김일성은 "남한이 미국의 잉여농산물로 식량 문제로 해결하고 있는 것과는 달리 북은 5~6년 전부터 쌀 자급자족"을 하고 있다며, 남쪽에 식량원조를 제안하기도 했다. 쌀을 매개로 한 북한의 정치공세가 거세게 이뤄졌던 것이다.

이런 북측의 공세는 남한의 입장에서는 뼈아픈 것이었다. 박정희 정부는 쌀 자급을 위한 노력을 경주하기 시작했으며, 우선은 쌀 수요를 줄이는 정책을 펼쳤다. 혼분식 운동을 적극적으로 장려했다. 구체적으로는 1963년에 쌀 막걸리 제조를 전격적으로 금지했고, 1964년에는 모든 음식점에서 탕류에 면류를 25% 이상 넣도록 지시했다. 1969년에는 미곡 소비 억제를 위한 행정명령을 발표했고, 1973년에는 혼식 의무 제도가 시행되면서 초·중·고등학교에서 학생들의 도시락 검사를 실시했다. 박정희 정부는 쌀 수요에 대한 관리와 아래에서 설명할 쌀 증산 운동에 힘입어 드디어 1976년 쌀 자급을 달성하게 되었다. 이에 따라 1977년 1월 연두 기자회견에서 남한의 대통령 박정희는 북한의 식량난이 매우 심각하다고 언급하며 상당량의 쌀을 북한에 지원할 용의가 있다고 밝힌다. 이런 제안을 북한이 받아들일 리 없겠지만, 박정희의 입장에서는 북한 체제에 대한 우월성을 과시하고 남한 국민에게 자신의 정치적 입지를 강화하는 데 쌀 자급을 활용했던 것이다. 같은 해 12월 오랫동안 금지되었던 쌀 막걸리 제조가 허용됨으로써 남한의 쌀 문제는 안정화되었다.

식량 문제와 관련해서 정부는 쌀 소비를 관리하기 위해 노력했다. 밥을 중심으로 하는 한국인의 식습관을 고려할 때, 생산량을 늘려 미곡 가격을 낮추면 좋겠지만 현실적으로는 어려웠다. 흰 쌀밥에 대한 한국인의 욕구는 해방 이후에도 충족되지 못했고, 상대적으로 쌀 가격은 비쌌다. 이런 상황에서 정부는 쌀 수요를 관리해야 하는 비교적 손쉬운 방안을 우선 채택했다. 즉, 원조를 통해 도입된 밀 소비를 적극 권장했던 것이다. 밀을 활용한 면류에 대한 소비를 진작시키기 위해 다양한 노력을 전개했다. 더불어 밥에 사용되는 곡물의 종류를 다양화하도록 적극적으로 홍보를 했다. 보리, 콩, 조, 수수 등 여러 잡곡을 활용한 혼식의 유용성을 강조하고, 일종의 식습관 근대화운동을 전개했다.

박정희 정부의 산업 중심 근대화 전략은 도시와 농촌 간의 불평등과 소득격차를 낳았다. 도·농 간 소득격차와 불균등 발전에 대한 농민의 분노와 박탈감이 커지게 되었다. 따라서 박정희 정부는 농촌에 대한 정책적 개입이 필요하다는 결론에 도달해, 몇 가지 대안을 모색한다. 예컨대 생산자와 소비자 모두에게 혜택을 주기 위해 1969년부터 시행했던 쌀과 보리에 대한 '이중가격제'가 그것이다. 이는 생산자 소득을 보장하고, 도시 저소득층의 가계비 부담을 줄여준다는 목표를 가지고 추진된 것이지만, 재정 부담 때문에 지속될 수 없었다(김병택, 2002: 63). 그 외에도 '농공 병진 정책', '농어민 소득증대 특별사업' 등이 시행되었으나 별다른 효과를 보지 못했다. 오히려 1960년대 말과 1970년대에 걸쳐 지속적으로 농촌인구가 도시로 이동했으며, 이는 결국 저임금 체제를 유지하는 노동력 공급의 주요 요인이 되었다.

남한의 수출지향적 경제개발이 본궤도에 접어들기 시작하는 1970년, 정부는 식량 수급과 관련해서 심각한 문제에 봉착했다. 미국이 잉여농산물의 식량원조를 달러화 결제를 통한 상업적 거래로 전환한 것이다. 이는 미국 경제력의 전반적인 쇠퇴와 재정 및 무역적자에 따른 부담 때문이었다. 즉, 제2차 식량체제의 작동에 균열이 발생하면서 원조를 통한 자본주의 세계체계의 관리 방식에 변화가 나타나기 시작했다. 미국은 원조를 줄이기 시작했으며, 그 대상 중 하나가 경제발전에 일정한 성과를 보이던 남한이 되었다. 예전에는 원조를 통해 무상이나 현지화 결제를 하던 농산물을 미국 달러화를 통해 상업적으로 수입하게 된 것이다. 이에 따라 외환 보유, 즉 달러화 관리를 중요한 경제지표 중 하나로 삼고 있던 한국 정부는 심각한 부담을 느끼게 되었다. 따라서 1970년대에 들어서면서 국내 농업 개발과 미곡 증산에 관심을 갖기 시작했고, 녹색혁명과 새마을운동 등의 농업·농촌 정책을 전개했다.

새마을운동

도·농 간의 소득격차에 따른 농민 불만 문제를 해결하기 위해 박정희 정부는 개발주의 프로젝트를 농촌에서 시행한다. 가장 대표적인 것이 이후 1969년 박정희 정부에 의해 추진된 새마을운동이다. 새마을운동은 농촌에서 시작되어, 이후 전국적으로 확산된 국가 주도적 근대화운동이다. 박정희는 새마을운동에 매우 적극적이어서 1973년 1월에 대통령령으로 내무부에 새마을 담당관실을 설치했고, 3월에는 대통령 비서실에 새마을 담당관실을 설치하기도 했다. 새마을운동은 근면·자조·협동을 기본 정신으로 내세우며, 농촌의 전근대성을 극복하여 소득 증진을 도모하고자 했다. 또한 지역의 균형적인 발전과 의식개혁을 추구했다. 박정희가 작사·작곡했다는 〈새마을운동의 노래〉는 전국에서 동네 스피커를 통해 아침마다 울려 퍼졌고, 방송을 탔다. 새마을운동의 주요 사업은 농촌의 도로, 주택 등을 개량하고, 농촌 지도자들을 육성하는 것이었다. 정부는 도로 및 주택 개량사업을 위한 시멘트와 철근 등을 절반 정도 지원했다. 지원금의 추이를 보면, 1971년 41억 원, 1972년 33억 원, 1973년 215억 원, 1974년 308억 원 등으로 박정희 시대 내내 꾸준히 증가해 1979년에는 4,252억 원에 달했다.

새마을운동은 국가의 개발주의적 개입에 의한 농촌 및 농업의 재편 과정이었으며(김홍상·김석민·이경숙·박영현, 1987), 국가가 주도한 근대적 국민 만들기 프로젝트였다고 평가된다(김일철, 1991; 한도현, 1989). 특히 강제와 동의를 결합시켜 국가가 시민사회 내에 헤게모니적으로 농민을 근대적 주체로 구성하고, 호명했다고 할 수 있다(고원, 2006). '근대성'을 농촌의 개인들에게 이입하는 동원의 프로젝트였던 것이다. 거시적으로 평가하자면, 새마을운동은 한국의 농민을 자본주의 사회관계 안에 깊숙이 포섭했으며, 농촌에 개발주의 문화를 이식하는 역할을 했다고 할 수 있다.

녹색혁명

남한의 쌀 공급 문제 해결에 있어 중요했던 것은 녹색혁명이다. 녹색혁명이란 미국의 생산주의 농업 패러다임을 국제적으로 확산시키는 일련의 기술적·정책적 기획이다. 작물의 생산성을 높이기 위해 육종학을 비롯한 과학기술을 적극적으로 활용하여 다수확품종을 개발했다. 다수확품종의 실제 재배를 위해 여러 생육조건에 관한 가이드라인을 제시하고, 농업 전문가 혹은 농촌지도사들이 이를 농민들에게 교육시켰다. 녹색혁명을 통해 탄생한 다수확품종들은 대체로 다량의 농약과 화학비료를 필요로 했다. 따라서 다수확품종의 확산은 화학적 농업의 확산을 의미하는 것이기도 했다. 1960년대 중반부터 미국의 농업연구소가 밀, 벼, 옥수수의 품종 개량을 수행해왔고, 국제기구들을 통해 다수확품종 종자들이 제3세계 지역으로 퍼져갔다. 아시아에서는 필리핀의 국제미작연구소(IRRI)가 '기적의 쌀'이라고 불리는 벼의 다수확품종을 개발했다. 포드재단·록펠러재단에 의해 창설된 필리핀의 국제미작연구소와 서울대 농대가 함께 개발한 것으로 알려진 통일벼는 녹색혁명형 과학기술의 총아라고 할 만했다(박동범, 2015: 50). 식량 증산에 열을 올리던 남한 정부는 농촌진흥청과 서울대 농과대학의 전문가들을 동원하고 국제미작연구소의 도움을 받아 1970년 한국형 '기적의 볍씨'로 불리는 통일벼(IR667)를 개발했다. 통일벼의 개발 성공은 정부의 녹색혁명에 대한 기대를 한층 높였으며, 후속지원을 아끼지 않았다. 통일벼 재배가 일반 농민 사이에 본격화된 것은 1973년부터 1977년 사이라고 할 수 있는데, 이 기간 동안 식량 증산 체제는 정점에 달했다(김태호, 2017: 133). 행정체계, 농업 전문가, 농민들 간에 일종의 공조가 이뤄지면서 쌀 생산량이 빠르게 증가했다. 이에 따라 통일벼 재배 면적

표 3-1 주요 식품 공급 추이: 쌀   (단위: 1,000톤)

	1965	1970	1975	1980	1985	1990	1995	2000	2005	2010
생산	3,501	3,939	4,445	5,136	5,682	5,898	5,060	5,263	5,000	4,916
수입	–	696	481	580	–	–	–	107	192	307
이입	3,271	3,448	448	752	1,247	1,572	1,156	722	850	993
총 공급량	**6,772**	**8,084**	**5,414**	**6,468**	**6,929**	**7,470**	**6,216**	**6,092**	**6,042**	**6,216**

출처:《식품수급표 2011》(한국농촌경제연구원, 2012).

은 전체 논 면적의 25%를 차지하기에 이르렀다. 물론 이 과정에서 정부가 채택한 고미가 정책이 큰 역할을 한 것도 사실이다. 통일벼는 생산량에서의 장점에도 불구하고 여러 가지 문제를 안고 있었다. 예컨대 재래종이나 일본 자포니카종에 비해 밥맛이 좋지 않았으며, 병충해와 냉해에 약했다. 이 때문에 통일벼를 개량한 유신벼가 개발되기도 했다. 하지만 1980년대 이후 소비자들의 외면을 받았고, 자연스럽게 농민들도 생산을 줄이게 되었다.

녹색혁명은 화학적 농업에 기반한 현대적 농업으로의 전환을 시도한 것이다. 다수확품종에 필요한 화학비료와 농약의 사용, 농기계의 도입, 이를 위한 경지 정리 등을 포괄한다. 또한 전통 농업에서 이뤄졌던 논밭 농사와 가축 사육 간의 신진대사 순환이 끊어지고, 시장 의존적 농업이 만들어지도록 했다(Foster, 2002). 새로운 현대적 농업은 농식품 기업들에 의해 제공되는 농업 투입재에 의존한다. 결과적으로 녹색혁명은 남한의 농업이 산업적 농업으로 전환되는 데 결정적인 역할을 한 것으로 평가할 수 있다.

녹색혁명을 통해 생산량이 증가한 쌀과 밀은 공급의 측면에서 서로

표 3-2 주요 식품 공급 추이: 밀　　　　　　　　　　　　　　　　　　(단위 : 1,000톤)

	1965	1970	1975	1980	1985	1990	1995	2000	2005	2010
생산	300	357	97	92	11	1	10	2	8	39
수입	476	1,178	1,703	1,810	2,996	2,239	2,777	3,266	3,406	4,319
이입	306	497	291	164	249	237	910	472	464	458
총 공급량	1,082	2,032	2,091	2,066	3,256	2,477	3,697	3,740	3,878	4,816

출처: 《식품수급표 2011》(한국농촌경제연구원, 2012).

다른 길을 걷게 된다. 〈표 3-1〉이 보여주듯, 쌀 생산량은 지속적으로 증가했다. 특히 1970년에서 1975년 사이에 급속한 생산량 증가가 있었는데, 이는 물론 앞에서 설명한 쌀 증산과 자급을 목표로 개발된 다수확품종 덕분이었다. 쌀 생산량의 증가와 자급의 달성은 종자뿐 아니라 비료, 농약, 농기계 등 산업적 농업이 전반적으로 확산된 결과라고 할 수 있다. 때로 쌀이 수입되기도 했는데, 기본적으로 국내 생산량으로 수요를 충족시킬 수 없을 경우에만 이뤄졌다. 이는 국내 농민의 생존권과 연결된 문제였기 때문이다.

〈표 3-2〉는 주요 식량원으로 등장한 밀의 공급과 관련된 자료다. 밀의 경우 1965년 국내 생산량이 30만 톤, 수입량이 48만 톤이었다. 앞에서 지적했듯, 밀 수입은 미국의 원조 프로그램에서 비롯된 것이었다. 하지만 1970년대에 들어서면서 달러화 결제를 통한 상업적 수입으로 바뀌게 된다. 그럼에도 불구하고 밀 수입량은 비약적으로 증가했고, 국내산 밀의 생산량은 급격히 감소했다. 원조를 통해 익숙해진 밀은 이제 한국인 식탁의 일부가 되었다. 또한 밀을 활용한 가공식품 산업의 성장 역시 밀 소비 증가의 원인이었다. 많은 제3세계 시민들이 그러하

듯, 한국인들도 밀의 덫wheat trap에 빠지게 되었다고 할 수 있다. 수입산 밀은 가격의 측면에서 매력적이었다. 압도적인 가격 경쟁력을 가진 미국의 밀은 일반적인 국제시장 가격으로 수입해도 국내의 곡물에 비해서 매우 저렴했다. 따라서 밀 소비는 꾸준히 증가했고, 수입이 늘어났다. 그 과정에서 국내산 밀 생산은 급격하게 감소했다.

결론

남한 개발주의 시대에 농업과 농촌은 철저하게 경제발전과 산업화를 위해 재구조화되었다. 산업 경쟁력을 높이기 위한 수단으로 종속되었던 것이다. 경제개발을 위한 국가의 정책 속에서 농업 및 농촌 부문의 역할은 다음과 같이 정리할 수 있다.

첫째, 체제경쟁과 농민의 정치적 지지를 위한 농작물인 쌀을 통한 정부와 농민들 간의 조합주의적 관계가 만들어졌다. 농협이라는 새로운 농촌 관리 및 농민 동원 조직과 추곡수매제는 1960~70년대 농민을 국가의 통제 아래 두는 중요한 제도였다. 결과적으로 농민들이 경제적 어려움과 사회적 배제 속에서도 개발주의 국가에 동조하는 결과를 낳았다.

둘째, 미국으로부터 유입된 값싼 농산물, 특히 밀은 한편으로 국내 농산물 가격에 하방압력을 행사해 농가경제의 어려움을 가중시켰으며, 이는 이농인구의 증가를 가져왔다. 다른 한편으로는 남한의 산업 경쟁력의 기반이 되었던 도시의 저임금 노동자들의 값싼 먹거리가 되었다. 다수의 여성 노동자와 저임금 노동자가 밀로 만든 수제비와 라면을 먹고 장시간 노동을 버텨내는 구조를 만들었다. 미국의 산업형 농업의 산물인 값싼 밀이 주변부 지역인 남한의 산업화를 뒷받침했던 것이다. 이는 미국 중심의 제2차 식량체제로의 편입을 의미하는 것이었다.

셋째, 1970년대 들어 경제성장의 그늘에 쳐진 농민들의 박탈감이 커지고, 박정희의 정치적 정당성이 취약해지자 국가는 농촌 근대화 프로젝트를 본격화했다. 즉, 새마을운동을 통해 근대적인 농민 주체를 만들고 '잘살아보세'의 기획에 동참시키기 위한 노력을 기울였던 것이다. 새마을운동의 진행 과정과 그 성과에 관해서는 여러 이견이 존재하지만, 분명한 것은 새마을운동을 통해 '개발주의'가 농촌공동체에도 확산되었다는 점이다.

넷째, 개발주의 확산을 위한 구체적인 사업이 녹색혁명을 통한 식량 생산이다. 정부는 국제미작연구소, 서울 농대, 농촌진흥청 등 여러 기관과 전문가, 그리고 지역 행정조직을 총동원해서 식량 증산 사업을 추진했다. 그 상징은 '통일벼'였지만, 단순히 종자의 문제는 아니었다. 경작지 정리, 농기계 활용, 농약 및 비료의 투입 등 산업형 농업 방식을 남한 농촌에 이식했던 것이다. 그런 의미에서 1970년대의 녹색혁명과 쌀 증산 사업은 남한의 농업 패러다임을 완전히 바꾼 것이며, 생태적 균열을 심화시키는 계기가 되었다. 이 시기에 만들어진 남한의 농업구조는 매우 굳건한 것이어서 오늘날까지도 기본 골격을 그대로 유지하고 있다. 또한 이 시기에 진행된 대규모 이농은 농촌의 인구구조를 극도로 왜곡시켰다. 그 역사적 여파로 농촌의 초고령화가 가속화되고 있으며, 지속가능성이 크게 위협받고 있는 것이다.

4장

세계화와 개방 농정
: 1980년대에서 현재까지

서론

1980년대 이후 세계 자본주의는 새로운 국면으로 진입했다. 보편적 시장원리를 강조하는 신자유주의가 지배적 이념으로 등장했으며, 공고했던 미국 중심의 세계질서도 다극화되고 유연해졌다. 세계체계의 이러한 변화 속에서 남한의 국가주의적 발전 모델 역시 낡은 것이 되었다. 자유무역과 개방의 물결이 남한 경제와 농업 부문에서도 변화를 요구했다. 이런 변화는 자본주의적 거시구조의 것만은 아니었다. 박정희 체제가 몰락하면서 남한 내부의 급격한 재편이 진행되었던 것이다. 물론 역사에서는 완벽한 단절이란 드물다. 박정희에 의한 개발주의는 그 이후에도 다른 통치자들에 의해, 그리고 그 시기에 만들어진 각종 제도, 조직, 그리고 개발주의를 내면화한 개인들에 의해 일정 정도 이어졌다. 오늘날에도 개발주의의 유산이 여전히 존재하며, 새로운 형태로 진화하고 있는 것이다. 하지만 동시에 새로운 변화의 흐름이 안팎으로 만들어졌으며, 그것은 세계화 기획이라고 할 수 있다.

앞에서 지적한 바와 같이, 2차 세계대전 이후 전 세계적인 발전주의 기획 속에서 남한의 개발주의가 만들어졌고, 독특한 형태로 한국사회 전체를 변화시켰다. 발전주의를 비판하고 대체하는 새로운 이데올로기이자 정치경제적 기획이었던 세계화 프로젝트는 무엇보다 '시장'의 원리를 강조했다. 이는 기존의 발전주의 프로젝트 아래 강조되었던 '관리'된 자본주의와는 상이한 것이다. 즉, 세계질서의 관리자로서 미국과 국가 간 체계의 구성단위인 개별 국가의 중앙정부에 의한 조정과 관리가 개발주의의 특징이었다면, 세계화 프로젝트는 이런 조정과 관리를 부정하는 데서 출발했다. 정부의 개입을 경제위기와 비효율의 원인으로 보고, 시장원리를 기반으로 탈규제와 민영화를 통해 세계화 프로젝트가 진행되었던 것이다.

이 장에서는 1980년대 이후 진행되고 있는 신자유주적 전환과 세계화의 의미를 밝히고, 그 맥락에서 한국 농업 및 먹거리 생산이 어떤 변화를 겪고 있는지를 추적하고자 한다. 개발주의 시대에 만들어졌던 국가와 농민들 관계가 어떻게 변화하고 있는지를 밝히며, 또한 농업 부문의 상업화가 본격화함에 따라 발생할 여러 가지 문제를 지적할 것이다. 특히 쌀을 제외한 모든 먹거리를 수입하게 됨으로써 나타나게 되는 사회적 영향에 관해 논의할 것이다.

특히 주목해야 할 점은, 세계화는 문자 그대로 세계적으로 진행된 과정이었다는 점이다. 이전의 개발 프로젝트에서는 국가 단위의 경제 정책과 그에 조응하는 농업 정책이 추진되었다면, 세계화 프로젝트에서는 전 지구적 규모에서 이뤄지는 급격한 구조변화의 틀에서 남한의 농업 정책이 이뤄졌다. 농업사회학적 입장에서 정리하자면, 제3차 식량체제Third Food Regime 혹은 기업식량체제Corporate Food Regime가 시작되면서 남한은 그 거대한 구조 속에서 제한적으로 반응하며 국내 농업구조의 변화를 겪게 된다. 농산물 교역이 자유화되면서 농업 보호 정책은 사라지게 되었으며, 농민들은 시장의 폭력 앞에 좌절하고, 저항하게 된다. 물론 이런 과정은 GATT 우루과이라운드와 WTO의 출범이라는 국제 제도의 변화와 한국 정부의 농업 정책 전환을 통해 추진되었다. 오늘날도 여전히 시장주의가 지배권을 행사하고 있다. 2008년 세계 식량위기와 글로벌 경제위기가 신자유주의의 위험을 경고했고, 이에 따라 시장주의에 대한 회의와 피로감이 증가하고 있다. 그럼에도 불구하고 대체로 남한의 경제 원리와 농업에 대한 관점은 세계화와 시장주의의 틀에서 벗어나고 있지 못한 것으로 평가할 수 있다.

세계화 프로젝트와 농업의 세계화

1980년대 이후 진행되고 있는 세계화globalization는 서로 연결되어 있는 두 가지 변화를 포함한다. 첫 번째 변화는 세계자본주의 체제의 조절 방식의 변화로서, 2차 세계대전 이후 미국에 의해 주도되고 기획되었던 발전 프로젝트의 해체와 새로운 세계화 프로젝트globalization project로의 전환을 의미한다. 이는 미국의 관리자로서의 역할과 개별 국가 내에서 정부의 역할이 강조되던 배태된 자유주의가 시장적 자유주의에 의해 대체되었다는 의미를 지닌다. 두 번째 변화는 남한 자본주의 성격과 관련된 것으로, 남한은 주변부 국가에서 강한 반주변부 국가로 부상했고 다수의 국내 재벌 기업들이 초국적화되었다. 이 과정에서 계급 분화가 진행되었고, 도시계층에 의한 자본과의 이익 동일시가 나타났다. 특히 정부의 강력한 이데올로기적 공세에 의해 다수의 도시 거주자들이 WTO와 FTA 등에 의한 세계화가 외국 자본에 의한 투자를 활성화하고, 일자리를 창출해낼 것으로 생각하게 되면서 농업 부문의 희생 불가피론에 동조하게 된 것이다(Kim, 2006). 이런 변화는 칠레, 미국 등과의 FTA에 의해 극명하게 드러났다.

20세기 말부터 세계를 뒤흔들고 있는 키워드로서의 세계화는 '경제자유화'와 '시장 중심의 재구조화'다. 이데올로기로서의 신자유주의적 세계화는 국민국가 단위로 조정되고 조직되던 모든 것을 해체하고 세계를 하나의 표준화된 시장으로 통합할 것을 강조한다. 신자유주의 이데올로기는 국가에 의한 개입이 생산성을 낮추며, 비효율성을 증가시키고, 부패의 기제가 되며, 궁극적으로 경제성장을 저해한다고 주장한다. 세계체계론자인 아리기는 자본주의 장기 역사에 대한 검토를 통해, 네덜란드, 영국, 미국의 헤게모니 체계 등이 유사성과 차이점을 지니며 이어져왔으며, 각 시기마다 자본의 논리와 영토적 논리가 교호적으로 강조되었음을 지적했다(Arrighi, 1994). 이런 시각에서 보면 오늘날의 세계화는 미국 헤게모니 체계의 정치적-경제적-이데올로기적 위기를 의미한다. 이는 또한 영토적 논리가 강조되던 미국 헤게모니 체계가 자본의 논리가 강조되는 새로운 그 무엇으로 전환되는 시기에 있음을 뜻한다. 즉, 20세기 후반부터 본격화된 세계화는 국민국가 단위의 축적과 무역보다는 '순수한 의미'의 자본의 세계적 축적논리가 작동되고 있는 것이다. 이에 따라 초국적 자본과 금융자본의 영향력이 증대하고, 신자유주의가 이데올로기적 자원으로 활용되고 있다. 더불어 세계은행, WTO 등의 국제기구에 의한 세계적 규모의 조절global regulation이 강조되고 있다.

신자유주의 세계화는 WTO 체제의 출범과 세계은행을 비롯한 국제기구들의 위상 상승을 낳았다. 또한 국제금융 자본과 초국적 기업들의 자유로운 경제 행위를 정당화해주고 있다. 이 과정에서 국민국가에서 제공되었던 국가의 국민들에 대한 사회적 보호장치가 제거되고 있으며, 이는 사회적 약자들에게 커다란 위협을 가하고 있다. 선진국의 경우, 20세기의 오랜 노동운동을 통해 제도화되었던 노동자의 권리가 하나둘 약화되고 있다. 세계의 모든 국가에서 농민에 대한 최소한의 보호적 정책들이 자유시장원리에 어긋난다는 WTO의 지적에 따라 해체되고 있다.

보다 일반적인 세계화 프로젝트의 진행 과정 속에서 농업의 세계화 역시 빠르게 진행되었다(김철규, 2003b). 농업의 세계화는 2005년 WTO 농업협정Agreement on Agriculture에 의해 제도화되었다고 할 수 있으며, 이는 또한 3차 식량체제의 출범을 알리는 것으로 평가받기도 한다. 농업의 세계화는 다음과 같은 몇 가지 변화를 초래하거나 더욱 강화하고 있다. 첫째, 초국적 농식품기업들의 역할과 영향력이 더욱 강화하고 있다. 몬산토Monsanto, 카길Cargill, 콘아그라ConAgra, 델몬트 Delmonte 등 초국적 농기업들이 농업 및 먹거리의 관리자 혹은 규제자 역할을 하고 있다. 이들은 국경에 구애받지 않고 다양한 농업 및 먹거리 관련 요소들을 생산하고 유통시키며 조합하여 이윤을 극대화하고 있다(윤병선, 2004; Kneen, 2002).* 이런 기업에 의한 농식품 부문에 대

---

* 한국과 칠레의 자유무역협정(FTA)과 관련한 전국농민회총연맹(전농) 박홍식 사무총장의 다음과 같은 지적은 이런 상황의 본질을 꿰뚫고 있다. "한·칠레 자유무역협정은, 형식은 칠레 정부와 맺지만 내용은 칠레 농업의 70%를 장악하고 있는 다국적 기업과의 협상이다. 이미 국내에도 잘 알려진 썬키스트나 델몬트, 돌 등 미국의 농민단체나 다국적 기업이 과수시장을 장악하고 있다"(농민신문, 2003년 4월 3일자).

한 지배 현상은 종자, 농약, 비료, 농기계, 유통, 마케팅, 그리고 최종 가공식품에 이르기까지 먹거리사슬food chain의 전 영역을 대상으로 진행되고 있다. 개별 국가 단위의 규제와 개입이 약화되는 상황에서 거대 농식품기업들은 초국적 기업으로 농식품체계를 재구성할 수 있게 된 것이다.*

둘째, 초국적 농식품기업들의 활동 강화는 현대 농업 부문의 중요한 특징으로 꼽히는 대체주의substitutionism와 전유주의appropriationism의 경향을 더욱 심화시키고 있다(Goodman, Sorj and Wilkinson, 1987). 대체주의는 농업 생산물이 점차적으로 비농업적 요소와 활동에 의해 대치되는 것으로 기업 연구소와 화학산업의 활동에 의존하는 바 크다. 설탕을 화학적으로 만들어낸 인공감미료로 대체하는 것이 한 예다. 전유주의는 농업 생산 과정을 하위 활동이나 단위로 나누고, 그 분절된 요소나 활동에 산업이 개입하는 것이다. 모내기 활동을 모종기가 하고, 벼의 낟알을 털어내는 일을 탈곡기가 대신하게 된 것이 그 예다. 이 과정에서 농민들은 경작 활동을 위해 농기계를 구입해야 하는데, 이는 기계자본의 농업 부문의 전유로 볼 수 있다. 또한 농민들은 해마다 종자를 초국적 종자회사에서 구입하게 되었는데, 이 역시 농민의 채종 활동을 농기업들이 전유한 것이다. 최근에 뜨거운 감자로 떠오르고 있는 유전자 변형 종자는 사례에 따라 대체주의와 전유주의가 모두, 그리고

* 육계(broiler)의 예를 들어보자. 일본의 소비자들은 태국산 육계를 소비하는데, 그 닭의 생애를 보면 '국적' 문제를 다시 생각하게 된다. 즉, 태국의 양계업자는 콘아그라에서 제공한 병아리에게 미국 아이오와주에서 생산한 옥수수가 주성분인 배합사료를 먹여, 미국 코넬대학교에서 개발한 사료 효율 시스템을 활용해 키운다. 이때 양계업자는 콘아그라가 알선한 금융기관으로부터 대출을 받아 계사를 짓고, 회사가 제공한 표준화된 생산 공정을 엄격히 따라 병아리를 기른다. 그리고 사육된 닭은 태국의 시골에서 올라온 노동자들에 의해 가공-처리-포장되어, 일본으로 수출된다(Kim and Curry, 1993).

보다 적극적으로 작동한 것으로 볼 수 있다. 이는 결국 전체 농산물 생산 과정에서의 농식품 자본의 지배력을 더욱 강화하는 결과를 낳는다.

셋째, 앞에서 지적된 초국적 기업들의 역할 증대는 농민들의 활동을 수직적으로 통합된 거대한 농식품체계의 일부로 포섭한다. 이는 농민들의 경제적 역할의 축소와 정치적 입지의 약화를 낳고 있다. 이에 따라 넓은 의미에서 농민의 임노동자화가 진행되고 있다(Lewontin, 2000). 결국 전 지구적으로 다품종 소량생산을 하는 소규모 농가는 감소하고, 전문화 및 규모화에 적극적인 기업농의 경제적 비중이 증가한다.

넷째, 표준화된 세계시장이 점차 보편적 규범이 되면서 개별 국가들의 농업과 농민들은 단작monoculture화하는 경향이 커지게 된다. 단작화는 농민 자신이나 지역주민들이 실제 먹는 것과는 상관없이 세계시장과 대형 마트가 공급하기를 원하는 단일 농산품으로의 전문화를 의미한다. 먹거리주권food sovereignty이 상실되며, 기후변화나 국제 정세의 변화에 따라 농민들이 치명적인 피해를 입을 수 있다. 반면 농기업들은 전 세계의 전문화된 농업 생산자로부터 낮은 가격으로 농산물을 구입할 수 있음을 의미한다.

다섯째, 전체 먹거리 순환 과정에서 대량소비형 유통조직과 초국적 패스트푸드점 등의 시장 장악력이 증대하며, 더 나아가 이들에 의한 전방 부문(예컨대 생산자, 중개상)에 대한 영향력도 증대하고 있다. 이들은 음식문화 자체를 생산해내고, 이윤 극대화를 위해 상황에 따라 음식문화의 표준화와 지역문화의 상품화를 추동하고 있다.

결과적으로, 농업 부문의 세계화는 시장원리의 확산을 통해 지역 차원에서 농업 전문화 추세를 강화하고, 농민들을 초국적 농산업 자본에 의해 주도되는 농식품체계의 일부로 통합시키며, 농산물은 다른 형태의 가공식품 생산을 위한 원료로 전환하고 있다. 또한 음식 소비 자체의 변화를 통해 새로운 먹거리체계가 완성되고 있는 것이다. 이에 따라 이념형으로서의 농업, 국민국가 내 산업 부문으로서의 농업 문제는 과거의 것이 되고 있다. 이와 같은 국제 농업체계의 변화를 맥마이클은 기업식량체제로 개념화하면서, 새로운 특징들을 강조하고 있다(McMichael, 2005).

남한 경제의 세계화와 농업구조의 변화

1980년대에 접어들면서 남한사회는 세계자본주의의 구조적 변화와 조우하게 된다. 이는 국민국가 단위의 축적을 기반으로 하고, 미국 헤게모니를 중심으로 조정되던 축적체계의 위기다. 급속한 금융화를 특징으로 하는 새로운 변화는 기존 국민국가 단위의 축적에서 시장을 중심으로 하는 조정 양식으로의 전환을 의미하는 것이었다(Arrighi, 1994). 이런 변화 속에서 자본의 국제적 이동이 보다 자유로워지고, 탈규제가 키워드로 등장했다. 그동안 국가의 개입과 보호를 특징으로 하던 농업 부문에도 변화의 바람이 거세게 불기 시작했다. 세계적인 차원에서의 신자유주의적 전환 속에서 제2차 식량체제의 위기와 해체라는 거시적 변화가 진행되었다(김철규, 2014).

이러한 외적 변화와 더불어 남한의 자본 역시 초국적화하기 시작했다. 거대 기업들은 비교우위론에 근거한 무역자유화를 내세우게 되었고, 농업 부문의 개방을 대세로 밀어붙였다. 경제구조 변화의 종속변수라고 할 수 있었던 남한 농업 부문은 이에 따라 개방의 거센 물결에 휩쓸리게 되었다. 1970년대 말 본격적인 수출형 산업화가 심화되면서 개방 농정이 자리 잡기 시작했다. 중화학공업 중심의 자본 축적이 가속화되고, 재벌을 중심으로 한 경제가 정착했다. 이에 따라 농업의 특수성과 농민을 위한 정책이 비용으로 인식되기 시작했다. 처음 개방 농정은 총 농산물에 대한 공급 관리에 초점을 두었다. 즉, 가격 안정과 최소 비축의 원리에 따라 국내 농산물 가격이 일정한 수준을 넘어서거나 국내 비축량이 감소하면 농산물을 외국에서 수입하는 방식이었다. 이는 기본적으로 농산물을 산업 생산의 비용으로 고려하고, 가격을 낮춤으로써 저임금구조를 유지하여, 기업들의 이윤율에 도움을 주기 위한 정책이었다.

우리나라에서 세계화는 1990년대 김영삼 정부에 의해 일종의 새로운 발전 전략으로 논의되기 시작했다(김철규, 2003a). 이때의 세계화는 초국적화되기 시작한 국내 기업들이 세계시장 점유율을 높이고 정부에 의한 규제를 줄이기 위한 전술의 성격을 강하게 띠고 있었다. 1997년 금융위기와 IMF 체제는 극적인 모습으로 본격적인 세계화를 몰고 왔다. 각종 구조조정 프로그램에 의해 정부는 초국적 기구의 대행자 역할을 수행했고(Robinson, 2001), 다수의 금융기관이 파산했으며, 수십만 명의 노동자가 해고되었다. 세계화는 하루아침에 현실이 되었던 것이다.

이런 외적인 변화로서의 세계화는 사실 남한 자본주의의 특성 변화와 친화성을 가졌다고 할 수 있다. 남한의 축적구조와 기업조직이 세계화의 추동세력으로 변화했던 것이다. 1980년대 남한의 자본 축적은 경공업을 중심으로 하되, 새로운 국제분업질서 속에서 중화학공업에 대한 투자와 지원을 본격화했다. 특히 제철·자동차·조선·화학산업에 대한 정부의 지원과 대기업들의 진입은 남한의 경제 패러다임의 전환을 가져왔다. 더 이상 값싼 여성 노동력에 대한 극도의 착취를 전제로 한 것이 아니라, 자본집약성을 고도화한 재벌 기업들의 초국적화가 진행되었다. 따라서 세계화, 금융 규제 완화, 노동시장 유연화 등은 국내 대기업들의 이해를 반영한 것이기도 했다.

남한에서 농업 부문의 세계화는 1980년대 이후 진행되어왔고, 1997년 IMF 체제에 의해 보다 극적으로 가속화되었다고 할 수 있다. 우선 1980년대 이후 농산물 시장의 지속적인 개방은 중기적인 흐름으로서의 세계화를 나타낸다. 반면 IMF 체제 이후 추진되고 있는 FTA와 농업 및 농민 보호에 대한 도시계층의 반대는 세계화의 급속한 물결의 예다.

국내 농업의 개발주의적 유산이 사라지고, 세계화가 농업 부문에도 깊이 뿌리를 내리게 된 상징적 사건은 2004년 추곡수매제도의 완전 폐지라고 할 수 있다. 농민에 대한 국가보호적 장치가 세계화 프로젝트 속에서 더 이상 유지될 수 없다는 점을 보여주었다. 1995년 우루과이 라운드 협정이 발효되면서 추곡수매제가 대표적인 감축 대상 보조금 AMS으로 분류되었다. 이에 따라 해마다 보조금 규모가 줄어들면서 추곡수매제의 쌀 가격 지지기능은 약화되어왔다. 시장 개방이 확대되면서 추곡수매제는 쌀의 경쟁력을 왜곡하는 주범으로 몰려 결국 폐지에 이르게 된 것이다. 정부는 추곡수매제를 폐지하는 대신 공공비축제를 도입하고 쌀 소득 보전 기금법을 개정하여 농가의 소득안정을 유지하겠다고 하지만 이는 공허한 주장이다. 세계화의 대세 앞에서 농민들에 대한 최소한의 보호장치마저 사라진 것이다(김철규, 2006).

최근 남한에서 관찰되는 농업위기는 근대화 농업의 위기가 누적된 상황에서 외부적으로 유발된 세계화에 의한 농업위기가 중첩된 것이라고 할 수 있다. 세계화에 의해 발생하는 남한의 농업위기는 보다 보편적인 성격을 띤 것으로, 특히 초국적 기업에 의해 조직되고 관리되는 농식품체계의 모순과 직접 관련된다.

남한 농업 부문의 세계화는 구체적으로는 미국과의 통상마찰이 일차적인 계기가 되었다. 1982년부터 대미 무역흑자를 기록하기 시작한 후, 1988년의 경우 총수출의 약 35%가 미국을 상대로 한 것이었다. 이에 따라 미국은 1988년 '종합무역법'을 제정하고, 남한에 대한 농산물 시장 개방 압력을 강화했다. 1988년 한·미 통상협력이 타결되었고, 남한은 1989~91년의 3년 동안 자유화 품목들을 발표하면서 본격적인 농산물 시장 개방의 길을 걷게 된다(김병택, 2002: 360-361).*

결국 1980년대 후반에 접어들면 본격적인 수입 자유화와 농업구조 조정이 진행된다. 특히 우루과이라운드, WTO 체제, 그리고 한국-칠레/한국-미국 FTA 등을 통해 식량 수급의 패러다임은 신자유주의적 시장주의로 전환되었다. 이는 초국적 자본으로 성장한 재벌 중심의 정책으로 정치적 입지를 잃은 농민의 열악한 위치를 반영하는 것이기도 하다. 식량 문제를 세계시장에 의존하여 해결하려는 방식은 먹거리보장의 문제를 제기한다(김성훈, 1990; 송원규·윤병선, 2012). 예전에는 국가 차원에서 해결하려던 먹거리보장을 국제무역, 즉 수입을 통해 해결하려 함으로써 먹거리보장의 불안정성이 높아지게 된 것이다. 이는 이하에서 살펴보듯, 대단히 낮은 식량자급률로 이어졌다(〈표 4-1〉 참조).

〈표 4-1〉을 보면, 쌀을 제외하면 곡물의 해외의존율은 대단히 높다. 국제 농산물 시장의 가격 변동성에 취약한 곡물 수급 구조를 갖게 된 것이다. 우선 연간 1인당 소비량이 30kg을 넘겨서 한국인의 식단에서 중요한 위치를 차지하게 된 밀의 경우를 보자. 이제는 면류뿐 아니라

---

* 이때 예시되었던 품목은 1989년에 망고, 오리고기, 연어, 들깨박 등 82품목, 1990년 딸기주스, 새우, 알팔파, 사료첨가제 등 76품목, 1991년에 파인애플, 바나나, 호두, 조, 수수 등 85품목이었다.

표 4-1 곡물자급률 (단위: %)

	1970	1975	1980	1985	1990	1995	2000	2005	2010
쌀	93.1	94.6	95.1	103.3	108.3	91.4	102.9	102.0	104.6
밀	15.4	5.7	4.8	0.4	0.05	0.3	0.1	0.2	0.9
보리	106.3	92.0	57.6	63.7	97.4	67.0	46.9	60.0	24.3
옥수수	18.9	8.3	5.9	4.1	1.9	1.1	0.9	0.2	0.9
두류	86.1	85.8	35.1	22.5	20.1	9.9	6.4	9.7	10.1
서류	100.0	100.0	100.0	100.0	95.6	98.4	99.3	98.6	98.7
기타	96.9	100.0	89.8	11.6	13.9	3.8	5.2	10.0	9.7
계	80.5	73.1	56.0	48.4	43.1	29.1	29.7	29.4	27.6

출처: 《농림축산식품 주요통계》(농림축산식품부, 2013).

빵, 피자, 과자 등 다양한 식품의 원자재가 된 밀의 99% 정도가 외국에서 수입된다. 라면 봉지를 보면 밀의 원산지는 대부분 미국 아니면 호주다. 조금 더 꼼꼼하게 따져봐야 하는 작물이 옥수수와 두류다. 현대 농식품체계의 대표적인 곡물인 옥수수는 직접 먹기도 하지만 더 많은 양이 식품의 원재료로 활용된다. 옥수수에서 추출한 과당, 식용유, 사료, 육가공품, 의약품에까지 광범위하게 사용되고 있는 것이다. 한국은 연간 약 900만 톤의 옥수수를 수입하는데, 2010년을 기준으로 할 때 자급률은 0.9%에 불과했다. 두류, 즉 콩의 경우도 크게 다르지 않다. 콩은 중요한 사료곡물이며 식용유의 주원료이기도 하다. 또한 한국인의 식탁에서 중요한 된장, 간장, 콩나물 등에 사용되기도 한다. 2016년을 기준으로 할 때, 국내에서 생산된 콩은 약 14만 톤이었는데, 수입량은 거의 132만 톤이었다. 남한의 곡물자급률은 23% 정도로 OECD 국가 중 가장 낮은 편에 속한다.

세계화의 바람은 결국 남한 농업구조의 이원화를 가져왔다. 한편으로 국가주의적 농업의 제도적 잔재가 남아 있는 미곡 부문과 상업화·세계화된 채소, 과일, 기타 곡물의 이중적 농업체계가 만들어진 것이다. 이는 농민들의 계층적 분화와 이질성의 증가로 이어지게 되었다. 이런 모순적 농업구조는 농촌의 지속가능성을 위협하는 요소이기도 하다.

결론

남한의 급격한 자본주의적 발전, 특히 수출지향적 공업을 중심으로 한 경제발전 모델은 특정한 형태의 농식품체계가 자리 잡도록 했다. 이러한 농식품체계는 2차 세계대전 이후 미국 헤게모니의 구조적 조건, 그 속에서 선택지로서의 산업 및 농업 정책, 먹거리 생산과 소비의 역사적 경로의존성 등에 의해 만들어진 것으로 볼 수 있다. 이는 얼핏 미시적으로 보이는 한국인의 먹거리 변화가 매우 거시적인 구조, 제도, 정책 등에 의해 형성된다는 점을 보여준다.

세계화의 흐름 속에서 세계 농식품체계에 깊이 포섭된 남한은 이제 구조적인 제약 속에서 어려움을 겪고 있다. 표준화된 시장원리에 따라 먹거리가 자유롭게 세계를 이동하고 있다. 먹거리의 세계적인 이동은 사실 소수의 거대 농식품기업들의 역할과 지배력이 그만큼 커진다는 것을 의미한다. 이제 우리 식탁은 산업형 농업을 통해 생산된 먹거리와 장거리를 이동한 수입 농산물로 채워지고 있다고 해도 과언이 아니다. 기업이 주도하는 세계 먹거리체계 혹은 3차 식량체제는 남한의 먹거리 수입을 급격하게 증가시키고 있는 것이다. 과도한 식량의 수입은 지속가능성의 측면에서 많은 문제를 안고 있다. 첫째, 농산물을 생산하는 국내 농가들을 경제적으로 어렵게 한다. 대부분 초국적 농식품기업들에 의해 통제되는 값싼 수입 농산물에 의해 국내 생산자들이 발붙일 곳이 줄고 있는 것이다. 한국 농촌의 고령화와 열악한 생산 여건을 고려할 때, 이는 농민들의 생존기반을 심각하게 위협한다. 농민이 사라지는 것은 우리 식탁의 안전을 책임질 생산자가 없어지는 것을 의미한다. 둘째, 농산물의 장거리 이동은 먹거리 자체의 안전성과 투명성 확보를 어렵게 한다. 특정 먹거리가 어떤 과정을 통해 생산되었으며, 어떻게 처리되어 유통되었는지를 알 수 없다. 이에 따라 식품 안전이 위협받고 있으며, 소비자들의 불안이 증가하고 있다. 셋째, 멀리 떨어진 먹거리 생산지역의 사회적 생태적 조건들을 제대로 알 수 없으며, 관리 역시 어렵다. 세계 시장을 겨냥해서 상품으로서만 먹거리를 생산하는 과정에서 지역 생산자의 기본적 권리와 생태적 조건들이 악화되고 있다.

5장

먹거리 소비의 사회사

서론

　농식품체계를 구성하는 두 부문이 먹거리의 생산과 소비다. 앞에서
는 주로 남한의 먹거리 생산 및 공급 구조의 변화를 원조, 개발주의,
그리고 세계화로 나눠서 검토했다. 먹거리의 출발점은 생산, 즉 농업이
라는 점에서 우선 생산 관련 논의를 한 것이다. 현대인은 대부분 최종
상품으로서의 먹거리를 대할 뿐 그 이전의 과정, 특히 먹거리가 처음
시작되는 농업이나 농촌에 대한 관심이 낮다는 점에서 다소 의도적으
로 농農을 강조했다.

　이제 농산물이 농촌을 떠나 주로 도시라는 공간에서 먹거리로서 생
애주기를 완성하는 과정에 관해 논의할 차례다. 물론 우리의 관심은

현재 한국인의 먹거리와 먹기 현상에 있다. '현재'는 언제나 역사적으로 사회적 시간의 흐름을 타고 만들어진다. 한국인들은 유전적으로 특정 음식을 먹도록 태어나지는 않는다. 김치는 한국 음식문화를 대표하는 상징적 음식이지만, 그렇다고 해서 한국인들의 유전자가 김치를 선호하도록 프로그램되어 있지는 않은 것이다. 사람들이 어떤 음식을 먹는가는 역사적 조건 속에서, 그리고 사회제도와 문화에 의해 결정된다.

이 장에서는 한국사회에서 한국인이 어떤 것들을 먹으며 살아왔는가를 검토할 것이다. 이 작업은 먹거리 소비 변화를 보여주는 경험적 자료를 바탕으로 진행될 것이다. 먹거리 소비는 먹거리 생산 및 공급 체계와 서로 상호작용하면서 이뤄진다. 즉, 앞 장에서 살펴본 식량 생산 및 공급 체계에 관한 논의의 맥락과 관련시켜서 먹거리 소비에 관해 생각해야 한다. 분석과 논의의 편의를 위해서 장을 나누고 배치했지만 사실은 농업과 먹거리는 하나의 통합된 체계이며, 그런 의미에서 '농식품체계'라는 표현을 계속 강조하는 것이다(김철규, 2014).

1960년대 이후 진행된 급속한 경제성장과 사회변동 속에서 소비된 주요 먹거리의 증감을 통해 한국사회를 깊이 이해하고자 한다. 무엇을 먹는가는 개인의 개별적 행위이지만, 사실은 그 개인이 속한 집단이나 조직의 속성을 반영하며 시대의 변화를 보여준다. 앞에서 강조했던 사회학적 상상력을 활용해서 먹거리 소비 문제를 생각해야 한다. 남한이라는 역사적 시공간 속에서 진행된 한국인의 먹거리 소비 유형의 변화를 통해 남한사회의 변동의 틀에서 이해하고자 하는 것이다.

경험적 분석에 앞서 기존 학자들의 먹거리 소비의 이론화 작업을 소개할 것이다. 두 가지 이론적 논의를 통해, 먹거리 소비가 가지는 사회학적 의미를 분석하기 위한 토대를 구축하고자 한다. 하나는 식량체제론이고, 다른 하나는 상품체계 분석이다. 각각은 한국의 먹거리 소비구조 변화를 이해하는 데 유용한 관점을 제시한다.

농식품체계의 이론화와 먹거리 소비

사회적 존재로서 인간은 진화와 더불어 먹거리를 생산, 분배, 소비하는 독특한 체계를 만들어왔다. 수렵 채취에 의존하던 인류가 정착하고, 농업 생산을 기반으로 사회가 조직되면서 먹거리체계food system라고 할 수 있는 것이 만들어졌다. 비어즈워스와 케일(Beardsworth and Keil, 1997)은 이념형으로서의 전통사회와 현대사회를 구분해 먹거리체계의 특징들을 정리한 바 있다. 그들에 따르면, 전통사회의 먹거리체계는 지역에서 소규모로 생산되고, 수확의 계절적 부침이 크며, 따라서 소비 양태는 생산에 종속된다. 또한 음식의 선택폭은 신분에 의해 결정되었다. 반면 현대사회의 먹거리체계는 대규모 전문화된 생산이 이뤄지며, 탈지역화 혹은 세계화된 생산을 특징으로 한다. 따라서 계절에 상관없이 음식을 소비할 수 있으며, 음식의 선택폭은 개인이나 가족이 가진 화폐의 양, 즉 구매력에 달려 있다(Beardsworth and Keil, 1997: 33).

이러한 이념형으로서의 현대 먹거리체계는 현실에서는 역사적으로 구성되었다. 먹거리 생산과 소비의 체계는 유럽에서 형성되어 전 지구적으로 팽창되어온 자본주의 발전의 맥락에서 만들어진 것이다. 이는 지역적 분업, 장거리 무역, 그리고 정치·군사적 관리의 조합에 의해 조직되고 변화해왔다. 특정한 국면의 자본 축적과 조응하며 먹거리 생산 및 소비의 분업구조가 형성되고 재편되어온 것이다. 이런 역사적 과정을 이론화하고, 이를 통해 먹거리체계의 역사적 변천 과정을 설명하려는 시도가 맥마이클Philip McMichael과 프리드먼Harriet Friedmann 등에 의해 제시되고 발전되어온 식량체제론적 시각Food Regime Perspective이라고 할 수 있다. 식량체제론은 세계체계론, 조절이론, 먹거리사슬론 등의 영향을 받아 먹거리체계의 구조를 역사적으로 설명하기 위해 만들어진 것으로 평가할 수 있다(McMichael, 2009).

프리드먼(1987)에 의해 처음 제시된 '식량체제food regime' 개념은 이후 프리드먼과 맥마이클(1989)에 의해 보다 체계화되었다. 이들은 19세기 이후 자본주의 발전 과정에서 자본 축적 방식과 먹거리 조직 방식에 있어 두드러진 특징을 가진 체제가 형성, 해체, 그리고 재형성되어왔다고 본다. 19세기 중반 이후 자본주의의 발전 과정에서 진행된 식량의 생산, 유통, 소비 동학을 역사적으로 분석하여, 맥마이클과 프리드먼은 3개의 식량체제를 개념적으로 구성한다. 우선 '1차 식량체제'는 1870년대부터 1914년까지 지속된 것으로, 상업 및 교역 관계를 지리적으로 확장시키는 외연적 축적을 특징으로 한다. 구체적으로는 호주, 뉴질랜드, 남미 등의 정착지 지역settler states들이 유럽의 중심부 국가에 식량과 원자재를 공급했다. 유럽의 임노동자들은 정착지 지역에서 공급된 밀과 고기를 먹고, 산업 생산에 종사했으며, 이들에 의해 생산된 공산품은 정착지 지역으로 수출되었다. 이 과정에서 자본주의는 지리적으로 팽창했으며, 정착지 지역의 가족농들은 전문 상업농으로 재구성되어 자본 축적 과정에 깊이 포섭되었다. 그리고 이는 정착지 지역들에 국민국가들이 형성되고, 국가 간 체계가 만들어지는 데 기여했다. 북아메리카 지역에서 상업적 가족농들이 널리 확산되고, 미국이 국민국가로 독립한 것은 1차 식량체제의 과정이자 결과라고 할 수 있다. 제1차 식량체제는 1920년대 세계경제의 심각한 불황으로 해체되었다.

제2차 세계대전 이후 미국이 세계체계의 새로운 헤게몬으로 자리 잡았다. '제2차 식량체제'가 형성되기 시작한 것이다. 대개 1970년대까지 이어진 것으로 보는 제2차 식량체제는 중심부의 노동과정을 합리화하고, 반주변부 지역에 임노동관계를 제도화하는 내포적 축적을 특징으로 하였다. 이 과정에서 미국 등의 중심부 국가에서 산업적 농업이 발전하고 농산물의 대량생산이 본격화되었다. 탈식민화 과정을 통해 국민국가가 범세계적으로 자리 잡았으며, 자본이 농업구조를 재편하며 장기보관이 가능한 가공식품과 집중형 축산 등이 발달했다. 밀을 매개로 중심부의 산업형 농업과 주변부의 노동계급/밀 소비자가 연결되는, 소위 밀 복합체wheat complex가 형성되었다. 또한 중심부에서 생산된 곡물사료를 매개로 반주변부의 중산층을 육류 소비자로 끌어들이는 고기 복합체meat complex가 만들어졌다. 밀과 고기를 중심으로 한 전 지구적인 먹거리사슬이 자리 잡게 된 것이다. 그리고 이 먹거리사슬의 중심에는 카길, 몬산토, 타이슨 등의 초국적 농식품 기업들과 테스코, 월마트, 까르푸 등 거대 슈퍼마켓들이 있다.

제2차 식량체제의 안정화와 세계 자본주의질서의 재편에 있어 미국의 농산물, 특히 밀은 매우 중요한 역할을 했다. 예전에 식민지였던 지역들이 국민국가로 조직되면서, 미국은 이들 지역에 자국의 잉여농산물을 원조 형태로 제공했다. 다수의 제3세계 혹은 신흥 독립국가들이 미국으로부터 대량의 밀을 원조받았다. 이는 해당 지역에 밀이라는 값싼 새로운 농산물이 대량으로 공급된다는 것을 의미했으며, 결과적으로 지역 농민들이 생산하던 전통적인 작물의 가격을 하락시켰다. 이는 지역 소농들의 생존을 위협했고, 전통적인 농업을 위기에 빠뜨렸다. 그 결과 다수의 농민들이 농촌을 떠나 도시 빈곤층이 되었으며, 산업예비군을 형성했다. 이들은 이후 산업화 과정에서 저임금 노동자로 전환되었다. 미국 정부의 농산품 가격 지원 프로그램에 의해 과잉 생산된 미국의 농산물이 제3세계에 대한 식량원조로 이어졌으며, 이는 제3세계의 임노동계급을 창출하게 되었던 것이다. 이런 세계 자본주의의 구조적 동학 속에 남한에도 밀이 대규모로 공급되었다. 다음 장에서 상세히 살펴볼 바와 같이 미국의 밀 원조는 남한의 초기 산업화의 근간이었던 값싼 임금노동자를 형성하는 데 큰 역할을 했다. 남한의 경공업 중심 산업화는 미국 헤게모니 아래 작동하던 제2차 식량체제라는 틀 속에서 진행되었던 것이다.

미국에 의해 주도되고 국민국가 단위로 조절되던 제2차 식량체제는 1970년대 들어 미국의 헤게모니가 쇠퇴하고, 자본주의의 위기 징후들이 나타나면서 전환을 겪게 된다. 국가의 역할이 축소되고, 시장의 원리를 강조하는 신자유주의적 헤게모니가 형성되었다. 이런 변화의 틀 속에서 먹거리의 조절 방식에 있어서도 다른 모습이 나타나게 되었다. 르헤론(Le Heron, 1993)에 따르면, 1970년대 이후 농산물 무역 증대, 식품 제조 자본의 집중화, 생명공학, 소비자의 분화, 탈규제화 등의 변화가 나타났는데, 이는 새로운 식량체제의 조건이 되었다. 맥마이클은 미국 헤게모니의 쇠퇴와 함께 새로운 조절 형태, 즉 초국적 자본과 초국가적 기구들에 의한 먹거리 관리 방식이 등장하고 있다고 본다. 이는 '기업식량체제corporate food regime'로 명명되었고, 제1차 및 제2차 식량체제와 대비시키기 위해 제3차 식량체제로 불린다(McMichael, 2005). 새로운 식량체제는 1995년 WTO 농업협정Agreement on Agriculture을 계기로 본격적인 가동에 들어갔다. 농업협정은 1980년대부터 지배적인 이데올로기로 세력을 얻기 시작한 신자유주의의 농업 부문에 대한 제도화라고 할 수 있다. 기본적으로 시장원리에 대한 확신을 기반으로 신자유주의는 국가 개입의 철폐, 민영화, 그리고 전 세계적인 자유무역을 주장했다. 따라서 다수의 국가들이 유지하고 있던 농업 부문에 대한 보호주의적 정책을 철폐하고, 농식품의 자유로운 교역을 추진했다. 하지만 자유시장은 실제로는 소수의 초국적 농식품기업들이 자유롭게 관리하는 시장이라고 할 수 있다. 거대한 초국적 농식품기업과 대형 슈퍼마켓들이 농식품의 생산에서부터 소비까지를 지배하게 된 것이다. 이 과정에서 국가는 시장자유화의 대리인으로 농업에 관한 규제를 해체하는 역할을 담당하게 되었다. 이런 구조적 변화는 남한의 농업 정책에도 커다란 영향을 끼쳤음은 물론이다. 남한이 1980년대 이후 개방 농정을 전개하고, 농산물 수입에 적극성을 띠게 된 데는 이러한 세계식량체제의 변화라는 맥락이 있었다.

앞에서 살펴보았듯, 식량체제론적 시각은 농업생산의 사회적 재편, 농산물의 교역, 그리고 전 지구적 차원에서의 먹거리 소비를 연결시켜 볼 수 있도록 해준다. 그러나 분석의 방점이 정치경제적 거시구조에 있으며, 상대적으로 소비 부문이 충분히 분석되지 않는다는 비판을 받았다. 이는 식량체제론이 1970년대 이후 등장했던 새로운 농촌사회학, 특히 마르크스나 월러스타인 등의 영향을 받은 정치경제학적 농업사회학에 뿌리를 두고 있다는 점과 무관하지 않다. 프리드랜드 Friedland는 1970년대의 정치경제학적인 농업사회학 연구들(Mann and Dickinson, 1978)이 여전히 농장에 초점을 맞추고 있다며, 변화의 힘은 농장 밖에서 유입되고 있다고 지적한다(Friedland, 1984). 이러한 변화를 포착하기 위해서는 상품으로서의 농산물의 생애과정 단계들을 통합적으로 분석해야 한다며, 상품체계론commodity system analysis를 제안했다. 상품체계론은 특정한 농산물을 둘러싼 사회관계에 초점을 맞추어 농업 생산과 식품 소비의 문제를 통합적으로 이해하기 위한 이론 및 방법론적 시도다. 프리드랜드(Friedland, 1984)는 현대적인 농업은 자가 소비와 혼합농업에서 시장 소비를 지향하는 단작으로 전환되었다고 지적하며, 농산물 역시 시장의 힘에 의해 지배되는 상품이 되었다고 주장한다. 따라서 학자들은 상품으로서의 농산물이 어떻게 다양한 사회적 과정과 관련되는지를 분석해야 한다는 것이다. 즉 농산물을 제대로 이해하기 위해서는 생산 기술을 포함하는 생산 관행, 생산자 조직, 노동과정, 과학과 그 적용, 마케팅과 유통 네트워크 등에 관한 탐구를 해야 한다며 상품체계론을 제시했다. 이런 방법론적 입장에서 프리드랜드와 그의 동료들은 양상추, 토마토 등에 관한 경험적 연구를 수행했다(Friedland, Barton, Thomas, 1981).

이후 딕슨(Dixon, 1999)은 상품체계 분석이나 식량체제론 등이 여전히 농식품 생산 영역 및 생산자에 초점을 맞추고 있으며, 소비 문제에 대해 정당한 분석적 가치를 부여하지 못하고 있다고 비판한다. 딕슨의 입장에서, 그들의 연구는 여전히 생산주의적이다. 딕슨은, 특히 먹거리는 유통과 교환의 활동이 매우 중요하며, 먹거리 연구를 위해서는 다양한 과정에 대한 분석이 포함되어야 한다고 지적한다. 예컨대 마케팅과 유통 연결망, 유통 관행과 조직, 음식 서비스 관행, 유통 영역에서의 노동과정, 먹거리 관련 지식과 담론, 규제의 정치 등에 대한 분석이 이뤄져야 한다는 것이다. 즉 딕슨은 먹거리에 대한 정치경제학적인 접근에 문화경제적 접근이 보완되어야 한다고 주장한다. 이를 위해 딕슨은 먹거리의 정치경제학과 문화경제학을 융합하는 새로운 분석 영역의 모델을 제시한다(〈표 5-1〉 참조).

서구의 학자들에 의해 발전된 식량체제론과 상품체계론은 남한의 먹거리 문제를 이해하는 데 몇 가지 시사점을 던져준다. 첫째, 2차 세계대전 이후 남한의 먹거리 문제는 따로 떼어 생각할 수 있는 것이 아니라 남한을 둘러싸고 있었던 국제식량질서 및 식량원조를 포함한 미국의 농산물 정책의 틀에서 이해해야 한다는 점을 보여준다. 특히 밀

표 5-1 딕슨의 먹거리 분석 모델

	공적 및 사적 공급
	생산자 조직
생산 과정	지불 및 미지불 노동
	과학 생산과 적용
	생산 디자인 과정
	조정의 정치
	마케팅과 유통 네트워크
	소매 관행 및 조직
유통과 교환 과정	음식 서비스 관행
	유통 과정의 노동
	음식 지식과 담론 및 적용
	조성의 정치
	3차 생산
	접근 조건
소비 과정	전달 수단
	환경 혹은 맥락
	경험

출처: Dixon(1999: 158).

소비의 문제는 미국의 식량원조 프로그램 및 제2차 식량체제와 밀접하게 관련된다. 둘째, 한국인의 먹거리 소비 양식 변화는 이를 뒷받침하는 공급구조 변화와의 관계 속에서 바라보아야 한다. 앞의 장들에서 논의한 내용을 배경으로 깔고 먹거리 소비 문제를 이해해야 한다. 셋째, 한국인의 주요 먹거리의 생애주기를 추적하고, 그것들의 관계망이 어떻게 조직되고 있는지에 주목해야 한다는 점을 시사해준다. 즉, 딕슨이 제시한 것과 같은 먹거리 생산, 유통, 교환, 소비 과정을 염두에 두고 그것들이 어떻게 조직되었는가를 분석해야 하는 것이다. 예컨대, 한국인이 즐겨 먹는 소위 '치맥'을 제대로 이해하기 위해서는 그 핵심인 치킨을 둘러싼 사료, 집중형 사육시설, 수입 기제, 자영업자, 임대료, 프랜차이즈의 권력관계, 식문화의 변화 등에 관심을 가져야 하는 것이다 (정은정, 2014).

개발주의 체제와 먹거리 소비의 변화: 1965~80

1960년대 이전의 먹거리 소비와 관련된 통계는 부정확하거나 비교하기 어려운 부분이 많다. 실제 통계청 자료로서 체계적으로 정리되어 시계열적인 변화를 명확하게 분석할 수 있는 자료는 1965년 이후의 것부터다. 따라서 이하에서 우리는 1965년 이후의 통계자료를 바탕으로 식습관의 변화를 분석할 것이다. 다만 역사적 추정을 통해 해방 이후부터 1960년대 초까지 먹거리 소비와 관련해서 몇 가지 사실을 정리할 수 있다. 첫째, 미국의 원조를 통해 들어온 밀가루를 활용한 면류와 수제비 등의 소비가 빠르게 증가했을 것으로 본다. 해방과 한국전쟁을 겪으며 대부분의 한국인들은 빈곤에 시달렸고, 그 속에서 값싼 미국산 밀은 서민들의 배를 채우는 식재료로 등장했다. 밀을 활용한 칼국수, 소면, 수제비 등이 베이비 붐 세대에게 추억의 음식으로 자리 잡게 된 것은 바로 이러한 국제지정학의 틀 속에서였다. 빈곤과 허기 속에서 풍성한 식문화가 발달하기는 어려웠을 것이다. 둘째, 한국전쟁이 끝나면서 미군을 통해 다양한 미국 음식이 선을 보였다. 경제적 전성기를 구가하던 미국의 군인이 대거 한국에 주둔했고, 의정부, 평택, 동두천 등 미군부대를 중심으로 한 도시들이 발달했다. 이들 지역은 미군에서 나온 각종 통조림이나 군용식품을 한국의 민간 시장으로 유통시키는 중심지 역할을 했다. 이런 식자재를 활용하여 한국인의 입맛에 맞게 개발된 것이 부대찌개라고 알려져 있다. 미군에서 흘러나온 소시지, 햄, 베이컨 등의 낯선 서양 식재료와 김치, 떡, 라면 사리 등이 결합해 만들어진 부대찌개는 최초의 본격적인 퓨전 음식이라고 할 수 있다. 셋째, 한국전쟁 이후 북에서 많은 사람들이 남한으로 내려오고, 지역 이동이 활발해지면서 특히 서울과 같은 대도시에는 다양한 지역음식들이 소개되고 상업화되었다. 예컨대 남한의 대표적인 북한식 냉면집인 '의정부 평양면옥'의 경우 1951년 1.4후퇴 때 남하했던 평양 주민 부부가 개업한 것으로 알려져 있다.

1960년대 들어 남한의 초기 산업화가 빠르게 진행되면서 소위 근대화라는 큰 변화가 진행되었다. 이 같은 변화는 소득의 증가, 도시화에 따른 주거 방식의 변화, 대중매체를 통한 서구문화의 도입, 식량의 수급 변화, 식품산업의 발전 등을 구체적인 내용으로 하고 있었으며, 그에 상응하는 다양한 먹거리 소비의 변화가 나타나기 시작했다.

1965년 이후 1980년까지의 개발주의 체제하에서 한국인의 먹거리 소비가 어떻게 변해왔는지를 〈표 5-2〉(배경 색 부분)를 통해 검토하자.

이 시기 먹거리 소비 변화의 몇 가지 특징을 정리하면 다음과 같다.

첫째, 1965년 이후 약 15년 동안 국민주식인 쌀 소비량은 비교적 안정적이었다. 즉 1965년 1인당 쌀 소비량은 131.5kg이었는데 1980년에는 132.9kg으로 크게 변하지 않았다. 통계 수치만 봐서는 한국인들의 쌀 수요 혹은 쌀밥에 대한 욕구는 매우 안정적이었던 것처럼 보인다. 하

표 5-2 한국인 1인 연간 식품 소비량 변화 (단위: kg)

	1965	1970	1975	1980	1985	1990	1995	2000	2005	2010
쌀	131.5	133.8	119.8	132.9	128.0	120.8	110.6	97.9	83.2	81.5
밀	14.9	18.8	30.1	29.4	32.0	29.7	34.1	36.1	31.6	33.3
보리	51.7	60.1	39.7	14.0	8.4	2.4	1.9	1.8	1.2	1.3
설탕	1.3	6.3	5.2	10.3	11.7	15.3	17.8	17.9	21.2	22.7
채소	46.7	65.6	62.5	120.6	98.6	132.6	160.6	165.9	145.5	132.2
과실	9.8	12.0	13.9	16.2	26.6	29.0	39.1	40.7	44.7	44.2
육류	5.9	8.4	9.3	13.9	16.5	23.6	32.7	37.5	36.6	43.5
달걀	1.9	3.8	4.0	5.9	6.3	7.9	8.6	8.6	9.1	9.9
우유	2.1	3.0	4.4	10.8	23.1	31.8	38.5	49.3	54.0	57.0
어패	16.6	23.1	24.6	22.5	30.7	30.5	33.4	30.7	39.9	36.6

출처: 《식품수급표 2011》(한국농촌경제연구원, 2012).

지만 보다 상세히 들여다보면 통계의 이면에 있었던 중요한 변화들이 있다. 그 의미를 읽어내는 것이 중요하다. 결론부터 이야기하면, 1965년에도 1980년에도 한국인들은 여전히 쌀밥을 더 먹고 싶었지만, 여러 다른 요인으로 인해 그렇게 하지 못했다. 쌀밥은 한국인들에게 오랫동안 충족되지 못한 좋은 음식이었고, 더 나아가 풍요한 삶의 상징이었다. 1960년대와 1970년대는 쌀이 부족했던 시기이며, 모든 한국인은 풍요한 삶의 상징인 하얀 이팝(쌀밥)을 먹고 싶어했다. 하지만 서민들은 생일이나 제사와 같은 특별한 날에만 쌀밥을 먹을 수 있었다. 이러한 충족되지 못한 욕망을 잘 알고 있었던 정부는 그것이 사회적 불만으로 전환되는 것을 우려했다. 따라서 쌀보다는 밀가루가 건강에 더 좋다는 근

거가 부족한 홍보를 하고, 혼분식의 날을 만들어 쌀 수요를 관리하고자
했다. 혼식에 대한 적극적인, 그리고 때로는 강제적인 장려에 활용된 것
이 보리다. 보리는 부족한 쌀을 보완해주는 곡물이었다. 이는 한편으로
는 정부의 정책을 통해 그리고 때로는 값싼 가격 때문에 쌀의 보완재가
될 수 있었다. 따라서 1975년 통계의 1인당 119.8kg의 쌀 소비는 비싸거
나 정부가 통제해서 관리된 소비량이다. 더 많이 먹고 싶었지만 그러지
못했던 욕망이 반영된 쌀 소비량인 것이다. 반면, 같은 해 보리 소비량
39.7kg은 별로 먹고 싶지 않지만 쌀이 비싸서 혹은 정부의 강력한 권유
에 의해 보리를 소비했던 결과였다. 이런 맥락에서 1965년 1인당 연간
52kg였던 보리 소비량이 1980년에는 14kg으로 대폭 감소했다. 보리 소
비량이 정점을 찍었던 시점은 1970년대 초인데, 이는 소비자가 보리를
선호해서라기보다는 정부의 혼식 정책에 의해 강요된 측면이 강했다.
쌀 소비량 통계가 자연적이지 않았던 만큼 보리 소비량 역시 사회적·정
치적 현상이었던 것이다.

둘째, 밀 소비의 급속한 증가다. 1965년 한국인은 한 사람이 1년에
약 15kg의 밀을 먹었는데 1980년에는 거의 30kg을 소비하게 되었다.
밀이 국민주식 가운데 하나로 자리 잡은 것이다. 이는 이중적 측면이
있다. 하나는 서민 노동자의 노동식품으로 밀이 큰 역할을 했다. 물론
가격이 매우 지렴했던 데에 그 원인이 있다. 저렴한 밀 가격의 비밀은
미국의 산업형 농업에 있었다. 대규모 경작지에서 다량의 농약과 화학
비료, 그리고 농기계를 활용하여 생산된 미국산 밀이 대량으로 남한에
유입되었다. 물론 그 시작은 PL480을 통한 원조였지만, 원조가 종식되
고 나서도 밀은 그 저렴한 가격 때문에 서민들의 식탁을 빠르게 점령
했다. 수제비, 칼국수, 그리고 소면과 라면의 소비가 급증했다. 다른 하
나는 밀을 활용한 빵이나 과자 등의 소비 증가다. 제과점들이 도시를

중심으로 늘어났고, 서구적 식습관이 조금씩 자리 잡기 시작했던 것이다. 선망의 대상으로서의 미국 문화가 음식을 통해서 중산층에 번져가기 시작했다. 셋째, 설탕 소비량의 비약적인 증가다. 설탕의 원재료는 미국을 통해 주로 수입되었는데, 소수의 국내 제당회사들에 의한 설탕의 대중화가 일어났다. 가정에서도 음식에 설탕을 첨가하는 조리법이 발달하고, 과자산업이 활성화되었다(이은희, 2016). 전통적으로 단것이 희귀했던 한국사회에서는 꿀이 단 음식을 대표했다고 할 수 있다. 하지만 꿀은 매우 귀했고, 서민들은 기껏해야 엿이나 조청을 즐길 수 있었을 뿐이다. 일제 강점기에 일본 제국주의가 동남아를 식민화하면서 설탕산업이 발달했고, 그 결과 식민지 조선에서도 설탕이 유통되게 되었다. 설탕 소비량은 일제 강점기부터 꾸준히 증가했다. 해방 이후 미국의 원조경제하에서 제일제당을 비롯한 일부 기업들이 설탕을 독점적으로 생산하고, 이에 상응하는 설탕의 대중시장이 형성되었다. 무엇보다 설탕을 재료로 활용하는 사탕, 과자, 청량음료 등이 빠르게 성장했다. 그 결과 1965년 1.3kg에 불과했던 설탕 소비량은 1980년에 이르면 10.3kg으로 거의 10배 가까이 증가했다. 넷째, 육류, 우유, 달걀 등의 소비도 대폭 증가했다. 이는 일부 중산층이 형성되고 소비 양식이 바뀌고 있음을 보여줌과 동시에 체계적인 축산업이 형성되고 있음을 나타낸다. 하지만 보다 본격적인 산업형 축산업의 발달은 1980년대 이후 진행되었다.

세계화 시대의 먹거리 소비 변화: 1980년대~현재

1980년대 남한의 자본주의는 급속한 발전을 경험했다. '한강의 기적'

이라는 표현이 외국 언론에 오르내릴 정도로 높은 경제성장률과 소득 증가를 보였다. 이에 따라 중산층이 팽창했고 식생활에도 변화가 나타났다. 다시 앞의 〈표 5-2〉(이탤릭체 부분)를 통해 특징들을 정리하면 다음과 같다.

첫째, 쌀 소비량의 급격한 감소다. 132kg이었던 1980년 1인당 쌀 소비량이 2010년 81kg 정도로 감소했다. 실제 최근 통계에 따르면 한국인의 연간 쌀 소비량은 약 68kg 정도다. 하얀 쌀밥에 대한 욕망이 1980년대 초반 충족된 이후 다른 음식으로의 전환이 진행되었다고 할 수 있다. 1983년경 남한의 1인당 쌀 소비량은 140kg을 상회함으로써 정점을 찍는다. 쌀밥에 대한 오랜 욕망을 충족시킬 수 있는 여건이 되었던 것이다. 구체적으로는 녹색혁명형 농업을 통한 쌀 생산량의 증가와 비교적 고가의 쌀을 구입할 수 있는 늘어난 소득이 이것을 가능하게 했다. 한편 쌀 소비의 증가는 벼농사 중심의 남한 농업구조를 공고히 했다. 쌀이 가진 정치경제적 의미 때문에 국내 쌀 시장은 보호되었으며, 이에 따라 쌀의 자급자족 구조가 만들어졌다. 그런 의미에서 쌀은 오랫동안 국가와 농민을 이어주는 정치적 작물이었다. 하지만 추곡수매가의 폐지, 쌀 소비의 감소, 시설 채소 등 환금작물의 부상 등은 이러한 정치적 관계의 해체를 초래했고, 아직도 다수인 미작 농가의 경제적 어려움을 가속화시키고 있다.

둘째, 이전 시기와 마찬가지로 설탕 소비량이 계속 증가했다. 1980년 10.3kg이었던 1인당 연간 설탕 소비량은 2010년 22.7kg으로 증가했다. 2배 이상 늘어났던 것이다. 1980년대는 한국의 경제성장이 최정점에 이른 시기로, 임금이 빠르게 상승하고 실질소득이 증가했다. 이에 따라 음식문화 역시 크게 변화했다. 이 시기 한국인의 식습관은 매우 빠르게 서구화되고, 식품산업이 발전했다. 사회구조의 변화에 따라 집에서 보내는 시간보다 직장에서 보내는 시간이 더 늘어났고, 외식 및 가공식품 소비가 증가했다. 다양한 식품산업이 발달함에 따라 과자, 초콜릿, 청량음료, 사탕 등의 소비가 비약적으로 증가했으며, 잘 인식하지 못한 가운데 단맛이 한국인들의 입맛을 지배하기 시작했다. 설탕의 직접 소비보다는 설탕을 원료로 하는 식품을 통한 숨겨진 설탕 소비가 급증한 것이다.

셋째, 1970년대에 이어 육류, 달걀, 우유 등의 소비가 크게 증가했다. 1980년대 중반 이후 소득이 증가하고 서구화가 진행되면서 또 한 번의 식습관 전환이 발생했다고 할 수 있다. 흰 쌀밥이 로망이던 시대가 끝나고 이제는 고기와 같은 단백질을 선호하는 시대가 된 것이다. 일견 서로 다른 먹거리로 보이는 고기, 달걀, 우유 등은 동물을 집단적으로 사육해서 생산한다는 점에서 공통점을 지닌다. 결국 이들 단백질 먹거리의 소비 증가는 소, 돼지, 닭, 젖소 등을 대량으로 사육하는 준공장형 가축 사육체계가 만들어졌음을 의미하는 것이다.

전통적으로 고기는 귀한 음식으로 명절이나 제사와 같은 특별한 날 소비되었던 것이다. 그리고 이런 비교적 소량의 고기 소비는 전통적인 가축 사육방식으로 충족될 수 있었다. 하지만 소득 증가에 따른 고기 소비의 일상화와 1인당 육류 소비량의 급증은 고기 생산 방식의 변화를 가져왔다. 고기의 대량생산을 위해 가축이나 가금류를 제한된 공간에 가두고 사료를 먹이는 방식이 일반화되었다. 뿐만 아니라 특정 지역이나 농민들이 소나 돼지의 사육을 전담하는 체계가 완성되었다. 1인당 육류 소비량의 증가는 매우 급격하게 진행이 되었다. 즉 1965년 1인당 고기 소비량은 연간 5.9kg이었는데, 20년 후인 1985년에는 16.5kg, 그리고 다시 20년 후인 2005년에는 36.6kg으로 증가했다. 1인당 소비량이 40년 사이에 6배로 늘어난 것이다. 그리고 그 사이에 증가한 전

체 인구를 고려한다면 쇠고기 총 공급량은 천문학적인 숫자로 증가
한다. 이러한 고기 소비의 증가는 경작과 가축 사육을 함께 하는 전통
적인 경축혼합형 축산에서 경축분리를 특징으로 하는 산업형 축산으
로의 전환, 즉 '축산혁명Livestock Revolution'이 진행되었음을 의미한다(송
인주, 2012). 상대적으로 작은 규모이기는 하지만 미국의 축산시설과 유
사한 집중가축사육시설Concentrated Animal Feeding Operation: CAFO이 만
들어지게 된 것이다. 달걀과 우유의 소비 증가 역시 공장형 육계산업의
발달과 집중화된 낙농산업을 보여주는 지표라고 볼 수 있다.

육류의 총 공급량을 보여주는 것이 〈표 5-3〉이다. 이 표에 따르면,
남한의 총 육류 공급량은 1965년의 경우 13만 톤을 조금 넘었으며,
이는 모두 국내 생산을 통해 충당되었다. 하지만 1980년대 이후 육류
총 공급량은 기하급수적으로 증가했다. 즉, 1980년에 43만 7,000톤,
1985년에 59만 7,000톤으로 늘어났다. 이어 1990년대에도 육류 수
요가 지속적으로 증가하면서, 국내 생산을 통한 육류 공급이 어려워
졌다. 이에 따라 수입량이 급증하기 시작했다. 1990년에는 고기 총 공
급량이 86만 톤이었는데, 그중 수입량이 약 8만 7,000톤으로 수입량

표 5-3 주요 식품 공급 추이: 육류(쇠고기 + 돼지고기 + 닭고기) (단위: 1,000톤)

	1965	1970	1975	1980	1985	1990	1995	2000	2005	2010
생산	131	210	237	418	588	773.1	1057.1	1190	1154.6	1382.8
수입	–	1	0	–	–	86.6	188.3	386.2	374.7	530.4
이입	–	–	–	18	9	2.7	15.6	64	74.6	54.1
총 공급량	131	211	237	437	597	862.4	1261	1640.2	1604	1967.3

출처: 《식품수급표 2011》(한국농촌경제연구원, 2012).

이 총 공급량의 10%에 달했다. 2010년에는 국내 육류 총 공급량은 196만 톤으로 증가했으며, 그중 수입량은 53만 톤에 달했다. 현재 국내 고기 소비량의 4분의 1 이상이 외국에서 수입되고 있는 것이다.

넷째, 채소와 과일의 소비량 증가다. 한국인은 예전에 비해 훨씬 많은 양의 채소와 과일을 먹는 것으로 나타났다. 예를 들어 1965년 1인 당 연간 과일 소비량은 9.8kg에 불과하던 것이 2010년에는 44.2kg으로 4배 증가했다. 채소와 과일은 건강한 식품으로 분류되며, 많은 영양학자가 충분한 양의 섭취를 권장한다. 또한 일반적으로 소득과 교육 수준이 높아지면 채소와 과일의 소비가 증가하는 것으로 알려져 있다 (Dixon, 2009). 따라서 한국인의 채소 및 과일 소비량 증가는 건강의 입장에서 바람직한 현상이다. 하지만 여기에도 고민해야 할 부분이 있다. 채소와 과일은 계절의 영향을 많이 받는 먹거리다. 특히 우리나라와 같이 4계절이 뚜렷한 온대성 기후에서는 각 채소와 과일이 수확되는 시기가 정해져 있다. 그런데 언제부터인지 마트에는 여러 가지 채소와 과일이 상시 풍성하게 진열되어 있다. 제철 채소와 과일이라고 볼 수 없는 것이다. 이는 채소의 경우, 가온 하우스가 광범위하게 확산되었음을 의미한다. 채소 생산을 위해 엄청난 양의 화석연료가 사용되고 있는 것이다. 과일의 경우는 외국으로부터의 수입이 빠르게 증가하고 있다. 한 보도에 따르면, 지난 3년 동안 가장 많이 팔린 과일은 바나나였다고 하는데(장영은, 2014), 이의 대부분은 물론 수입산이다. 델몬트 등의 초국적 기업이 운영하는 플랜테이션에서 생산된 바나나를 대량으로 소비하고 있는 것이다. 이런 현상을 보며 과연 '건강한' 과일 소비가 증가했다고 긍정적으로만 평가할 것인가에 대한 고민이 필요하다.

정리하면, 한국인의 음식 소비는 사회경제적 변화에 의해 크게 영향을 받았다. 이제 한국인들은 예전에 비해 곡물을 훨씬 적게 먹는다.

특히 쌀밥에 대한 강렬하고 오래된 욕구가 1980년대 초에 충족되면서 쌀 소비량은 급격하게 감소하고 있다. 그 대신 고기, 우유, 과일, 채소 등을 많이 소비하게 되었다. 이와 같은 소비 변화는 먹거리 생산 및 공급 체계의 변화와 동시에 진행되었다. 전반적으로 시장의 수요에 맞춘 표준화된 상품으로서의 먹거리를 생산하기 위한 산업적 농업이 자리 잡게 되었다. 전통적인 미작은 위축되고, 시장 지향적인 농업 생산이 팽창하고 있다. 이런 경향은 특히 축산, 가금류, 낙농, 채소류 등에서 두드러진다. 한편 공급 부족 문제를 해결하기 위해 외국으로부터의 수입이 증가하게 된 것도 큰 변화다. 다양한 국적을 가진 먹거리가 시장에 넘쳐나고 있는 것이다. 먹거리가 가지고 있었던 지역성과 계절성이 점차 희박해지고 있는 것이다.

결론

남한의 농식품체계는 이제까지 살펴본 바와 같이 자본주의 발전 과정에서 세계체계의 구조와 내적 역사적 특수성의 상호작용 속에서 형성되었다. 이 장에서는 먹거리 생산/공급과 소비를 단일한 단위로 봐야 할 것으로 주장하며, 복합체로서 농식품체계의 변화를 경험적으로 검토했다. 이제까지의 논의를 통해 남한 농식품체계의 특징을 먹거리 소비의 입장에서 정리하면 다음과 같다. 첫째, 쌀 소비는 1980년대 초중반에 140kg대로 정점을 찍었으며 이후 계속 감소하고 있다. 최근 한국인의 1인당 연간 쌀 소비량은 60kg대로 떨어졌다. 반면 쌀은 농민들에게는 여전히 제일 중요한 작물이며 국가농업의 근간이다. 농민, 특히 고령 농가들의 미작 의존성이 높으며 국가에 의한 정치적 고려 등에 의해 유지되어왔다. 이에 따라 해마다 쌀 재고가 증가하고 있다. 쌀 소비량와 미곡 생산량 간의 큰 괴리는 국가 중심 개발주의 시대의 쌀 체계가 더 이상 유지되지 않는다는 것을 보여준다. 개발주의적 국가 정책 속에서 만들어졌던 쌀 생산과 소비의 구조가 세계화의 흐름 속에 균열을 보이고 있는 것이다. 둘째, 한국인에게 그다지 중요하지 않았던 밀은 이제 우리 식단의 주식 중 하나가 되었다. 2차 세계대전 이후 미국의 대외 정책의 하나였던 식량원조를 통해 들어온 밀은 남한에서 기아 문제 해결과 정치적 안정화에 중요한 먹거리였다. 동시에 음식문화의 측면에서, 밀은 근대성·서구화 등의 의미를 가지고 한국인의 식탁을 파고들었다. 밀 소비의 증가는 국내 생산의 증가와 연동되지 않았는데, 이는 밀은 대표적인 산업형 곡물로 외부로부터 유입된 것이었기 때문이다. 초기 도입이야 어찌되었든, 밀은 이제 문화적 의미를 지니고 서구화된 한국인 식단의 일부가 되었다. 다양한 고급 라면이 시장에 새로 출하되며 각종 면 전문 식당이 성업 중이다. 피자, 파스타, 햄버거 등 밀을 활용한 여러 가지 음식 시장이 크게 팽창하고 있다. 그러나 밀은 대부분 수입되고 있다. 밀 소비의 급격한 증가와 낮은 자급률은 남한 농식품체계의 취약함을 보여준다. 셋째, 소득의 증가에 따라 육류 소비가 꾸준히 늘어나고 있다. 육류 소비의 급증은 대장암이나 비만 및 고혈압을 비롯한 각종 성인병의 원인으로 지적되고 있음에도 불구하고, 고기에 대한 한국인의 욕망은 여전한 것으로 보인다. 육류 수요의 증가는 생산 및 공급체계의 팽창을 가져왔다. 국내 축산농가들은 집중형 가축 사육 방식을 채택하여 경쟁력을 높이고 있으며, 외국으로부터의 육류 수입 역시 계속 증가하고 있다. 고기 소비의 증가는 전 세계적으로 공장형 축산의 확대를 낳고 있으며, 이는 사회적으로나 생태적으로 큰 문제를 안고 있다. 앞으로 이에 관한 심층적인 연구가 필요하다.

현재 남한의 농식품체계는 사회적으로나 생태적으로 결코 지속가능하지 않다. 그렇다면 무엇을 할 것인가. 남한 농식품체계의 지속가능성을 높이기 위한 몇 가지 방안을 생각해볼 필요가 있다. 첫째, 먹거리 소비를 통한 일상의 정치가 필요하다. 음식은 미시적이고 개인적인 영역이기도 하지만 동시에 사회 관계망을 볼 수 있는 핵심적인 창구다. 따라서 먹거리의 문제화를 통한 생활정치가 가능하다. 개인의 음식 선택이 먹거리의 생산 및 조달체계를 바꿀 수 있다. 물론 이를 위해서는 먹거리에 관심과 지식을 가지고, 구체적으로 행동하며 생산자와 연대하려는 새로운 주체인 먹거리시민food citizen의 구성이 필요하다. 둘째, 먹거리를 매개로 하는 조직화가 요구된다. 많은 사람들이 느끼지만 개인의 힘은 때로 구조 앞에서 무력하다. 따라서 비슷한 목표와 생각을 가진 사람들이 서로 연대하고, 힘을 모으는 것이 필요하다. 이를 위한 사회적 자원들이 이미 다양한 형태로 존재하고 있는데, 예컨대 생활협동조합, 공동체지원농업 등이 그것들이다. 이들은 농과 식, 농민과 소비자를 연결하는 역할을 한다는 점에서 남한의 농식품체계를 재편하는 데 크게 기여할 수 있다. 셋째, 먹거리주권 개념을 중심에 둔 국제적 연대의 강화다. 비아캄페시나via Campesina와 같은 국제적 농민운동은 기업식량체제에 균열을 내고, 대안을 만들어갈 수 있는 조직적 자원이다. 국내의 농민과 소비자들의 적극적인 참여를 유도해야 한다. 넷째, 음식문화의 혁신과 교육의 강화다. 구체적인 음식이 가지는 사회생태적 의미를 밝히고, 이를 음식 소비와 연결하는 문화운동이 필요하다. 예컨대 육식의 문제는 생산체계의 재편만으로 해결할 수 없다. 육식이 가지고 있는 생태적, 윤리적, 사회적 문제에 대한 폭넓은 고민이 필요하며, 채식주의와 같은 문화운동이 요구되는 것이다.

6장

곡물의 정치사회학

서론

앞 장에서는 1960년대 이후 한국의 식품 소비의 변화를 경험적으로
검토했다. 이 작업을 통해 한국인의 먹거리 소비 변화의 추세와 특징
을 파악할 수 있었다. 이 장에서는 렌즈를 당겨서 곡물에 초점을 맞추
어 보다 깊이 있는 논의를 진행하고자 한다. 우리의 주식이라고 할 수
있는 쌀과 밀에 대한 심층적인 분석을 통해 남한 농식품체계의 한 축
인 곡물 소비 변화와 그 사회학적 의미에 관해 논의할 것이다.

과거에 비해 그 양이 감소하기는 했지만 한국인의 곡물 소비량은 외
국인의 그것에 비해 여전히 많은 편이다. 오랜 역사를 지닌 밥과 반찬으
로 구성된 식사가 근대화와 서구화의 흐름 속에서도 비교적 안정적으

로 유지되며, 변화하고 있는 것이다. 물론 '밥'의 재료는 쌀이 중심이되 쌀을 보조하는 여러 가지 곡물이 사용되어왔다. 보리, 콩, 팥, 수수, 조 등이다. 이 곡물들은 아시아 쌀 문화권에서 조리되는 방식, 즉 물을 넣 고 가열하여 원형을 그대로 유지하되 소화가 용이하고 양이 늘어나도 록 하는 방법에 의해 식탁에 오르고 있다.* 쌀을 중심으로 하되 때, 장 소, 경제적 여건에 의해 다양하게 조합되는 밥은 기본적으로는 반찬과 조합을 이뤄 식탁에 오른다. 예컨대 김치, 국, 찌개 등을 함께 밥상에 놓 고, 숟가락과 젓가락을 사용하여 먹는다. 그런 의미에서 광의의 밥은 한 국인의 전통문화를 담지하고 있으며 근대화와 서구화에 대한 한국음식 의 저항성 혹은 복원력resilience을 보여주는 사례라고 할 수 있다.

한편, 밀은 완전히 다른 문화적 의미를 지닌다. 전통적으로 사람들은 주변에서 흔하게 생산되는 것을 식재료로 사용했다. 기원전 2000년경 에 벼가 한반도에 유입된 이후 한국인들은 고온다습한 여름 기후를 활 용하여 벼농사를 지어왔다. 그리고 봄, 여름, 가을에 생산되는 채소류를 가공하여 반찬으로 활용했다고 할 수 있다. 이것이 밥과 반찬으로 구성 되는 한국인의 식단으로 자리 잡았다. 반면 기원전 100년경에 한반도 북부 지역에 처음 도입된 것으로 알려진 밀은 우리 식탁에서는 주변적 인 음식이었다. 기온이 낮고, 건조한 곳에 주로 자라는 밀을 재배하기에 는 한반도의 기후와 토양이 잘 맞지 않았다. 따라서 밀은 비교적 귀한

* 어떻게 하면 맛있는 밥을 짓는가 하는 것은 한국인의 주요한 관심이었고, 이로 인해 불, 압 력, 용기에 관한 다양한 지식을 축적해왔다고 할 수 있다. 그리고 최근에는 가전회사들의 체 계적인 연구를 통해 밥솥의 '명품'을 낳고 중국 소비자들을 매혹시키기도 하고 있다. "2014년 국산 밥솥의 중국 수출액이 1,479만 9,000달러(약 177억 원)로 전년 대비 72%나 늘었다고 6일 밝혔다"(경향신문, 2016.1.6;http://biz.khan.co.kr/khan_art_view.html?artid=2016010611592 81&code=920100&med=khan). 특히 쿠쿠밥솥은 2015년 11월 전 달에 비해 208% 상승했다 (중국 인터넷쇼핑몰 기준)고 한다(아시아경제, 2015.12.16; http://www.asiae.co.kr/news/view. htm?idxno=2015121607045075298).

식재료였다. 한국인들도 밀을 먹기는 했지만 매우 소량이었으며, 생일, 결혼, 회갑과 같은 특별한 날 국수의 형태로 소비했다. 제한된 생산량과 생산지역을 고려하면 지금 우리가 먹는 형태의 밀은 주식이 될 수 없었을 것으로 추정된다.* 하지만 한국전쟁 이후 모든 것이 달라졌다. 바로 미국의 식량원조 프로그램에 의해 밀려들어온 미국산 밀 때문이다. 이후 산업화와 근대화의 흐름 속에 밀을 활용한 다양한 음식이 개발되거나 수입되었으며, 이제 밀은 우리 입에서 떼려야 뗄 수 없는 식재료가 되었다(김철규, 2014). 이 과정을 사회학적으로 분석해보자.

쌀과 밀, 그 애증의 관계

쌀은 여전히 우리 식탁의 주식이다. 쌀을 먹는다는 이야기는 대체로 밥과 반찬으로 구성된 전통적인 밥상을 받는다는 의미다. 한편 밀의 소비량 역시 만만치 않다. 그런데 밀을 소비하는 방식은 빵, 과자, 케이크, 파스타, 면류 등을 통해서이므로, 전통적인 식사 양식과는 매우 다르다. 쌀을 먹는가 밀을 먹는가는 단지 어떤 곡물을 소비하는가의 문제를 넘어 음식문화의 문제와 관련되는 것이다. 전통적으로 밥과 반찬으로 구성되던 한국인의 식문화가 밀을 중심으로 한 새로운 음식 조합으로 변화되고 있음에 주목해야 한다.

1965년의 한국인은 1인당 연간 쌀 120.9kg, 밀 14.9kg, 보리 50.0kg, 콩 5.1kg, 그리고 기장쌀 등의 서류薯類 6.0kg을 소비했다(〈표 6-1〉 참

---

* 한식 전문가인 호서대 정혜경 교수에 의하면 조선 시대 밀가루는 진말(眞末)이라 하여 귀한 식재료로 여겨졌으며, 장수의 의미를 지닌 특별한 음식인 국수를 만들어 먹는 데 활용되었다고 한다.

조). 총 곡물 소비량 중 쌀이 차지하는 비중이 61% 정도였다. 주목할 점은 보리의 소비량이 상당히 많았다는 것이다. 반면 밀의 소비량은 14.9kg으로 보리 소비량 50kg의 3분의 1에도 못 미쳤다. 당시 한국인은 쌀밥을 먹고 싶었지만 현실적인 여건 때문에 다른 곡물을 먹어야 했는데, 그것이 주로 보리였던 것이다. 보리는 쌀에 섞어 밥으로 먹는다는 점에서, 밥, 국, 반찬으로 구성된 전통적인 한국 식사 방식으로 소비될 수 있었다. 반면, 밀은 국수나 빵 등 다른 방식으로의 소비 양식이 충분히 확산되기 전에는 우리 식단의 중심이 되기 어려웠다. 비록 미국으로부터 다량의 밀이 원조로 제공되었지만, 1960년대까지만 해도 밀은 상대적으로 그다지 중요한 곡물이 아니었다.

하지만 45년이 지난 2010년을 살펴보면 커다란 변화가 있었음을 알 수 있다. 한국인은 1년 동안 1인당 쌀 72.8kg, 밀 32.1kg, 보리 1.3kg, 옥수수 3.9kg, 콩 3.9kg, 그리고 서류 8.3kg을 소비했다(〈표 6-1〉 참조).* 2010년의 통계를 1965년의 그것과 비교하면 몇 가지 특징이 발견된다. 첫째, 다시 한 번 분명히 확인할 수 있는 쌀 소비량의 급격한 감소다. 쌀 소비를 가장 많이 했던 1980년대 초반에 비하면 한국인은 절반밖에 쌀을 먹지 않게 되었다. 그리고 이런 경향은 더욱 심화되고 있다. 예컨대 2017년 1인당 쌀 소비량은 61.8kg에 그쳤다. 쌀을 먹지 않는다는 이야기는 밥을 덜 먹게 되었다는 것이다. 밥을 덜 먹는 현상의 의미는 둘로 나눠서 생각할 수 있다. 하루 세끼 식사 가운데 일부를 밥이 아닌 다음 음식으로 먹거나 아니면 한 끼에 먹는 밥의 양이 줄었거나. 현실에서는 이 두 가지 현상이 동시에 일어났다. 이제 한국인들은 예전에 비해 한 끼에 먹는 밥 식사량이 줄었고, 또한 밥이 아닌 다른 음식

* 〈표 5-2〉와 〈표 6-1〉이 제시하는 곡물 소비량의 차이는 출처에서 비롯되었다.

표 6-1 연간 1인당 곡물 소비량: 종류별   (단위: kg)

	1965	1970	1975	1980	1985	1990	1995	2000	2005	2010
쌀	120.9	136.4	123.6	132.4	128.1	119.6	106.5	93.6	80.7	72.8
밀	14.9	26.1	29.5	29.4	32.1	29.8	33.9	35.9	31.8	32.1
보리	50.0	37.3	37.3	13.9	4.6	1.6	1.5	1.6	1.1	1.3
옥수수	–	1.1	2.4	3.1	3.1	2.7	3.3	5.9	4.9	3.9
콩	5.1	5.3	6.4	8.0	9.3	8.3	9.0	5.9	4.9	3.9
서류	6.0	10.2	7.1	6.3	3.1	3.3	3.0	4.3	4.2	8.3
합계	196.9	216.4	205.3	193.1	180.3	165.3	157.2	147.2	127.6	122.3

출처: 1965년 자료는《식품수급표 2011》(한국농촌경제연구원, 2012),
　　　1970년 이후 자료는《농림축산식품 주요통계》(농림축산식품부, 2013).

으로 끼니를 해결하기도 한다. 많은 사람들이 아침을 빵이나 시리얼로 간단히 때우기도 하며, 저녁으로 스테이크나 파스타를 먹기도 한다. 밥을 먹어야만 제대로 된 한 끼라는 생각이 많이 희석된 것이다. 둘째, 밀 소비량의 증가다. 밀 소비량은 1965년에 비해 두 배 가까이 증가했다. 특히 주목해야 할 점은 전체 곡물 소비량 가운데 밀이 차지하는 비중이다. 1965년 전체 곡물 소비 가운데 밀이 차지하는 비중은 7.6%였는데, 2010년에는 26.2%로 증가했다. 이제는 밀이 한국인의 주식의 하나로 자리 잡은 것이다. 그리고 밀을 소비하는 방식도 훨씬 다양화·서구화되었다. 또한 밀은 쌀에 비해 가공식품의 원료로 훨씬 많이 사용된다. 각종 과자류, 디저트류, 케이크 등의 간식은 밀을 활용하여 만들어진다. 이들 간식류는 설탕이나 다른 식품 첨가물을 포함하고 있으므로 밀 소비의 증가는 이런 다른 식재료 소비의 증가와 함께 진행된다는 점 역시 중요하다. 셋째, 보리 소비의 급격한 감소다. 1960년대에는 보리가 쌀에 못지않은 중요한 식량 곡물이었는데, 2010년에는 거의 무시할 정도로 줄어들었다. 1960~70년대 식량 부족, 특히 쌀 부족 상황에서 권위주의적인 박정희 체제는 개인들의 식생활에도 깊이 개입했는데 그것이 바로 혼분식 장려였다. 보리와 같은 잡곡을 밥에 섞어 먹도록 유도하거나 때로는 강요했다. 그런 의미에서 보리는 억압적 정부에 의해 권장된 정치적 식품이었다고 할 수 있다. 예를 들면, 학교에서는 '도시락 검사'를 통해 학생들이 일정 비율 이상의 보리를 밥에 섞도록 했으며, 이를 어길 경우에는 교사의 엄한 벌칙이 가해졌다. 그러나 1977년 녹색혁명에 의해 쌀 자급이 달성되고, 1979년 박정희 체제가 몰락하면서 보리 혼식 정책은 자취를 감추게 되었다. 그런 의미에서 보리 소비의 '감소'가 아니라 특정 시기, 즉 박정희 체제하에서의 보리 소비 '증가'야말로 독특한 현상이었다고 할 수 있다. 이는 남한사회의 권위주의 통치의 일상화를 보여주는 사례였다고 할 수 있다.

지난 40~50년간 한국인의 곡물 소비에서 발견되는 가장 큰 특징이 쌀 소비의 급감과 밀 소비의 급증이라고 할 때, 어떻게 해서 이런 변화가 일어났는가에 관한 보다 심층적인 설명이 요구된다. 밀은 우리 전통 식단에서 주요 곡물은 아니었다. 밥을 중심으로 식단이 구성되었기 때문이다. 한국인이 밀을 본격적으로 소비하게 된 것은 앞에서 지적했듯 미국의 식량원조 프로그램 때문이다. 한국전쟁 이후 미국의 잉여농산물 원조가 시작되면서 밀은 우리 입맛을 바꾸기 시작했다.

앞에서 지적했듯, 1960년대 이전 남한에서 밀은 특별한 날 국수 형태로 먹는 곡물이었지 주식은 아니었다. 따라서 원조로 들여온 밀이 소비되려면 정부의 정책적 개입이 필요했다. 예컨대 군사쿠데타 초기였던 1961년 10월 재건운동본부는 절미운동, 절미통, 절미항아리 등을 통해 쌀의 절약을 강조했다(김환표, 2006). 체제경쟁의 틀에서 박정희는 쌀 자급을 위한 노력을 기울였다. 그 한 가지 방법은 통일벼 등 다수확품종의 개발과 확산을 통한 쌀 증산이었다. 또 다른 한 가지 방법이 혼분식 장려정책을 통한 쌀 소비의 관리였다. 쌀 소비 관리를 위한 여러 정책이 나왔는데, 대표적인 것 중 하나가 1963년 발표한 쌀 막걸리 제조 금지였다. 이어서 1964년 8월부터 모든 음식점은 육개장, 곰탕, 설렁탕에 쌀 50%, 잡곡 25%, 면류 25%를 넣어 혼합해서 조리하도록 했다. 그 후 1969년 1월에는 미곡 소비 억제를 위한 행정명령을 발표했는데, 그 주요 내용은 "① 모든 음식판매업소에서는 반식飯食에 25% 이상의 보리쌀이나 면류를 혼합 판매해야 한다. ② 모든 음식판매업소는 매주 수요일·토요일 11~17시에 쌀을 원료로 하는 음식을 판매하지 못한다. ③ 관공서, 국영기업체의 구내식당에서는 일체 쌀을 원료로 하는 음식 판매를 금지한다." 등을 포함하고 있었다.

더불어 대한요식업업체 주최로 혼식실천궐기대회를 개최하기도 하고, 전국주부궐기대회를 열어 가정에서는 15% 잡곡을 섞고, 1주 3회 이상 분식을 하도록 지도했다. 학교에서는 도시락 검사가 진행되었고, 1973년 혼식의무제도가 도입되어 30% 혼합비율을 의무화했다.

정부가 주도하는 문화 활동을 통해서도 혼분식이 장려되었다. 그 대표적인 예가 〈혼분식의 노래〉로서 대다수의 '국민'이 이 노래를 읊조렸다. 그 가사는 다음과 같다.

들에는 맑은 바람 뜨거운 햇볕 빛깔도 곱게 오곡을 키워
그 곡식 고루 먹고 자라는 우리 넘치는 건강에 살찌는 살림
쑥쑥 키가 큰다 힘이 오른다 혼식 분식에 약한 몸 없다

하얀 국수가락 맛 좋은 빵에 고소한 잡곡밥 그 맛을 알며
해와 같이 밝은 마음 튼튼한 육체 우리도 넉넉히 살 수 있어요

쑥쑥 키가 큰다 힘이 오른다 혼식 분식에 약한 몸 없다

　박정희 정부가 쌀 부족 문제를 해결하기 위한 모색한 방안 중 '쥐잡기 운동'도 있다. 당시에는 대부분의 국민이 주로 일반 단독주택에 거주했으며, 집 안에 쥐가 많이 살았다. 쥐들은 가마니나 쌀통에 보관되어 있는 쌀을 훔쳐 먹었으며, 그 양이 어마어마할 것으로 추정되어 쥐잡기 운동을 국가 차원에서 전개했던 것이다(《그림 6-1》 참조). 또한 쌀의 영양학적 문제 제기까지 하며 밀가루 우월성 담론을 확산시켰다. 근대화 담론의 헤게모니 속에 '식생활 개선'이라는 이름으로 밀가루 소비를 장려하는 정부와 학자들의 노력이 경주되었다. '분식의 날'이 정해졌으며, 일부 여성단체는 분식권장궐기대회를 개최했다. 극장에서는 영화 상영 전 '대한뉴스'를 통해 밀가루가 쌀보다 영양가가 높다는 메시지를 전달하기도 했다(김환표, 2006: 113).

　다른 한편으로 밀로 만든 빵은 서구의 근대성을 상징하는 음식이었다. 해방 직후부터 남한사회에 큰 영향을 끼쳤던 미국의 문화는 음식에 있어서도 예외가 아니었다. 극장에서 상영되던 미국 영화, 한국인들이 쉽게 접할 수 있었던 주한 미군방송American Forces Korea Network, 가판대에서 판매하던 미국의 대중잡지 등은 한국인들의 미국/서구에 대한 환상을 팽창시켰다. 토스트, 커피, 수프, 스테이크, 주스 등 미국의 대중음식 역시 선망의 대상으로 자리 잡았다. 특히 박정희 정부의 근대화 프로젝트는 한국의 전통문화를 낙후성의 상징으로 폄하했다. 같은 맥락에서 쌀을 중심으로 한 전통적인 한국식 식단 역시 평가절하하였다. 물론 이는 쌀 부족 때문에 생길 수 있는 정치적 정당성 문제와 무관하지 않았다.

　근대화 프로젝트 속에서 밀가루는 '선진국'의 서구적 삶의 상징으로

그림 6-1 쥐잡기 포스터

자리매김했다. 예컨대 빵과 우유가 중산층의 아침식사로 등장했던 것
이다. 공지영의 소설 〈봉순이 언니〉에 등장하는 어머니는 "빵이 밥보다
얼마나 영양가가 높은데 그러니? 지금 나라에서도 분식하라고 난린데.
우리보다 잘사는 서양 사람들은 그 좋은 밥 안 먹고 이 빵만 먹는다더
라."라고 말한다. 서구화와 근대화의 물결 속에 한국인의 식습관이 변
하기 시작했다.

밀의 소비 증가와 관련해서 빼놓을 수 없는 것이 라면산업의 등장
이다. 지금과 같은 형태의 인스턴트 라면은 일본의 안도 모모후쿠가
1958년 개발한 것으로 알려졌다. 이 역시 미국의 밀을 활용한 아이디
어였다. 미군에 의해 구호품으로 풀린 밀을 어떻게 소비할까 하는 일
본인의 고민이 인스턴트 라면에 녹아 있었다. 산업화·도시화된 바쁜
일상에서의 편리성 역시 고려되었다. 그 결과 면을 증기로 익혀, 기름
에 튀겨낸 뒤 냉각·건조시켜 별도의 수프와 함께 포장하여 시장에 판
매하는 인스턴트 라면이 개발된 것이다. 일본 기술을 도입해 삼양라

면이 1963년 처음 국내에 라면을 출시했다. 이후 정부의 적극적인 혼분식 정책 덕분에 라면의 매출은 급속하게 늘어나 1969년에는 연간 1,500만 봉지가 판매되었다.* 현재 한국인은 1년에 평균 70개 정도의 라면을 먹는데, 이는 1인당 소비량으로는 세계 1위에 해당한다. 애초 산업화 과정에서 서민과 노동자를 위한 임금 주식의 의미가 강했던 라면은 또 다른 문화적 의미를 가지고 진화해왔다. 라면 시장이 급성장하면서, 다양한 라면이 개발되었고 각종 고급 면이 출시되었다. 라면은 이제 한국인의 일상을 지배하는 음식이 된 것이다. 그러나 여전히 라면 포장지를 보면 대부분의 면은 미국산 혹은 호주산 밀로 만들어진다. 밀의 국내 자급률이 1% 내외인 현실이 반영된 것이다. 라면은 음식이 국제정치, 자본, 문화가 상호작용하며 구성된다는 것을 보여주는 대표적인 사례. 더 나아가 남한에서 밀은 식량주권이나 지속가능성의 문제를 제기하는 곡물이기도 하다. 밀은 국제시장, 특히 카길과 같은 초국적 농기업들에 의해 지배되는 작물이다. 농민들의 의사결정과는 아무 상관없이 초국적 기업과 국제 곡물시장에 의해 통제되고 있다. 뿐만 아니라 미국에서 밀은 대규모 산업형 농업을 통해 생산되고, 화석연료를 활용한 장거리 이동을 한다. 남한뿐 아니라 많은 제3세계의 농업에 영향을 주며, 각 지역의 전통적인 음식문화를 해체하기도 한다. 기후변화와 국제 곡물가격의 불안정을 고려할 때, 국내 밀 생산량과 소비량의 불일치는 심각한 문제를 낳을 수 있다.

---

* 이후 삼양식품은 식품 대기업으로 성장했는데, 전중현 회장은 다음과 같이 밝히기도 했다. "운명의 여신은 삼양을 향해 미소를 보내기 시작했습니다. 정부에서는 부족한 쌀의 수요를 줄이기 위해 강력하게 분식장려 정책을 펴고 있었습니다. 식량이 부족한 나라로서는 당연한 정책이었습니다. 이 정책을 위해서 삼양라면은 벌써 2년 전부터 라면 생산을 통해 그 정지작업을 해온 셈이니 앞을 내다보는 눈이 있었다고 봐야 옳지요."

결론

이 장에서는 쌀, 밀, 보리의 소비의 변화를 국가의 정책을 포함한 남한의 사회변동과 연결시켜 해석하고자 했다. 경제성장, 소득증가, 서구화 등의 사회변화를 겪으며 이 세 곡물은 부침을 거듭했다. 전체적으로 보면 여전히 쌀은 한국인의 주식이다. 이제 한국인은 1인당 연간 60kg 정도의 쌀을 소비하고 있는데, 이는 일본과 중국 등의 아시아권 국가들과 비교하면 대단히 많은 양이다. 하지만 1980년대와 비교하면, 절반에도 미치지 못하는 양이다. 쌀 소비 감소에 따른 쌀 재고량 증가와 쌀 가격의 하락은 여전히 벼농사에 수입의 대부분을 의지하고 있는 한국의 농민들에게는 큰 과제가 아닐 수 없다. 이는 또한 한국 농업, 농민, 농촌의 경제적 지속가능성의 문제와 연결된다.

한국 곡물 소비의 중심으로 등장한 것이 밀이다. 남한의 기후와 식문화로 볼 때, 밀은 비교적 특별한 음식이었다. 하지만 미국의 잉여농산물 원조 프로그램을 통해 수입되기 시작한 밀은 이제 한국의 대중적 식재료가 되었다. 1960~70년대에는 서민을 위한 혹은 노동계급을 위한 먹거리였던 밀은 이제 다양한 형태로 조리되며 시장을 확장하고 있다. 값싸고 대중적인 소면과 라면뿐 아니라 고급 면 시장이 커지고 있다. 외식산업의 성장에 따라 파스타, 스파게티, 피자 등으로 활용되기도 하고, 제과·제빵산업의 주재료로도 활용된다. 그런데 이처럼 용도가 증가하고 소비량이 늘어난 밀의 대부분은 미국과 호주 등에서 수입되고 있다. 매우 낮은 밀 자급률은 국제 곡물 시장의 충격에 취약하다는 것을 의미한다. 지난 20여 년 동안 국제 농산물 가격은 급격한 부침을 계속해왔으며, 심지어는 국제투기의 대상이 되기도 했다. 2008년 전 세계를 강타한 식량위기는 식량자급률이 낮은 여러 국가의 서민들을 기아에 빠트렸다. 특히 밀은 식량곡물이라는 점에서 옥수수나 콩의 가격 등락에 비해 그 여파가 더 크다. 그나마 밀보다는 쌀 소비량이 많은 남한의 경우에는 2008년 식량위기의 충격이 작은 편이었다. 하지만 쌀 소비량의 감소와 쌀을 제외한 곡물 대부분의 자급률이 매우 낮은 남한의 실정을 고려하면 향후 국제 농산물 가격의 등락에 대비할 필요가 있다.

먹거리는 생산자와 소비자를 연결하는 관계의 상징이기도 하다. 즉 우리가 먹는 음식물은 어딘가에서 그것을 땀 흘려 생산한 농민의 수고가 담겨 있는 것이다. 그런 의미에서 한국인의 급격한 쌀 소비 감소 현상은 먹거리의 출발점과의 관련 속에서도 고민이 필요하다. 대부분의 쌀은 국내에서 생산되며, 그 생산자들은 농촌에 거주하는 고령 농민들이다. 이들은 1970년대를 통해 형성되었던 국가조합주의적 관계의 틀 속에서 미작에 집중했던 생산자들이다. 많은 농민에게 농업은 벼농사를 의미하는 것이고, 벼농사를 잘 짓기 위해 노력했으며, 변화하는 환경 속에서 벼농사를 위해 농업 투자를 해왔던 사람들이다. 쌀 소비의 급격한 감소는 이 쌀 생산자들을 경제적으로 위협하고 있다. 한국의 경제발전 과정에서 배제되어오고, 산업화를 위해 희생해온 농민들이 생존을 위해 붙잡고 있었던 미작 부분이 위협받고 있다. 다수의 고령 농가들이 경제적 위기에 처하고 있는 것이다. 그리고 이는 벼농사를 중심으로 한 농촌의 사회·생태적 조건들을 위협하고 있다. 시장의 논리만으로 이 문제를 해결하기는 어렵다. 곡물의 소비 방식과 곡물자급률, 농민의 권리, 사회적 정의, 생태적 지속가능성 등을 종합적으로 고려하는 대안 모색과 정책이 필요하다. 국가와 사회가 이 문제에 대해 적극적으로 나서야 한다.

7장

한국 농식품체계의 위기

서론

1960년대 이후 남한은 매우 급속한 경제발전과 사회변동을 경험했다. 이러한 변화의 중심은 항상 공업과 도시였다. 뒤집어서 이야기하면, 농업과 농촌은 사람들의 관심 밖으로 밀려났다. 그 과정에서 사람의 건강과 행복을 위한 가장 기본적인 요소 중의 하나인 먹거리의 중요성에 대해서도 잊게 되었다. 한국인들과 한국사회가 먹거리 혹은 음식에 관심을 갖게 된 것은 비교적 최근의 일이다. 요리에 관한 프로그램들이 우후죽순 격으로 생겨나고, 음식 블로그가 유행하고, 맛집 소개가 봇물처럼 쏟아지고 있다. 이러한 현상들은 한편으로 그동안 간과되어왔던 먹거리의 중요성에 대한 인식을 제고한다는 점에서 긍정적으로 평가할 수 있다. 그럼에도 불구하고 대부분의 음식담론들은 먹거리를 만들어내는 생산, 유통, 소비의 체계에까지 눈을 돌리지 못한다. 우리가 먹는 음식은 긴 생애주기를 가진 먹거리의 마지막 단계 중의 하나다. 따라서 음식에 대한 제대로 된 이해는 그것을 만들어내고, 유통시키며, 최종적으로 폐기되는 과정 전체를 알아야 한다. 이 과정 전체가 농식품체계인데, 우리가 제대로 된 좋은 먹거리를 지속적으로 공급받기 위해서는 생태적으로 건강하고, 지속가능한 농식품체계가 존재해야 한다. 그렇다면 과연 우리의 농식품체계는 지속가능한가? '한강의 기적'이라고 불리던 남한의 경제발전은 매우 단기간에 제한된 자원을 극도로 효율적이고 독점적으로 동원한 산업화를 통해 진행되었다. 주지하다시피, 초기 산업화와 1970~80년대 중공업화에 있어 권위주의적 정부의 기획과 개입은 매우 중요한 역할을 했다. 이 과정에서 농업과 먹거리 정책은 일반 대중의 관심 밖에 있었다고 해도 과언이 아니다. 오직 산업화와 발전을 향한 맹목적 열정은 개인과 공동체의 삶을 피폐하게 만들었고, 남한의 농식품체계 역시 매우 왜곡된 형태로 변모했다. 그 결과 농식품체계의 위기라고 할 만한 상황에 빠지게 되었다(김철규·윤병선·김홍주, 2012).

농식품체계의 위기는 두 가지로 나누어서 생각할 수 있다.

첫째, 먹거리 안전의 위기다. 근대화와 합리화가 현대사회의 특징임에도 불구하고, 여전히 현대인은 먹거리와 관련된 사고를 경험하며, 불안해한다. 이러한 먹거리 위험의 문제에 대해 이론적으로 고민하고, 한국사회의 맥락에서 논의할 것이다. 건강 및 불안과 관련된 구체적인 먹거리 위험의 문제는 다음 8장에서 본격적으로 다룰 것이다.

둘째, 먹거리보장의 위기다. 사회나 공동체는 자신의 구성원들에게 충분한 양의 먹거리를 공급해야 할 규범적 의무를 지닌다. 자연재해나

흉년이 들어 사람들이 굶주림에 시달릴 때도 있지만 적어도 원칙적으로 구성원들이 먹고, 생존하는 것은 중요한 기본적 권리이다. 그럼에도 불구하고 현실에서는 먹거리의 절대적-상대적 결핍 문제가 발생하며, 사회적 약자들이 피해를 입게 된다. 인권과 시민권이 제도화된 현대사회에서 시민들은 국가의 틀 속에서 먹거리를 기본 권리로 보장받는다. 하지만 신자유주의적 규범이 득세하고, 시장 원리가 강조되면서 먹거리보장과 먹거리 기본권이 위협받고 있다. 이는 한국 농식품체계의 구조적 위기를 보여주는 낮은 식량자급률과 먹거리 불평등 문제와 깊이 관련된다.

한 사회가 지속가능하기 위해서는 그 구성원들의 먹거리를 보장할 수 있어야 한다. 즉, 국민/시민에 대한 식량의 안정적 공급은 그들이 살아가는 데 가장 기본이 되는 것이다. 그럼에도 불구하고, 현재 남한의 식량자급률은 20% 안팎으로 OECD 국가 가운데 최하위권이다. 세계 경제대국이자 10대 무역국이라는 자부심의 이면에 인간의 가장 기본적인 먹거리에 대한 최소한의 자율권을 행사하기 어려운 상황이 놓여 있는 것이다. 어떻게 이런 역설이 발생한 것일까? 이 질문에 대한 답을 찾기 위해 현대 농식품체계의 구조적 취약성을 밝히도록 하겠다. 이론적 자원으로 위험사회의 개념과 식량체제론의 함의를 적극 활용할 것이다.

위험사회와 먹거리 위험

독일의 저명한 사회학자 울리히 벡Ulrich Beck은 현대사회를 위험사회risk society로 규정한 바 있다.

벡은 현대인들이 당면하고 있는 다양한 위험들은 후기산업사회의 본질적 특성과 깊이 관련된다고 주장한다. 일종의 근대성의 역설이 위험의 체계를 만들어낸다는 것이다. 즉 위험은 근대성의 실패가 아니라 근대성의 '성공', 즉 기술-경제적 발전의 성취에서 기인한다. 벡에 따르면, 현대 문명이 낳은 위험들은 쉽게 드러나거나 파악되지 않는다. 핵 위험이나 식료품에 포함된 유독물질처럼 물리-화학적 영역에 위치하고 있기 때문에 일반인들이 평상시에는 잘 알기 어렵다(벡, 1997: 55). 현대사회의 위험은 과거의 재난danger과 달리 우연적이지 않으며, 사회체계 자체에 내재되어 있다. 근대성으로부터 만들어진 구조적인 위험은 종종 통제 범위를 벗어난다. 과학의 능력으로 예측하고 관리할 수 없는 위험들이 만들어진 것이다. 이에 따라 "현대사회가 스스로 산출한 위험을 통제할 수 있다는 믿음이 깨졌고, 그것도 현대가 실패하거나 제대로 일을 못해서가 아니라 승리했기 때문에 그렇다"(벡, 2010: 28).

벡의 위험사회론은 현대사회의 먹거리 위험을 이해하는 데, 큰 함의를 가진다. 무엇보다 오늘날 우리가 접한 먹거리 위험은 자연재해나 우연한 사고의 결과가 아니라, 정교하게 만들어진 현대 농식품체계 발달의 결과물이라는 점을 보여줄 수 있다. 극도의 합리성이 실현되며 형성된 현대 농식품체계는 효율성, 계산가능성, 예측가능성을 높였다. 그러나 그 과정에서 합리성의 불합리성이 드러나고 있는 것이다(Ritzer, 2004: 12-15). 극히 제한적인 도구적 합리성의 강조가 오히려 체계적인 먹거리 위험의 증가를 초래한 것이다.

현대사회의 위험구조를 이해하는 거대이론으로서 위험사회론은 다음과 같은 여러 측면에서도 먹거리 위험 연구에 도움을 줄 수 있다. 첫째, 벡의 위험사회론은 먹거리 위험의 특성인 개인화와 정치화를 분석하는 데 유용한 이론적 자원을 제공해준다. 근대화는 가족과 같은 전통적인 관계로부터 개인을 해방시키지만 동시에 탈안정화를 초래한다.

이 과정에서 먹거리의 조달과 소비에 대한 의사결정은 개인들에게 환원되며 위험 역시 마찬가지다. 이는 동시에 먹거리 위험에 대한 정치적 대응의 필요를 높이기도 한다. 둘째, 먹거리 위험이 가진 세계화된 특성을 보여주는 데 도움이 된다. 벡이《글로벌 위험사회》에서 보다 분명히 했듯, 위험은 이제 지리적·국가적 경계를 넘어서고 있다. 이는 자유무역과 기업 활동의 초국적화에 의해 가속화되고 있으며, 식품 관련 위험에 있어서도 마찬가지다. 셋째, 위험사회론은 구체적인 경험적 소재로서 먹거리 위험에 대한 분석을 시도하는 데 도움을 준다. 뿐만 아니라 먹거리와 몸, 건강, 기후, 과학기술, 환경 등의 영역과의 연관성을 보여주는 데도 높은 설명력을 지닌다. 넷째, 먹거리를 매개로 한 정치적 개입, 즉 먹거리시민, 먹거리주권, 먹거리 민주주의 등으로 논의를 확장할 수 있는 이론적 기반이 될 수 있다(이해진, 2012: 7).

벡은《글로벌 위험사회》에서 위험사회에 대한 관점을 확장시키며, 현대사회의 위험은 점점 글로벌화되어 개별 국가 단위에서 해결하는 것이 더 어려워지고 있다고 주장한다(벡, 2010).* 세계화가 급속하게 진행되면서 부각되는 다양한 위기 가운데 벡은 생태학적 위기, 금융위기, 그리고 테러 리스크에 주목한다. 먹거리의 위험은 특히 생태학적 위기와 깊이 관련된다. 먹거리 생산과 소비가 세계 기후변화나 생명공학과 관계되기 때문이다. 벡은 유전학과 같은 기술은 "새로운 판도라의 상자"를 연 것이라고 지적한다(벡, 2010: 38). 그는 WTO를 통한 미국(거대 농기업들)의 GMO 수출 확대가 야기하고 있는 국가 간의 갈등이 새로운 글로벌사회에서의 리스크 갈등을 보여주는 것이라고 주장

---

* 예컨대 유럽의 광우병 파동은 위험 생산국의 리스크 관리와 무역 및 소비를 통한 위험 수출이 육류산업, 소비, 정치 시스템 등을 위기에 빠뜨린 사례다(벡, 2010: 66).

한다. 글로벌 리스크는 다음과 같은 세 가지 특징을 지닌다. 첫째, 위치와 장소를 규정할 수 없으며, 둘째, 계산가능하지 않고, 셋째, 보상할 수 없다(벡, 2010: 101). 글로벌사회에서 먹거리 위험 역시 이러한 특징을 공유한다고 할 수 있다.

오늘날 우리가 봉착한 먹거리 위험은 벡의 개념을 빌리자면 글로벌 위험이며, 이는 세계 농식품체계에 의해 만들어진다고 할 수 있다. 우리의 농식품체계는 20세기 들어 생산, 유통, 소비 측면에서 커다란 변화를 경험했다(Beardsworth and Keil, 1997: 33). 첫째, 현대 농식품체계는 생산 면에서 산업화, 전문화, 대규모, 그리고 글로벌화를 특징으로 한다. 이에 따라 지리적 범주와 자연적 한계를 넘어서는 식품의 대량생산체계가 자리 잡게 되었고, 이는 소수의 초국적 농식품기업에 의해 지배되고 있다(McMichael, 2005). 둘째, 유통 면에서 현대 농식품체계는 거대 초국적 기업이 지배하는 국제무역과 시장에 의존한다. 특히 최근에는 초국적 대형 슈퍼마켓의 영향력이 커지고 있다(Burch and Lawrence, 2007). 셋째, 앞에서 언급한 유통체계가 공고화되면서 식품 소비자들은 수동적 소비자로서 다양한 먹거리 위험에 노출되고 있다.

위험사회론은 현대사회가 지닌 본질적 특성으로서의 위험에 관해 깊은 성찰을 제공하고 있으며, 먹거리 위험을 이해하는 데 큰 함의를 갖는다. 하지만 먹거리 위험의 특성을 보다 구체적으로 분석하기 위해서는 농식품체계의 구체적인 구조와 동학을 이해할 필요가 있다. 이러한 작업에 도움이 되는 이론적 자원이 식량체제론Food Regime Perspective이라고 할 수 있다.

식량체제론은 자본주의 발전과 농식품체계의 관계를 역사이론으로 재구성한 일련의 저작들을 통해 만들어졌다. 주로 프리드먼과 맥마이클의 역사적 분석들을 통해 체계화되었고, 이후 다양한 학자들의 경험적 분석에 활용되었다(Friedmann, 1982, 1987, 1993, 2000; Friedmann and McMichael, 1989; McMichael, 2003, 2005). 식량체제론의 주요 내용에 대해서는 이미 5장에서 상세히 살펴보았으므로, 여기에서는 최근의 먹거리 문제와 직접 관련된다고 할 수 있는 2차 식량체제 및 3차 식량체제의 특징들을 먹거리 위험과 관련시켜 논의하도록 하겠다.

제2차 식량체제는 대량생산과 대량소비를 특징으로 하는 포드주의적 축적과 깊은 관련을 맺는다. 화학농업, 석유농업, 기계농업에 기반한 생산주의productionist 모델이 식량 생산에 자리 잡게 되어, 중심부 국가들의 농업 생산성이 급격히 높아지게 되었다. 미국을 비롯한 일부 서구 국가들의 높은 농업 생산성은 산업형 농업에 의존한 것으로, 사회적으로나 생태적으로 많은 문제를 안고 있다. 이러한 식량 생산 모델은 토지에 엄청난 화학물질을 투입하는 것으로, 생산되는 먹거리는 물론 주변 환경에도 심각한 영향을 준다. 이를 대중에게 알린 책이 바로 레이첼 카슨의 《침묵의 봄》이다.

제2차 식량체제는 식량 생산방식에 있어서는 산업형 농업, 정치적 관리에 있어서는 개별 국민국가, 그리고 국제적으로는 미국에 의해 주도되는 제한적 자유주의 혹은 배태된 자유주의embedded liberalism를 특징으로 했다. 하지만 미국의 헤게모니가 약화되고 신자유주의 세계화가 진행되면서 제2차 식량체제는 새로운 체제로 이행하기 시작했다. 맥마이클(2005)은 1995년 WTO 농업협정을 계기로 새로운 식량체제로의 전환이 이뤄지고 있는 것으로 본다. 이제 국민국가 단위가 아니라 초국적 기업에 의한 세계 농식품체계에 대한 지배와 관리가 이뤄지게 되었다는 것이다. 이는 물론 신자유주의적 전환 혹은 경제 세계화와 깊이 관련된다. 식량체제론자들은 세계화의 흐름 속에 등장하고 있는 새로운 식량 지배구조를 제3차 식량체제 혹은 기업식량체제로 개념화하고 있다. 새로운 식량체제는 초국적 기업들에 의한 식량 생산, 유통, 소비 분야에 대한 지배를 특징으로 한다. 수직적·수평적으로 통합된 소수의 농식품 초국적 기업들, 예컨대 카길, 번기Bunge, ADM, 몬산토 등이 세계 농식품체계를 지배하고 있다. 특히 생명공학, 나노기술, 농화학 등의 분야들이 결합되면서 소수의 기업들이 과학기술을 매개로 자연과 생명의 상품화를 가속화하고 있다(박민선, 2009: 8).

제3차 식량체제의 핵심 행위자인 초국적 농식품기업 혹은 초국적 농식품복합체transnational agri-food conglomerates는 다음과 같은 몇 가지 방식으로 농식품체계에 변화를 가져오고 있다.

첫째, 과학기술을 매개로 먹거리 생산을 지배한다. 초국적 거대 농식품기업들은 과학기술을 활용해 생명체의 생육 과정을 인위적으로 조작함으로써 농업 생산의 효율성을 극대화하고 있다. 이들 기업들은 유전자 수준에서 농식품의 특성을 설계하여 농식품체계에 대한 포괄적 지배를 확대하고 있다. 몬산토의 라운드업 레디round-up ready 종자와 라운드업 제초제는 하나의 세트로 전 세계 농민들에게 판매되어, 농업 생산 과정에 대한 몬산토의 지배력을 강화하고 있는 것이다.

둘째, 식품가공을 통해 농식품체계에 대한 영향력을 확대하고 있다. 세계화된 농식품체계에서 먹거리 생산과 소비 사이의 거리 증가는 방부제, 보존료, 합성제와 같은 인공첨가제를 필요로 한다. 또한 소비자들의 수요에 부합하는 복합 가공을 통해 부가가치의 증대를 꾀하고 있다. 산업적 식품의 증가는 결과적으로 생산자농민의 영향력 감소와 농식품복합체의 지배력 강화를 낳고 있다.

셋째, 초국적 거대 농식품기업과 결탁한 신자유주의 국가는 먹거리 위험의 개인화를 통치 전략으로 활용하여 국민을 탈정치화시킨다. 국민의 건강과 안전 문제에 대한 책임을 국가가 아니라 시장 기제와 개인에게 전가하고 있는 것이다.*

초국적 농식품복합체의 농식품 지배

제2차 세계대전 이후 미국의 다국적 기업들을 중심으로 기업의 해외 투자와 무역이 꾸준히 증가했다면, 1980년대 이후에는 초국적화가 일부 대기업들의 지배적인 사업 양식이 되었다. 종래의 다국적 기업들이 완제품을 주로 생산하면서 수평적 통합을 추진해왔다면, 초국적 기업들은 생산 단계의 세계적 분산과 수직적 통합구조가 두드러진다(김진영, 1998). 이러한 전환은 농식품체계에서도 이뤄졌다. 1980년대 이후 식품 및 농업 부문에 있어서도 지구적 규모의 자유화가 급속하게 진행되었던 것이다. 이에 따라 먹거리사슬은 서로 다른 행동규칙을 갖는 다양한 부문으로 서로 나눠지게 되었고, 농민으로부터 소비자에 이르는 사회의 모든 참여자가 국경을 초월하여 서로 연결되기에 이르렀다(윤병선, 2004: 9). 이들 서로 다른 부문을 연결하고 통합하는 역할을 하는 초국적 농식품기업들은 수직적 통합을 지렛대로 삼아 농식품을 가공·유통하는 전방 산업뿐만 아니라 종자·비료·농약 등의 농자재를 생산하는 후방 산업에 이르기까지 먹거리와 관련된 거의 모든 영역에서 활동하고 있다. 이런 점에서 이들 농식품기업은 농식품복합체라고도 불린다.

초국적 농식품복합체들은 세계화된 환경 속에서 일국 혹은 국가 간에 실시되었던 전통적인 농업 조정 정책을 무력화시키고 농업 및 먹거

---

* 2008년 광우병 위험 쇠고기 파동은 시장경제논리와 위험논리가 충돌하는 상황에서 국가가 시장과 산업의 이익을 우위에 놓고, 위험하면 먹지 않으면 된다는 식으로 위험을 개별화한 예로 볼 수 있다.

리 전체를 지배하는 단계에 이르렀다. '종자 생산에서부터 슈퍼마켓에까지' 농식품체계 전반에 대한 지배력을 강화하고 있는 것이다(윤병선, 2004: 13-25). 초국적 농식품복합체들에 의한 농업의 소유와 지배의 집중은 수평적·수직적 통합화, 복합기업화, 교차보조cross-subsidy, 그리고 세계적 통합을 통해서 이루어진다. 수평적 통합은 본래의 사업 부문과 동일한 먹거리체계 수준에서 이루어지는 기업의 확장을 의미한다. 수평적 통합에 의한 농식품복합체들의 지배력 강화는 해당 부문(생산·가공·유통)에서 상위 4개 기업의 시장집중률(CR4)을 통해 확인할 수 있다. 예를 들면, 쇠고기 도축은 82%, 옥수수 가공은 87%, 대두 가공은 85%에 이르고 있다(〈표 7-1〉 참조).

한편, 수직적 통합은 기업이 상품체계의 여러 단계에서 소유와 지배의 확대를 통해 경쟁을 회피하기 위한 수단으로 사용된다. 카길은 소맥·옥수수·대두 등 주요 곡물의 가공업체이면서, 축산 사료 제조업체이고, 쇠고기·돼지고기 가공업체다. 즉, 원료 곡물–사료 제조–가축 사육–식육 가공까지 모든 단계에서 대기업군에 속해 있다. 이와 같은 수직적 계열화는 서로 다른 상품 단계에 대한 교차보조를 통해 타 기업과의 경쟁에서 우위를 점할 수 있게 한다. 수직·수평 계열화를 통해 시장 지배를 강화한 초국적 농식품복합체들은 곡물 및 축산물의 무역을 매개로 해상운송, 보험, 선물거래 등으로 사업 영역을 다각화하고 있다.

국민국가의 틀을 벗어난 초국적 기업이라도 자본 간의 격렬한 경쟁 관계 속에서 유리한 위치를 확보하기 위해 국가와의 긴밀한 관계를 유지할 필요가 있다. 초국적 농식품복합체는 회전문 인사나 로비를 통하여 자신들의 이해관계를 정책으로 반영하기도 하는데, 1995년 WTO 설립과 함께 합의된 협정 가운데 농업 및 먹거리와 관련된 '농업협정', '무역관련지적소유권Trade Related Intellectual Properties: TRIPs협정', '위생

표 7-1 미국 농식품 부문의 상위 4대 기업 집중률(CR4)

부문	상위 4대 기업	CR4	부문	상위 4대 기업	CR4
쇠고기 도축	• Cargill • Tyson • JBS • National Beef	82%	돼지 고기 도축	• Smithfield Foods • Tyson Foods • Swift(JBS) • Excel Corp.(Cargill)	63%
닭 도축	• Tyson • Pilgrim's Pride (owned by JBS) • Perdue • Sanderson	53%	칠면조 도축	• Butterball (Smithfield/Goldsboro) • Jennie-O(Hormel) • Cargill • Farbest Foods	58%
축산 사료	• Land O'Lakes Purina LLC • Cargill Animal Nurtition • ADM Alliance Nutrition • J.D. Heiskell & Co.	44%	소맥 가공	• Horizon Milling (Cargill/CHS) • ADM • ConAgra	52%
대두 가공	• ADM • Bunge • Cargill • Ag Processing	85%	쌀 가공	• ADM • Riceland Foods • Farmers Rice Milling • Producers Rice Mill	55%
식료품 유통	• Wal-Mart • Kroger • Safeway • Supervalu	42~ 51%	옥수수 가공	• ADM • Corn Products International • Cargill	87%

자료: James, Hendrickson and Howard. 2012: 32-33.

및 식물검역Sanitary and Phytosanitary: SPS조치의 적용에 관한 협정' 등 세 가지 협정은 초국적 농식품복합체의 이해관계가 철저하게 반영되었다 (윤병선, 2008: 95-99). 이런 과정을 거치면서 국제기구들에 의해 시장 규범이 강제되었고, 이로 인해 그동안 국민국가 차원에서 이루어졌던 농업·농민 정책들이 해체되고 가족소농은 심각한 재생산 위기에 빠지게 되었다. 또한 농산물의 수급에 있어서도 국민국가 내 농민에 의해 생산되어 자국 소비자에 의해 소비되던 방식이 급격하게 해체되었다 (김철규a, 2008: 127-128).

세계 농식품체계하의 구조적 식량위기

2007/08년의 세계적 식량위기 이후 '싼 먹거리의 종말The end of cheap food'이라는 표현이 등장할 정도로 곡물 가격이 급등했다. 최근의 곡물 가격은 FAO가 통계를 작성하기 시작한 이후 최고치를 기록하고 있으며, 최고가의 갱신주기도 짧아지고 있다는 특징을 갖는다. 1990년 대까지만 해도 지역 간 불평등으로 인한 상대적 식량 부족은 존재하지 만, 세계적으로는 식량이 남는다는 것이 일반적인 인식이었다. 그러나 2000년대에 들어서 소비량의 증가를 생산량이 따라잡지 못하는 절대 적 식량 부족 현상이 나타나고 있다. 2000/01 곡물년도부터 2009/10 곡물년도까지 10년간, 생산량이 소비량보다 많았던 해는 4년밖에 없 었으며 나머지 6년은 소비량이 생산량보다 많은 절대적 부족이 나타 났다. 이를 1990년대와 비교하면 더욱 극명하게 드러나는데 1990/91 곡물년도부터 1999/2000 곡물년도까지 10년간 생산량과 소비량의 차 이는 (+)2만 4,900만 톤이었던 반면, 2000/01 곡물년도부터 2009/10 곡물년도까지 생산량과 소비량의 차이는 (-)1,600만 톤으로 절대적인 생산량 부족이 확인된다(송원규·윤병선, 2012).

기후변화는 최근의 식량 수급에 영향을 미치는 주된 요인으로 거론 되고 있다. 실제로 기후변화가 식량 공급에 부정적인 영향을 미친 것은 분명하며, 앞으로도 농산물 생산에 대한 기후변화의 영향은 더욱 증가 할 것으로 예측되고 있다. 문제는 기후변화에 따른 식량 수급 불균형 이 구조적 원인에 의해서 확대재생산되고 있다는 점이다. 특히 제3세 계의 경우, 식량위기를 항상적으로 겪게 된 과정이 세계 농식품체계로 의 편입과 함께 진행되었다. 많은 제3세계 농민이 수출용 환금작물의 재배를 확대하기 위해 곡물 재배를 축소해왔다. 예를 들면 중남미 지역에서는 농민들이 지역에서 소비하는 주식 작물 대신에 외국에 수출할 베이비 브로콜리, 당근 등을 재배하게 되었다. 또 아프리카 가나의 삼림지대인 야샨티에서는 자급에 필요한 곡물을 포기하고 대신 영국의 초콜릿 공장을 위해 카카오 농사를 지어야 했다(지글러, 2007). 브라질은 세계 3대 농산물 수출국이지만, 생산되는 곡물의 3분의 2가 가축 사료로 쓰이면서 매년 수만 명의 어린이들이 굶어 죽는다(라페, 2005: 331). 주류경제학자들은 농산물의 완전한 자유무역이 이루어진다면 기아 문제는 발생하지 않을 것이라고 주장하곤 했다. 그러나 자유무역에 의해서 기아 문제가 해결될 것이라는 희망과는 달리 식량 부족 상황에 직면한 많은 곡물 수출국은 수출을 금지하는 조치를 취했고, 자유무역을 통한 식량위기 해소는 현실에서는 불가능한 것으로 보인다.

식량위기로 인한 곡물 가격의 상승은 초국적 농식품복합체의 이익으로 직접 연결되고 있다. 2007/08년의 식량위기 기간에도 농식품기업들은 막대한 이익을 실현했다. 이 기간 동안 국제 농산물 가격은 24% 인상되었다. 그 과정에서 Potash, Mosaic, Yara 등 3대 비료기업의 이윤은 139%, Cargill, ADM, Bunge 등 3대 곡물기업의 이윤은 103% 증가했다(McMichael, 2009: 290). 결국 식량위기는 세계 소규모 농민들과 제3세계 서민들의 위기였다고 할 수 있다. 자유무역을 기반으로 하는 신자유주의적 기업식량체제가 기본적인 먹거리보장을 제공할 수 없다는 점을 명백히 보여주었다.

기업식량체제하에서 초국적 농식품복합체의 지배력 강화는 먹거리보장의 사유화로 귀결되었다. 즉 사회구성원들에 대한 먹거리의 공급을 시장기제에 위임하는 결과를 낳았던 것이다. 이런 변화 속에서는 국가나 공동체가 아니라 개인이 가지고 있는 화폐의 양이 먹거리에 대한 접근을 결정한다. 부자는 좋은 음식을 맘껏 먹고, 가난한 자는 굶주리는 구조가 만들어졌을 뿐 아니라, 그것을 당연시하게 된 것이다. 이러한 변화된 시장 중심 식품체계에서 가장 큰 영향력을 가지게 된 것은 농식품 분야의 초국적 기업들이다. 세계 식량 재고의 60%가 기업의 관리하에 있으며, 6개의 기업이 밀과 쌀 무역의 80%를 점유하고 있다. 특히 ABCD 그룹이라고 불리는 4대 곡물메이저 기업들인 ADM, 번기, 카길, 그리고 (루이)드레퓌스(Louis) Dreyfus는 전 세계 곡물무역의 75~90%를 차지하고 있는 것으로 추정된다(*Guardian*, 2011.7.2.).

국민국가 중심의 체제에서는 각국이 먹거리보장을 위해 안정적인 재고를 관리하는 농업·식량 정책을 시행할 수 있었다. 그러나 글로벌 기업식량체제하에서는 기존의 국가 단위 정책은 축소되거나 무력화되었다. 시장의 불안정성은 당연한 것으로 여겨지게 되었다. 곡물 가격 폭등과 식량위기가 발생하더라도 국가 정책으로 대응하는 데에 어려움이 커지고 있다. 특히 많은 남반구 국가는 신자유주의 세계화 과정에서 국내 소비를 위한 주곡 생산을 포기하고 고소득 작물(환금성 작물)의 단작화로 전환했다. 하지만 세계시장을 통해 식량을 보장받을 수 있다는 신자유주의의 약속은 지켜지지 않았다.

곡물 사용의 다변화 역시 식량위기를 심화시키고 있다. 과거에는 곡물을 두고 사람과 가축이 경쟁을 벌인다는 표현을 흔히 썼다. 즉 옥수수나 콩 등을 공장형 축산업 부문에서 사료로 활용함에 따라 제3세계의 서민들이 굶주리거나 가격에 부담을 느꼈다. 최근 들어 곡물을 활용한 농산연료의 수요가 증가하면서 곡물 가격의 상승을 부추기고 있다. 결과적으로 사람, 가축, 자동차가 곡물을 놓고 경쟁을 벌인다고 할 수 있는 것이다. 《가디언The Guardian》이 입수한 세계은행 내부 보고서에 따르면 농산물의 연료 사용이 세계 식량위기에 미치는 영향의 비중은 약 75%로 평가되었다(*Guardian*, 2008. 7. 4). 미국은 세계적 식량위기가 계속되고 있는 상황에서도 자국에서 생산된 옥수수의 40%를 농산연료 (바이오에탄올)를 만드는 데 사용하고 있다*(*Financial Times*, 2012. 8. 9). 또한 농산연료에 대한 미국 정부의 보조금은 결과적으로 ADM이나 카길과 같은 농기업들에게 더 많이 돌아가는 것으로 보고되고 있다.

식량위기를 야기하는 또 다른 원인으로는 곡물 가격의 상승을 기대한 투기자금을 꼽을 수 있다. 농산물 선물시장은 금융상품 시장이나 자원상품 시장에 비해서 규모가 매우 작다. 따라서 과잉유동성을 바탕으로 한 투기자금에 노출될 경우 국제 곡물 시장은 쉽게 큰 영향을 받을 수밖에 없다.** 실제로 전 세계 곡물 선물거래량의 80% 이상을 점유하고 있는 시카고 상품거래소CBOT의 3대 곡물 매매약정 현황 자료를 보면, 2012년 6월 초 9만 3,000여 건을 기록했던 옥수수의 비상업용 (투기적) 순매수 계약은 8월 중순 31만 6,000여 건으로 세 배 이상 급증했다(경향신문, 2012. 8. 26). 비상업용 순매수가 늘었다는 것은 실제 곡물 수요가 아니라 시세차익을 노리고 곡물에 베팅하는 '핫머니'가 그만큼 많이 유입됐다는 의미다. 이런 이유로 금융시장에서 투기적인 거래에 대한 국제적인 규제가 필요하다는 지적이 G20과 UN 총회 등에서 있었지만, 구체적인 후속조치는 만들어지지 못하고 있다. 오히려

* 미국 정부는 2007년 12월에는 2020년에 360억 갤런의 식물성 연료 이용을 의무화하는 것을 법률로 정했다. MIT에서 나온 보고서에 따르면, 가솔린 대신 옥수수나 사탕수수를 이용하여 만든 식물성 연료의 생산은 비료 수요의 증가와 작물 재배를 위한 삼림의 파괴, 작물 재배를 위한 관개시설의 확대로 인해 오히려 화석연료의 사용을 증가시킬 것이라고 한다(*Global Research*, 2007. 7. 25).

** 2007년 말 기준으로 미국의 주식 가격의 합계는 16조 달러에 달하지만, 같은 나라에서 생산된 옥수수, 대두, 소맥 생산액은 1,000억 달러에도 미치지 못한다. 이는 미국 내 금융자산과 대비해 볼 때 0.6%에도 지나지 않는다. 상품시장에서 투기자금—상품을 사거나 팔지 않으면서 오직 가격의 흐름을 보고 거래—이 2000년에는 50억 달러였으나, 2007년에는 1,750억 달러로 늘어났다(윤병선, 2008).

금융화의 흐름 속에 농산물에 대한 다양한 투자상품이 개발되고 거래
되면서 농민들과 소비자들의 식량주권을 위협하고 있다.

세계 농식품체계와 한국의 식량위기

한국은 미국의 식량원조 프로그램을 통해 제2차 식량체제에 편입되
었다고 할 수 있다. 미국은 2차 세계대전 이후 자국의 정치적 패권 강
화와 잉여농산물 처분이라는 두 가지 목적을 달성하기 위해 대외 식
량원조를 제공했다. 미국의 한국에 대한 농산물 원조는 미군정기에 시
작되었으나, 1950년대 중반 미 '공법 480호'에 의해 본격화되었다. 이
는 한국 농업에 커다란 영향을 끼쳤다(윤병선, 1992: 139-145). 당시 국
내생산량을 고려하지 않은 과다한 잉여농산물의 도입은 농산물 가격
을 떨어뜨려 농민의 생산의욕을 감퇴시키고 국내 농업의 기반을 파괴
했다. 미국의 식량원조는 결과적으로 국내 농업 발전을 저해하고, 한국
의 대미 식량 종속을 심화시켰다(김종덕, 1995). 1970년대 미국이 대외
식량원조 정책을 상업적 수출 정책으로 바꾸면서 한국 농업에도 큰 변
화가 나타난다. 녹색혁명형 농업을 통한 미국식 농업개발 모델이 도입
된 것이다. 녹색혁명형 농업에 의한 주곡 증산 정책은 '농산물 자급'에
서 '주곡 자급'으로의 정책적 후퇴를 의미했다(김홍상·김석민·이경숙·박
영현, 1987: 195-196). 녹색혁명을 통한 미국식 농업개발 모델의 도입은
화석연료 의존성을 높이고, 쌀을 제외한 농산물의 자급을 포기함으로
써 한국의 대외 식량 종속을 강화하는 결과를 낳았다.

1974~75년 공황 이후 세계 자본주의가 만성적 불황에서 헤어나지
못하고, 미국이 농산물의 상업적 수출로 전환하면서(McMichael, 2006:

184) 미국과 GATT에 의한 농산물 수입 자유화 압력이 가중되었다. 또한 한국은 대내적으로 해외 부문의 통화 팽창으로 인한 인플레이션 압력에 시달리게 되어 농산물 수입 자유화론이 대두되었다(윤병선, 1992: 151). 특히 수출 지향적 산업 정책이 심화되면서 대기업들의 입김이 농산물 수입 정책에 큰 영향을 끼쳤다. 이와 같은 대내외적 조건 때문에 한국의 농업 정책은 개방 정책으로 전환된다.

몇 차례의 수입 자유화 조치로 시작된 농산물 시장의 개방은 우루과이라운드를 통해 전면화되었다. 그리고 WTO의 출범 이후 도하개발의제DDA가 답보 상태에 머물면서 다자간 무역협상은 위기를 맞이하고 있으나 한국 정부는 동시다발적 FTA 추진을 통해 농산물 시장의 전면 개방으로 나아가고 있다. 이제 한국 농업은 기업식량체제라고 할 수 있는 새로운 세계 농식품체계에 완전히 편입된 것이다.

글로벌 기업식량체제에 편입된 한국 농업은 심각한 위기를 겪고 있다. 국가 주도의 경제성장 전략을 통해 경제규모는 개발도상국의 수준을 벗어났지만 농업의 측면에서는 사실상 후진국에 가까운 모습을 보이고 있다. 이를 가장 단적으로 보여주는 사례가 곡물자급률 문제다. 〈표 7-2〉를 통해 확인되는 것처럼, 한국의 곡물자급률은 2011년 기준(전망치) 22.6%로 OECD 국가들 중 최하위에 머물고 있다. 또한 매년 농산물 수입량은 늘어나고 있어, 식량 수급의 취약성이 심화되고 있다.

한국 농업은 자급률이 낮을 뿐 아니라 수입량의 상당량을 주요 곡물메이저에 의존한다는 문제점을 안고 있다(〈표 7-3〉 참조). 예컨대 1년에 1인당 30kg 이상을 소비하고 있는 소맥(밀)의 경우 자급률이 1% 전후인데, 수입량의 46.8%가 4대 곡물메이저를 통해 들어오고 있다. 사료로 많이 사용되는 대두와 옥수수의 경우에도 곡물메이저들에 대한 의존도가 높다. 따라서 국제 농산물 가격이 오르게 되면 국내 가축 사

표 7-2 한국의 곡물자급률 변화   (단위: %)

연도	곡물자급률(사료 포함)	식량자급률(곡물 제외)
1970	80.5	86.2
1975	73.1	79.1
1980	56.0	69.6
1985	48.4	71.6
1990	43.1	70.3
1995	29.1	55.7
2000	29.7	55.6
2005	29.4	53.4
2006	27.7	52.7
2007	27.2	51.6
2008	27.8	51.8
2009	29.6	56.9
2010	27.6	54.0

자료: 농림수산식품부.

육 농가들이 크게 어려움을 겪는 일이 반복되고 있다. 이러한 세계 농식품복합체에 대한 높은 의존성이 한국 농식품체계 취약성의 근본 원인이며, 국가적 차원에서 대응할 수 있는 범위도 매우 제한된다.*

세계 농식품체계에 깊이 편입된 한국의 현실은 먹거리의 안정적인 확

* 최근 정부는 식량위기를 곡물자주율을 끌어올리는 방식으로 해결하겠다고 밝혔다. 곡물자주율은 국내에서 생산한 곡물뿐만 아니라, 한국 공·사기업이 해외에서 생산하거나 구매한 곡물도 포함시켜 곡물 자급을 계산하는 방식이다. 이 때문에 정부의 농정이 자급 포기로 간 것이 아니냐는 비판이 나오고 있다.

표 7-3 한국의 곡물메이저 의존 비율 (단위: %, 2003~08년 기준)

	4대 곡물 메이저				일본계	기타	메이저 비중
	Cargill	ADM	Bunge	Louis Dreyfus			
소맥	28.9	15.4	2.4	0.0	15.3	38.0	46.8
대두	28.4	9.8	1.9	6.3	52.8	0.9	46.3
옥수수	33.3	18.1	7.3	3.7	10.8	26.8	62.4
3대 곡물 평균	31.7	16.7	5.5	3.0	16.0	27.2	56.9

자료: 박환일 외, 2011: 28.

보가 거의 불가능한 상황이라고 할 수 있다. 공업 위주의 발전 전략과 비교우위론에 근거한 실질적인 농업 포기 정책들은 결과적으로 먹거리 보장의 위기를 낳고 있는 것이다. 앞에서 지적했듯 국제무역질서와 세계 시장 기제를 통한 먹거리보장론은 전혀 현실적이지 않다. 20%대에 불과한 식량자급률은 먹거리보장은 물론 한국사회의 지속가능성을 위해서도 치명적인 문제라고 할 수 있다. 따라서 체계적인 자급 노력이 뒷받침되지 않고서는 식량위기 상황에서 벗어나기 어렵다(김종덕, 2011).

5장과 6장에서 살펴보았듯, 한국인의 입맛은 지난 50년간 크게 변화해왔으며, 그 가운데 밀의 소비 증가는 매우 두드러지는 현상이다. 〈표 7-4〉는 지난 40년간의 밀 공급량 변화를 보여준다. 앞의 장에서 지적했듯, 밀은 우리 식단에서 중요한 식자재는 아니었다. 그럼에도 불구하고 예전에는 한국인이 비정기적으로 먹는 밀의 대부분은 국내에서 생산되었을 것으로 추정된다. 미국의 식량원조가 진행되었던 1965년에도 국내 밀 생산량이 30만 톤이나 되었기 때문이다. 오히려 식량원조가 끝난 1970년대 이후 밀의 수입량은 급증했다. 밀의 총

표 7-4 밀의 공급량 변화 (단위: 1,000톤)

	1962	1965	1970	1975	1980	1985	1990	1995	2000	2005	2010
생산	268	300	357	97	92	11	1	10	2	8	39
수입	372	476	1,178	1,703	1,810	2,996	2,239	2,777	3,266	3,406	4,319
이입	277	306	497	291	164	249	237	910	472	464	458
총 공급량	917	1,082	2,032	2,091	2,066	3,256	2,477	3,697	3,740	3,878	4,816

공급량이 급증하고, 한국인의 밀 소비량이 증가했는데 이는 대부분 수입을 통해서 충당되었던 것이다. 1970년 35만 톤이던 밀 생산량이 1980년대 이르면 극히 적어진다. 이는 값싼 외국의 밀이 대규모로 수입되면서 국내 농민들이 밀 생산을 포기했다는 이야기다. 결국 세계화된 식량체계가 남한의 농식품체계를 완전히 지배하게 되면서, 밀 자급과 밀에 대한 주권을 상실하게 되었다는 것을 의미한다.

결론

이 장에서는 위험사회론과 식량체제론을 통해 남한 농식품체계의 구조적 취약성을 밝히고자 했다. 신자유주의적 세계화의 흐름 속에서 구조화된 기업식량체제는 시장원리라는 미명하에 거대 초국적 기업들의 지배력을 증가시키고 있다. 자유무역주의와 수출지향적 경제발전을 추구하고 있는 남한의 먹거리 생산과 소비는 극히 불안정한 상황에 처해 있다. 이를 잘 보여주는 것이 밀을 비롯한 곡물의 낮은 자급률이며, 계속해서 증가하는 외국산 쇠고기에 관한 통계다. 스스로 먹을 것을 생산하지 못한다는 것은 언제든지 먹을 수 있는 권리를 박탈당할 수 있음을 의미한다. 더불어 먹거리에 대한 권리가 시장을 통해 불균등하게 분배된다는 사실은 사회적 약자들의 식량권을 심각하게 위협하게 된다. 바로 이런 이유로 국제 곡물 가격이 폭등할 때마다 제3세계의 빈곤층은 심각한 생존의 위협을 느끼고, 식량폭동이 발생하는 것이다. 신자유주의적 기업식량체제에 깊이 포섭되고, 시장원리를 무분별하게 농식품 부문에 적용하는 우리나라의 경우에도 먹거리 불평등의 문제는 매우 심각하다. 따라서 주요 식량 작물에 대한 자급률을 높이고, 먹거리 분배와 공급의 새로운 패러다임을 모색해야 할 때다.

다시 말해, 먹거리 문제가 가지는 공공적 성격을 이해할 필요가 있는 것이다. 신자유주의적 세계화에 따라 모든 것을 상품화하고, 시장 논리에 의해 재화를 분배하는 것은 먹거리 관련 불평등을 심화시킬 수밖에 없다. 국민소득 3만 달러 시대라고 말하지만, 아직도 한국사회의 여러 곳에서 영양가 있는 음식에 접근하기 어려운 먹거리사막이 발견된다. 사회적 약자들은 굶주림에 시달리거나 제대로 된 건강한 먹거리에 접근하지 못한다. 값싼 패스트푸드나 가공식품을 주로 먹는 빈곤층 청소년들은 어려서부터 비만과 성인병에 시달리고 있다. 가장 기본적인 권리인 먹거리에 있어서 공정하고 평등하지 못하다면, 어떻게 다른 사회적 평등을 이야기할 수 있는가? 다양한 정치적 단위에서 구성원들에게 기본권으로서 먹을 권리right to eat를 보장해야 한다. 국가, 지자체, 그리고 공동체 차원에서 모든 구성원이 안전하고, 건강한 먹거리를 보장받을 수 있도록 제도적 장치를 만들어야 하는 것이다.

8장

먹거리 위험사회와
식품 안전

서론

앞에서 먹거리보장의 문제를 제기하며, 사회 구성원 모두에게 안전하고 건강한 먹거리를 충분히 공급하는 것이 필요하다는 점을 강조했다. 지속가능한 먹거리체계는 단순히 양의 문제가 아니며 어떻게 좋은 음식을 조달하는가의 문제와 연결된다. 아무리 충분한 양의 먹거리를 제공하더라도 그것이 유전자 변형 농산물이거나 농약이 잔뜩 묻어 있는 채소, 혹은 화학첨가물이 들어 있는 과자라면, 좋은 먹거리가 아니다. 안전하고 믿을 수 있는 먹거리에 대한 시민들의 요구는 너무도 당연한 기본적 권리다. 어떻게 하면 먹거리 위험을 낮추고, 건강하고 좋은 음식을 먹을 수 있도록 할 것인가에 대한 사회적 고민이 필요한 것이다.

일반적으로 근대화와 합리화는 사회를 발전시킨다고 한다. 과학기술과 문명이 발달하면서 더 좋은 세상에 살게 될 것이라 믿어왔다. 하지만 일반적인 상식이나 기대와는 달리 경제발전과 산업화는 위험을 오히려 심화시키는 역설을 가지고 있다. 과학기술의 발전과 그 응용이 생활을 편리하게 해줌에도 불구하고, 그것이 낳는 새로운 위해와 위험이 실제 증가하고, 그에 대한 우려가 커지기도 하는 것이다. 스마트폰의 보급은 전자파에 대한 걱정을 낳고 있으며, 유전자 변형 기술을 활용한 식량 증산은 많은 소비자의 우려로 이어지고 있다. 현대 과학기술의 총아라던 핵발전소는 체르노빌과 후쿠시마에서 인류 역사에 전례를 찾아볼 수 없는 심각한 사고를 일으켰다. 수많은 사람이 희생되었을 뿐 아니라 주변 생태계가 파괴되고, 방사능의 영향은 앞으로 얼마나 지속될지 알 수 없는 상황이다.

과학기술은 농업, 먹거리, 식품산업 등에도 큰 영향을 끼쳐왔다. 현대사회의 먹거리 위험은 과학기술의 발달에 따른 불확실성의 증가와 깊이 관련되는 측면도 있다. 뿐만 아니라 먹거리의 생산과 유통이 이윤율을 극대화하려는 농식품기업들에 의해 지배되면서, 먹거리 위험은 상존하게 되었다고 할 수 있다(김철규·윤병선·김흥주, 2012). 그 대표적인 사례들이 광우병, 구제역, 조류인플루엔자 등이다.

이 장에서는 먹거리와 관련된 위험 문제를 개념적으로 정리하고, 실제 한국의 먹거리 사고를 살펴보며 위험에 대한 인식을 분석할 것이다. 구체적인 먹거리 위해와 사고만 중요한 것이 아니라 사람들이 먹거리 관련 위험에 대해 느끼는 불안감도 사회학적으로는 중요한 문제다. 먹거리 관련 정보가 투명하지 않고, 먹거리의 생애주기에 관해 알기 어려운 다수의 소비자는 불안에 시달린다. 불안을 느끼는 소비자의 잘못이 아니라 불안을 느끼도록 하는 현대 농식품체계의 구조가 잘못된 것이다. 따라서 현대농식품체계의 문제를 넘어 대안을 모색하기 위해서는 먹거리 위험과 더불어 먹거리 불안 문제도 중요하게 다뤄야 한다.

먹거리 위해와 위험

위험사회론이 제시한 바와 같이 과학기술의 발달은 새로운 형태의 위험들을 생산한다. 기존 시스템으로 관리하거나 예측하기 어려운 새로운 위험들이 등장하고 있는 것이다. 오늘날 먹거리 관련 위험 사례들도 빈번하게 발생하며, 소비자들을 불안에 빠뜨린다. 먹거리 위험은 보다 구조적인 먹거리 위해food hazard*가 현실화된 것이라고 할 수 있다. 오늘날 현대인들이 우려하는 먹거리 관련 위험은 현대적 농식품체계가 안고 있는 구조적 위해성에서 비롯된다고 할 수 있다. 비록 직접적인 피해를 당하지 않았다 해도 많은 시민들은 현재의 먹거리가 안고 있는 위해성에 대해 알고 있고, 우려하고 있다. 석유·화학농업에 의한 환경오염, 생명공학과 유전자 변형 기술이 응용된 작물, 공장식 축산 시스템과 항생제 및 성장호르몬, 동물성 사료로 인한 광우병, 핵발전소 사고에 따른 방사능 오염 농산물 등은 모두 현대 문명의 성공이 초래한 먹거리 위해의 예들이다. 그리고 이런 위해들은 종종 실제 현실화되어 사람들에게 위험을 경험하게 하며, 때로는 개인과 공동체에 치명적인 피해를 준다.

---

* 여기서는 위험(risk)과 위해(hazard)를 확률과 결과의 심각성과 현재화 여부를 가지고 구분한다. 위해는 위험인자와 관련된 과정의 내적인 속성을 의미한다. 위해요소는 노력 여하에 따라 현재화되지 않을 수도 있다. 위험은 위해의 발생가능성과 위해의 결과가 보여줄 심각성으로 구성된다.

현대사회의 먹거리 위해는 다음과 같은 세 가지 특징을 지닌다.

첫째, 먹거리 위해 자체가 현대사회의 먹거리체계에 내재되어 있으며, 매우 복합적 위험 성격을 지니고 있다. 오늘날 사람들이 느끼는 다양한 먹거리 위해는 역설적이게도 과학기술의 발달과 그 활용과 깊이 관련된다. 또한 현대사회의 먹거리 위해는 어떤 전문가체계나 과학도 그 위험을 정확히 알 수 없는 '제조된 불확실성manufactured uncertainty'을 지닌다.

둘째, 먹거리 위해요인의 발생과 피해가 세계화되고 있다. 글로벌 위험사회의 맥락에서 먹거리 위해 역시 세계화된 먹거리사슬에 의해 전 지구적으로 작동되고 있는 것이다. 신자유주의적 세계화 속에서 초국적 농식품기업들의 활동은 개별 국가의 통제를 넘어서고 있기 때문에, 소비자들은 국가의 먹거리 위험관리에 의존하기 어렵다.* 이런 상황이 소비자들의 불안과 불신을 가중시키고 있다(Smith, 1997: 237).

셋째, 먹거리 위해의 체계적이고 글로벌한 성격과 국가 및 전문지식 체계의 위험관리 역량에 대한 불신은 개인들을 대단히 불안하게 만든다. 개인들의 위험회피 전략 역시 선택의 폭이 넓지 않다. 고도로 산업화·세계화된 농식품체계 속에서 소비자들은 먹거리의 생산 과정에 접근하기 어렵다. 또 설령 접근한다 하더라도 전문화된 지식 없이는 먹거리 생산 과정과 생산물의 안전성을 알 수 없다.**

* 국제적인 식품 위해 관리 기구의 하나가 2008년 미국산 쇠고기 관련해서 많이 알려지게 된 국제수역사무국(OIE)이다. 그러나 국제수역사무국은 매우 느슨한 축산 관련 전문가들의 기구이며, 회원국들의 분담금으로 운영된다는 점에서 한계가 있다. OIE의 권고 기준은 최소한의 지침이며, 본질적으로 축산물의 국제교역을 활성화하려는 의도를 가지고 있다. 따라서 개별 국가 국민의 건강과 위생 문제를 OIE와 같은 기구의 지침에 맡기는 것은 충분하지 않다는 비판이 많다.
** 과학과 전문지식 그 자체는 먹거리 신뢰의 기반이 되기도 하지만, 다른 한편 과학 그 자체에 대한 불신의 원인이 되기도 한다.

표 8-1 PERI의 먹거리 위해요인과 위험 유형

관련 영역	바이오테크놀로지 관련	가축 및 농장 관련	라이프스타일 관련	미생물 관련
위해요인	GMO, 첨가물, 가공식품, 방사능오염 등	광우병, 구제역, 농약, 항생제, 살충제, 성장호르몬	비만, 음주, 흡연, 기능성 식품, 과식	식중독, 살모넬라 대장균
위험유형	기술위험	환경위험	생활위험	세균위험

먹거리 위험은 다양한 요인에 의해서 발생하고 있다. 과학기술의 개입은 먹거리 생산 과정을 지배하면서 복합적인 위해요인을 만들고 있다. 녹색혁명은 외부 투입재인 화학비료와 잔류농약 문제를 야기했다. 기업의 이윤논리를 위한 화학첨가물의 과다 사용은 비만이나 성인병, 미량영양소의 부족 문제를 유발하고 있다. 대량생산-대량소비의 포드주의 생산 방식 역시 먹거리 위해요인을 만들어낸다. 초식동물에게 도축장 폐기물인 동물성 사료를 투여한다든지 우유의 생산을 늘리기 위해 소에게 성장호르몬을 투여한 결과가 먹거리 안전에 심각한 위해요인이 되었다. 예컨대 현대의 공장형 축산 혹은 집중형 사육시설 CAFO은 인간에게 어느 시대보다 많은 육류를 제공해주었지만, 동시에 인류의 미래 세대를 위협할 병원성 돌연변이 바이러스, O157:7H 등의 대장균, 살모넬라 같은 식중독균이 번성할 조건을 만들고 있다.

이러한 먹거리 위해요인을 분류하는 척도로 1990년대 중반에 개발된 PERIPerceived Food Risk Index가 있다. 〈표 8-1〉에서 보듯, 바이오테크놀로지 관련 위해는 과학기술의 개입으로 발생하는 것으로 GMO, 식품첨가물, 방사능오염 농산물 등이 대표적이다. 이러한 위해가 현실이 되는 것을 '기술위험'으로 명명할 수 있다. 가축 및 농장 관련 위해는 농식품 자본의 식품 시장 지배 과정에서 발생하는 것으로 광우병, 구제역, 성장호르몬 등을 예로 들 수 있으며, '환경위험'을 유발할 수 있다. 라이프스타일 관련 영역은 일상의 생활습관에서 비롯된 위해요인으로 '생활위험'으로 분류되며 비만, 음주, 흡연 등이 대표적이다. 미생물 관련 영역은 식중독, 살모넬라 대장균과 같은 독성 미생물의 활동으로 인한 문제로, '세균위험'으로 명명할 수 있다. 이상의 내용을 정리한 것이 〈표 8-1〉이다.

한국의 먹거리 사고와 식품 안전

현대 농식품체계가 안고 있는 구조적 위해들은 실제 다양한 사고로 우리의 건강을 위협한다. 또한 식품 안전사고들이 자주 발생하면서 소비자들은 불안에 떨고 있다. 정부 당국의 개입과 대책 마련에도 불구하고 국민의 건강과 식탁의 안전을 위협하는 먹거리 사고와 파동이 반복되고 있다. 중국산 수입 농산물의 농약 검출, 비위생적 고춧가루, 식품의 유통기한 초과, 국내산으로의 둔갑 등과 같은 먹거리 사고가 빈번하게 일어나고 있다. 보다 구조적인 먹거리 위해요인으로 화학농법에 의한 잔류농약, 멜라민 파동에서 확인한 가공식품에 첨가된 유해물질, GMO, 광우병 위험 수입 쇠고기, 일본 핵발전소 사고에 따른 방사능 오염 먹거리 등은 장기적이고 지속적인 먹거리 파동을 발생시킨다.

〈표 8-2〉는 한국의 주요 먹거리 사고를 정리한 것이다. 여기서 우리는 두 가지 특징을 찾을 수 있다.

첫째, 먹거리 위해 사고는 특정 계층이나 연령대에 국한하지 않고 국민 전체에게 불안과 위험을 확산시키고 있다. 특히 기술적 요인이나 환

표 8-2 먹거리 안전 관련 주요 사건일지

사건명	고발자	사건 유형	피해자	위험 유형
광우병 쇠고기 파동(2003)	미국 농무부	미국산 쇠고기 위해정보	국내 쇠고기전문점, 수입업체	환경위험
불량만두 사건 (2004)	경찰	과장 조작 보도 당국의 대응 미숙	만두업체 전반 국가신인도 추락	세균위험
김치 기생충 파동 (2005)	식약청	당국의 오판 및 대응 미숙	김치업계 대외수출 격감	세균위험
과자첨가물 위해 파동(2006)	TV고발	업계의 사전대비 부족	제과류 및 가공 식품 산업 전반	기술위험
중국산 멜라민 사건(2008)	식약청	값싼 중국산 식품의 유해 첨가물	분유 및 식품산업 전반	기술위험
미국산 쇠고기 수입(2008)	시민단체	광우병 발생 우려 쇠고기 수입 문제	국민 전체	환경위험
구제역 파동 (2010~11)	농식품부, 시민단체	구제역 가축 매몰, 침출수 문제	축산농가, 소비자	환경위험

경적 요인에 의한 먹거리 위험이 크게 증가하고 있다. 광우병 위험 쇠고기나 유전자 변형 원료로 만든 가공식품에 의한 위험은 먹거리 소비자들의 개인적 노력으로는 피하기 어렵다. 먹거리 위해요소가 복잡한 가공 단계를 거치거나 다양한 구성물로 잠복되어 있어 쉽게 판별할 수 없기 때문이다. 이러한 먹거리 위험은, 발생하게 되면 사회적으로 크게 증폭되어 큰 파급효과를 가질 수 있다. 반면 세균 관련 위험은 국가와 전문지식체계의 개입과 관리로 점차 줄어들고 있다.

둘째, 먹거리 위험은 점차 '사회화'되고, '정치화'되고 있다. '위험의 사회화'란 관리돼야 할 위험이 더 이상 관리되지 못하고 전체 국민에게로 분산된다는 것이다. '위험의 정치화'란 이 분산된 위험이 어느 순간 커다란 정치적 에너지로 스스로를 변화시킨다는 것이다. 국가가 조장한 사회화된 위험으로부터 스스로를 지킬 수 없게 되면, 시민들은 위험정치에 관심을 가지고 참여한다. 개인의 위험통제 가능성이 낮아지고, 국가의 위험극복 전략이 불신받을 때, 위험은 정치화될 수 있다. 이때 국가의 전문지식에 맞선 시민사회의 대항지식, 집단지성이 힘을 발휘할 수 있다. 2008년 미국산 쇠고기 수입 문제 때문에 발생한 촛불집회가 대표적인 사례다.

반복되는 다양한 먹거리 사고가 보여주듯, 한국의 식품 안전 수준은 매우 낮은 편이다. 먼저, 생산 과정의 투입재가 식품 안전을 위협하는 대표적인 사례는 공장형 축산이다. 통계청 자료에 따르면, 농가당 한우 사육 마릿수는 1990년 평균 2.62마리에서 2010년 16.86마리로 6배, 돼지는 34.05마리에서 1237.63마리로 36배, 닭은 462.5마리에서 4만 1051.88마리로 무려 90배 가까이 증가했다. 가파른 육류 소비량 증가는 공급의 급증을 필요로 한다. 공급의 확대는 공장식 가축 사육으로 이어진다. 이에 따라 사육환경이 열악해지고, 심각한 위해요인이 발생한다. 열악한 사육환경 속에서 더 많은 가축 생산을 위해 항생제와 성장촉진제가 남용된다. 심지어 동종포식의 동물사료까지 투입된다. 이렇게 키운 축산물이 온전할 리 없다. 조류인플루엔자나 구제역 등이 발병할 확률이 높아지는 것이다. 한국의 축·수산업의 항생제 사용량은 연간 1,500톤가량 되는데, 이는 우리보다 축산물 생산량이 2배나 많은 일본의 1,000톤보다 많은 수치다. 축산물 생산량이 우리의 1.2배가량인 덴마크의 94톤에 비하면 무려 16배나 많은 항생제를 쓰고 있다. 외국보다 가축 사육 공간이 좁아 전염병 등 질병 발병률이 높기 때문에 항생제를 많이 쓰지 않을 수 없다(한겨레21. 2008. 10. 23).

식품첨가물로 인해 식품 안전이 위협받는 경우 역시 급증하고 있다.

이는 물론 식품산업의 발달 및 가공식품 소비 증가와 깊이 관련된다. 식품 생산과 소비가 세계화되면서 먹거리 생산지와 소비지의 물리적 거리가 증가했고, 이에 따라 방부제, 보존료, 착색제, 합성제와 같은 인공첨가제를 필요로 한다. 이러한 첨가물들의 인체 유해성이 식품 안전을 크게 위협한다. 국내 식품위생법은 2,400여 가지의 화학물질을 식품첨가물로 인정하고 있다. 문제는 음식을 먹는 사람이 여기에 들어간 첨가물이 어떤 기능을 하는지, 위해성분은 없는지, 특이한 화학과정을 거쳐 위해요인이 만들어지는 것은 아닌지 확인할 수 없다는 데에 있다. 1일 허용량이 정해져 있다고는 하지만, 하루에 먹는 음식이 여러 종류이고 양도 많기 때문에 허용량을 정확히 맞추기가 어렵다. 지난 2006년, 맛과 향을 보존하려고 건강음료에 첨가한 안식향산나트륨이 비타민C와 화학반응을 일으켜 발암물질인 벤젠으로 변한 사실이 드러나 소비자들이 불안이 커졌다. 첨가물끼리 식품 안에서, 혹은 몸 안에 흡수된 뒤 어떤 상호작용을 하는지를 알 수 없으므로 식품첨가물이 절대 안전하다고 주장하는 것은 공허해 보인다.

최근 들어 과학적 통제가 어느 정도 가능하다고 여겨지는 세균위험의 문제도 여전하다. 식품의약품안전청에서 2006년 3월 발표한 '식품 중 식중독균 항생제 내성 모니터링' 보고서를 보면, 육류의 40%에서 대장균, 장구균, 황색포도상구균 등 식중독 세균이 검출되었다. 더 큰 문제는 이 식중독 세균들이 항생제보다 힘이 세다는 것이다. 예컨대, 대장균은 테트라사이클린이라는 항생제에 대해 92.5%의 내성률을 보였고, 장구균의 내성률도 90%를 넘었다. 식중독 세균 10마리 가운데 9마리가 항생제를 먹어도 살아남는다는 이야기다. 결국 더 강한 항생제를 사용할 수밖에 없는데, 이는 장기적으로 사람들의 건강을 크게 위협할 수 있다.

한국인의 먹거리 위험 인식

먹거리 위해 물질 관련 사고들은 개인들에게 먹거리 불안을 가져온다. 구조적인 위해요인들이 실제 먹거리 사고로 발현되고, 언론에 크게 보도되면서 많은 소비자들을 불안하게 한다. 불안은 사회심리적인 현상이라고 할 수 있다. 먹거리 사고가 실제로 개인에게 피해를 입힐 확률이 낮더라도, 많은 사람들이 불안해한다. 발생 가능성이 낮더라도 많은 사람들이 걱정하고, 두려워한다면 그것은 실재하는 사회적 문제이며 사회학적으로 중요한 현상이다. 따라서 여기에서는 한국인들이 다양한 위험에 대해 얼마나 불안해하고, 어떻게 인식하고 있는지를 살펴본다. 〈표 8-3〉은 앞에서 제시한 PERI의 먹거리 위해요인 기준에 따라 한국인들이 피해 가능성을 어떻게 인식하고 있는지를 경험 자료를 통해 알아본 것이다.*

먼저 사회적 위험에 대한 일반적인 인식과 본인이 피해를 입을 가능성의 상관성을 분석하였다. 각각에 대해 5점 척도로 측정하였는데, 점수가 5점에 가까울수록 사회적 위험이나 피해 가능성을 심각하게 받아들인다는 것을 의미한다. 조사 결과, 한국인은 먹거리 위험을 사회적 위험으로 심각하게 받아들이기보다는 개인이 피해를 입을 가능성이 높은 위험으로 인식하고 있었다. 〈표 8-3〉에 따르면, 13개 위험 중 사회적 위험요인의 심각성은 환경오염이 가장 높고(3.05) 실직이나 실업(3.01), 자연재해(2.93)도 높은 수준이다. 반면 전염병(2.24), 테러(2.35),

---

* 경험적 분석 자료는 2011년 7월 21일부터 8월 27일까지 전국 거주 19세 이상 성인 남녀 1,430명을 대상으로 구조화된 설문지를 사용하여 일대일 면접을 실시한 결과다. 조사 모집단은 2010년 통계청에서 시행한 인구주택총조사 결과에 근거했으며, 다단계 층화 추출 방법으로 표본을 추출했다.

표 8-3 한국인의 먹거리 위험 인식 특성

	사회적 위험의 심각성(A)		본인이 피해를 입을 가능성(B)		AB의 상관성
	평균(순위)	표준편차	평균(순위)	표준편차	상관계수
폭력	2.90④	.882	1.87⑨	.969	.374
테러	2.35⑫	1.055	1.52⑫	.935	.419
환경오염	3.05①	.792	2.47②	.918	.474
자연재해	2.93③	.821	2.32④	.922	.430
실직이나 실업	3.01②	.812	2.22⑤	1.051	.364
컴퓨터 재난	2.61⑧	.887	2.06⑦	1.019	.525
사생활 침해	2.78⑦	.851	2.22⑤	.964	.502
먹거리 위험	2.89⑥	.824	2.52①	.931	.570
알코올 중독	2.42⑪	.858	1.51⑬	1.050	.330
전쟁과 안보 위험	2.51⑨	.948	1.92⑧	.959	.506
교통사고	2.90④	.784	2.44③	.892	.464
핵	2.46⑩	1.003	1.83⑩	.989	.521
전염병	2.24⑬	.767	1.79⑪	.951	.559

알코올 중독(2.42), 핵(2.46)의 위험은 상대적으로 낮게 평가하고 있다. 먹거리 위험의 사회적 심각성은 평균 2.89점으로 13개 위험 요인에서 여섯 번째로 나타나 중위 위험군을 형성하고 있었다. 그러나 개인이 직접 피해를 입을 가능성을 질문한 결과 먹거리 위험(2.52)이 13개 위험 중 가장 높게 나타났다.

이런 위험 인식 경향은 한국인에게 일반적인 '운명론적 위험관'과는 다른 결과여서 흥미롭다. 보통 한국인의 위험 인식은 운명론적인 위험

관을 가진다고 한다. 한국사회는 위험하지만, 내게 위험이 발생할 가능성은 낮다고 인식하는 편이다. 본인이 실제로 사회적 위험과 마주칠 가능성은 낮다고 생각하는 경향이 있는 것이다(정진성·이재열 외, 2010: 50). 그러나 이번 조사 결과, 한국인은 먹거리 위험을 다른 사회적 위험보다 특별히 심각하게 인식하지는 않지만, 개인이 피해를 입을 가능성이 매우 높은 것으로 인식하고 있다. 먹거리 위험을 다른 위험보다 더욱 민감하게 받아들이고 있는 것이다.

이에 관해서는 행동경제학의 프로스펙트 이론prospect theory으로 설명이 가능하다. 이 이론의 핵심 개념은 '손실기피성loss aversion'이다. 이에 따르면, 사람들은 동일한 크기의 이익과 손실이 있을 경우, 손실에 대해서 더 강하게 반응한다. 또한 긍정적인 정보보다는 부정적인 정보에 민감하게 반응한다. 먹거리 위험은 다른 사회적 위험과는 달리, 그 위험을 사람들이 쉽게 인지할 수 있지만 어떤 전문가나 과학자도 그 위험을 정확히 알거나 설명할 수 없다. 또한 사람들은 음식의 생애주기가 복잡하고 과정을 잘 알지 못하기 때문에, 그로부터 파생되는 위험을 통제하기도 어렵다고 느낀다. 결국 많은 사람들이 먹거리의 안전에 대해 의구심을 가지며, 미래의 결과에 대해 불안해하고, 심지어 공포를 느끼기까지 하는 것이다. 이러한 사회적 민감성public concern*이 2008년 촛불시위와 같은 위험정치로 이어졌다고 볼 수 있다. 즉, 먹거리 위험이 개인에게 피해를 줄 것이라는 부정적 인식이 매우 강하기 때문에 계층과 이념을 넘어 응집력이 강한 사회운동으로 이어졌던 것이다.

사회적 위험의 심각성과 개인이 피해를 입을 가능성 사이의 상관

---

* 위험이 정치화되는 가장 근본적인 이유는 '사회적 민감성' 때문이다. 객관적 위험의 확률이 같다 하더라도 사회적으로 훨씬 민감함 위험들이 존재하고, 이에 대한 대응 행위가 정치화되어 나타나는 것이다.

성이 가장 높게 나타난 것도 먹거리 위험이었다(r=.579). 반면 폭력 (r=.374)이나 실직(r=.364)은 사회적 위험의 심각성에도 불구하고 상대적으로 개인 위험 발생 확률을 낮게 보는 경우다. 이는 또한 개인이 위험을 통제할 가능성이 높거나 그 위험이 사회적으로 확산될 가능성이 낮다고 생각한다는 것을 의미한다. 먹거리 위험은 사회적 위험의 심각성 못지않게 개인이 피해를 입을 가능성을 높게 인식한 예라고 할 수 있다. 이러한 위험요인은 사회적 통제가능성이 낮은 위험으로 인식되며 위험성을 극복하기 위해 행위자들 간에 활발한 의사소통이 이뤄진다. 또한 이 과정에서 위험성에 대한 인식이 증폭될 수 있다. 2011년 구제역 파동에 대한 국민의 불안 증폭 과정이 그 예라고 할 수 있다.

결론

현대사회는 위험사회다. 이제 먹거리 위험은 현대인의 삶을 불안하게 만드는 중요한 위험으로 등장했다. 먹거리 위험은 현대 농식품체계의 제도화와 성공에서 기인한다는 점에서, 구조적이고 체계적인 문제다. 우리가 살펴본 바와 같이 먹거리 위험은 개인의 불안으로 경험된다. 글로벌 농식품체계는 극도의 상품화를 통해 식품 안전을 위협하며, 식품 위해의 가능성을 높이고 있다. 시장과 이윤 극대화 논리에 의거해서 탈공간화, 탈시간화된 글로벌 농식품체계가 GMO, 광우병, 조류독감 등의 다양한 위험을 양산하고 있다. 이는 또한 심각한 심리적 불안을 낳고 있다.

앞에서 살펴본 바와 같이 최근 한국사회에서도 먹거리 관련 사고가 계속해서 발생하고 있다. 특히 자유무역과 탈규제를 특징으로 하는 신자유주의와 기업식량체제 속에서 먹거리 사고는 빈번하게 발생한다. 또 먹거리 위험 및 사고에 대한 책임과 관리가 점차 민영화 혹은 시장화되고 있다. 더 이상 국가가 적극적인 개입을 통해 위험 관리자 역할을 하려고 하지 않는다. 위험 관리의 공공성이 사라지고 있는 것이다. 그 결과는 위험의 사적 관리다. 위험의 사적 관리 혹은 시장적 접근은 위험 불평등을 심화시킨다. 부유한 사람은 깨끗하고 안전한 유기농 식품을 구입해 먹고, 지역에서 생산된 좋은 채소와 과일을 구입한다. 또한 백화점이나 고급 식품매장은 소수의 소비자들을 위해 높은 식품 안전 기준을 채택하고 엄격하게 품질 관리를 한 값비싼 식품을 판매할 것이다. 반면, 가난한 사람들은 식품 안전에 관한 정보를 제공하지 않거나 별다른 안전 기준이 없는 소매상에서 값싼 식품을 구입할 수밖에 없다. 거듭 강조하지만, 만인은 음식 앞에 평등하다. 모든 사람이 좋은 음식을 함께 먹을 수 있는 사회가 좋은 사회이고, 지속가능한 사회다.

현대 글로벌 농식품체계는 위험구조를 내재하고 있으며, 먹거리 위험과 불안의 불평등을 심화시킨다. 이러한 농식품체계는 결코 지속가능하지 않다. 글로벌 농식품체계는 "표준화되고, 환경적으로 위해하며, 소모적이고, 정의롭지 않고, 건강하지 않으며, 탈장소적이며, 주체 역량을 약화"시키는 것이다(Blay-Palmer, 2008). 이를 넘어서기 위한 대안의 모색이 필요하다. 불안하지 않고, 신뢰할 수 있으며, 먹거리를 통해 행복할 수 있는 새로운 농식품체계가 필요하다. 이러한 대안에 관한 논의를 다음 장들에서 이어가도록 하겠다.

9장

신진대사의 균열과
대안농업

서론

한국 농식품체계의 지속가능성을 위협하는 여러 조건 가운데 하나가 생태적 위기다. 급속한 산업화와 경제성장 속에서 인간 및 사회가 자연과 관계 맺는 방식이 예전과 전혀 달라진 것이다. 소위 인간중심주의anthropocentrism에 뿌리를 둔 사회제도, 과학기술, 경제조직 등이 생태위기를 낳고, 또한 그 위기를 확대·심화시키고 있다. 이 장에서는 우리가 먹고 있는 농산물이 생산되는 방식이 어떻게 자연의 질서와 순환과는 전혀 동떨어진 것이 되었는가를 이론적·역사적으로 검토하겠다.

인류 문명 발달의 기반이 되었던 전통적인 농업은 기본적으로 자연이 제공하는 조건과 순환주기에 맞춰 진행된 것이었다. 즉 계절의 변화, 강수량, 하천의 수량 등에 적응하며 농사를 지었던 것이다. 오랜 농사의 역사는 공동체로 하여금 농사와 관련된 지역적 지식들을 축적하게 했고, 이를 활용하여 농업 생산력이 발전했다. 농산물 생산량의 증가는 부양할 수 있는 인구의 증가를 가져와 사회조직의 복잡화와 시장 제도의 발전 등을 낳았다. 이 과정에서 식량의 잉여는 계층구조의 발달과 권력 문제를 등장시켰다.

17세기 이후 자본주의의 발전은 농업에 거대하고 체계적인 변화를 발생시켰다. 자본주의의 중요한 특징은 상품화다. 만물의 상품화가 진행되었고, 특히 자연과 노동력의 상품화야말로 우리가 살고 있는 자본주의 체제의 가장 두드러진 점이라고 할 수 있다. 이러한 변화는 먹거리의 생산 방식에도 영향을 주었다. 자본주의 발전에 따라 다수의 인구가 자신의 노동력을 시장에 판매하는 임노동자화가 진행되었다. 이들은 공장이 있는 도시에 모여 살게 되었고, 이를 도시화라고 한다. 이러한 임노동자화와 도시화는 그에 상응하는 농촌의 여러 가지 변화를 초래했다. 많은 농민이 도시를 떠나는 탈농이 빠르게 진행되었으며, 도시의 산업 노동자들에게 먹거리를 공급하기 위한 생산 과정의 변화가 일어났다. 적은 수의 농민이 어떻게 다수의 도시인에게 먹거리를 공급할 수 있었을까? 이 질문에 대한 답은 산업적 농업industrial farming의 발전에서 찾을 수 있다. 제한된 토지와 적은 수의 농민이 예전보다 더 많은 농산물을 생산하기 위해서는 과학기술에 의존할 수밖에 없었다. 구체적으로 농기계, 화학비료, 농약, 그리고 석유에 의존하는 대량생산형 농업이 발달하게 된 것이다. 이런 방식의 농업은 자연에 의존하거나 적응하던 전통적인 농업과는 완전히 다른 산업이라고 할 수 있다. 산업적 농업은 자연과의 상호작용을 단절시키고, 생태적 위기를 불러일으키는 지속가능하지 않은 농업이다(김철규·이지웅, 2009). 이러한 산업적 농업의 구조와 동학을 이해하기 위해 다음 절에서는 신진대사 균열론에 대해 검토할 것이다. 신진대사 균열론은 현대 자본주의사회의 농업 생태위기의 기제와 산업중심주의에 대한 통찰을 제공할 수 있다.

신진대사 균열론

자본주의 발전에 따른 사회적 생태적 문제의 핵심 과정으로 신진대사 균열metabolic rift에 주목한 것은 미국의 생태사회주자인 존 벨라미 포스터John Bellamy Foster다. 포스터는 마르크스의《자본》에서 이 개념을 발굴하고, 깊이 있는 작업을 통해 현대사회의 도시와 농촌, 산업과 농업, 그리고 산업형 농업의 구조적 모순을 드러내는 데 성공한다.《환경과 경제의 작은 역사》로 한국에도 잘 알려진 포스터는 마르크스 생태론으로 박사학위를 받았고, 이를 정리해서 2000년에 출간한 단행본 *Marx's Ecology*로 학계의 주목을 받게 된다. 이어서 일련의 논문을 통해 신진대사 균열론을 보다 정교화한다(김철규·이지웅, 2009).

포스터는 마르크스로부터 신진대사의 균열이라는 용어를 빌려온다. 그에 따르면, 마르크스는 "인간 존재의 토대를 형성하는 자연적 조건들로부터 인간의 물질적 소외를 포착하기 위해 인간과 토지의 신진대사적 관계의 균열"에 주목했다. 그리고 "균열이 드러나는 한 가지 방식은 자본주의에서 도시와 농촌의 극단적 분리"로서 이는 대다수 인구가 토지로부터 분리됨에 따라 발생한다는 것이다(Foster, 2000).*

도시와 농촌의 분리는 영국을 중심으로 한 유럽의 자본주의 발전 맥락에서 이해할 수 있다. 특히 1830년대 이후 영국 자본주의의 급속한 발전은 노동, 토지, 화폐 등의 상품화를 위한 다양한 제도적 변화를 가져왔다. 예컨대 구빈법, 토지법, 금융관계법 등의 제·개정이 이루어졌던 것이다(Polanyi, 1954). 더 많은 자본 축적을 목적으로 경쟁하는 거대공업의 출현은, 마르크스가 지적한 대로 이중적인 의미에서 자유로운 대규모 임노동자를 필요로 했다. 이를 위해 토지의 사유화를 허용하는 토지법이 제정되었고 농촌인구의 대부분이 토지로부터 강제로 분리됨으로써 노동력을 판매하지 않으면 생존할 수 없는 저임금 노동자계급이 탄생했다. 그 결과 급격한 도시화가 진행되는 한편, 농촌에서는 도시의 시장을 놓고 자기착취적인 경쟁을 하는 집약적 농업이 출현하여 농촌공동체가 붕괴되고, 토지가 황폐화되었다. 이러한 변화는 마르크스에 의해 인클로저에 의한 본원적 축적으로 개념화되었다. 신진대사 균열론의 입장에서 이는 먹거리 소비(자)와 생산(자)의 분리이자 도시와 농촌의 극단적인 분리다. 이는 자연의 순환을 기반으로 한 농업이 해체되고, 농촌의 질소, 인, 칼륨 등 다량의 토양 영양물질이 섬유와 식량 생산을 위해 집약적으로 손실되는 과정을 포함했다. 도시에서 소비된 섬유와 식량은 문자 그대로 소비되고 폐기되어 토양으로 돌아오지 못하는 신진대사의 균열이 나타나게 되었다(Foster, 2002: 6).

1830~70년대 유럽 전반에 진행된 도시의 급격한 성장과 자본주의적 농업의 발전은 신진대사의 균열을 심화시켰다. 영양분이 소실되면

---

* 포스터는《자본》1권과 3권을 인용하며, 이러한 논지를 전개한다. 예컨대《자본》1권에서 마르크스는 신진대사(metabolism)라는 용어를 노동과정과의 관계 속에서 활용했다고 지적한다. 즉 노동과정이란 "인간과 자연의 관계, 인간이 자신의 행동을 통해 자신과 자연의 신진대사를 통제하고, 조절하고, 중재하는 과정"이며, 자본주의적 생산관계와 도시와 농촌의 적대적인 분리의 결과로 신진대사에 "회복 불가능한 균열(irreparable rift)"이 발생했다고 지적한다(Foster, 2000: 141).

서 생겨난 토양의 급격한 비옥도 고갈은 식량 부족과 과잉인구라는 맬서스식 공포를 낳았다. 이에 따라 농업 생산성의 하락을 막으려는 유럽의 지주들은 동물의 뼈, 인골, 그리고 페루산 구아노(새똥) 등의 '자연' 비료를 찾아 세계를 누볐으며, 그 결과가 소위 '구아노 제국주의'의 성장이었다.

그러나 이런 자연 비료도 결국 고갈됨에 따라 농업위기가 도래했는데, 이를 해결해준 것이 유기화학자 리비히Justus von Liebig였다고 포스터는 지적한다. 리비히는 *Organic Chemistry and Its Application to Agriculture and Physiology*(1840)라는 저술에서 질소, 인, 칼륨 등의 영양소와 식물 생육의 관계를 체계적으로 밝혔고, 이러한 과학적 지식을 바탕으로 '인공' 비료의 생산을 가능하게 했다. 그러나 인공, 즉 화학비료는 자본주의적 농업 발전을 가속화시킴으로써 위기를 심화시키는 미봉책에 불과했다. 화학비료를 통한 생산성 혁명에 기대를 걸었던 리비히와 마르크스 모두 1860년대에 들어서면 화학농업이 지속가능하지 않다고 확신하게 된다(Foster, 2002: 14). 리비히는 템스강을 예로 들면서 "인간과 동물의 배설물로 도시가 오염되는 문제와 토양의 자연적 비옥도가 고갈되는 두 가지 문제는 서로 연결되어 있으며, 토양에 영양분을 되돌려주는 유기적 재활용이 합리적 도시-농업체계의 필수적 요소"라고 주장했다(Foster and Magdoff, 2000: 47). 마르크스 역시 인간의 자연으로부터의 소외를 특징으로 하는 신진대사의 균열을 해결하고 지속가능한 사회를 만들기 위해서는 도시와 농촌의 적대적 관계를 해체하는 것이 근본적으로 필요하다는 점을 강조했다(Foster, 2002: 14-15). 포스터는 "마르크스주의적 분석의 궁극적 강점은 경제위기 이론이나 경제적 계급투쟁에 대한 분석이 아니라 인간적·자연적 역사에 대한 유물론적 인식이라는 훨씬 더 심층적인 차원에 위치한다"며 생태사회주의자로서 마르크스를 재평가했다(Foster, 2002: 16).

포스터와 맥도프는 신진대사의 균열론을 현대농업과의 관련 속에서 좀 더 구체적으로 논의한다(Foster and Magdoff, 2000). 그들에 따르면, 도시와 농촌의 분리에 의한 식량과 섬유질의 도시로의 유출과 이에 따른 영양분의 소실은 첫 번째 영양 순환의 단절break in the cycling of nutrients이라고 할 수 있다. 이는 20세기 들어 두 번째 영양 순환의 단절로 이어지는데, 이는 농산물 생산과 축산물 생산의 분리를 그 내용으로 한다. 농축산물의 전문화에 따라 농산물의 단작화와 공장제 축산의 발전이 이루어진 것이다. 이러한 과정은 2차 세계대전 이후 값싼 화학질소비료를 대량으로 사용할 수 있게 됨으로써 질소를 공급하던 콩과작물들이 필요 없게 된 것과 깊이 관련된다. 콩을 심어 토질을 개선해야 할 필요가 없어진 농가들은 특정 작물을 전문적으로 경작하는 농가가 되거나, 배합사료를 먹여 가축만을 사육하는 축산농가로 전환하게 되었다. 20세기 중반 이후 전 세계적으로 공장형 축산이 빠르게 성장하는데, 이는 수직적 통합을 특징으로 한다. 생산, 처리 과정, 판매 부문의 집중화는 축산 부문에 대한 기업의 지배력을 높였다. 축산기업들은 자신들이 운영하는 가공시설 근처에서 가축을 사육하는 것을 장려했고, 그 결과 특정 지역에 가축 사육이 집중되는 결과를 낳았다(Foster and Magdoff, 2000: 51-53).

요약하자면, 현대적 농업은 신진대사의 균열을 특징으로 하며, 신진대사의 균열은 영양물질의 순환으로 보면 (1) 도시와 농촌의 분리, (2) 작물 재배와 가축 사육의 분리라는 두 과정으로 이루어진다. 영양물질 순환의 단절은 한편으로는 엄청난 양의 화학비료를 투입한 농업을 발전시켰고, 다른 한편으로는 공장형 축산을 발전시킨 것이다.

이러한 자본주의적 농업은 다양한 환경적 폐해를 낳는데, 포스터와 맥도프는 다음과 같은 여섯 가지를 지적한다(Foster and Magdoff, 2000: 54-55). 첫째, 화학비료의 생산·수송·사용을 위해 막대한 양의 재생 불가능한 에너지를 사용하게 되었다. 둘째, 사용된 화학비료는 용해되어 지하수와 지표수 오염의 원인이 된다. 셋째, 집약적인 가축 사육은 주변 토양이 흡수할 수 있는 양을 훨씬 초과하는 영양분을 배출한다. 넷째, 대다수 농장에서는 윤작을 하지 않게 돼 토양의 유기물이 상실되고 생물 다양성이 줄어들게 된다. 다섯째, 토질 저하는 다양한 유기체가 서로 경쟁하면서 제어하던 질병 유발 유기체와 식물 기생충 개체수를 증가시킨다. 결국 늘어나는 해충을 제거하기 위해 더 많은 농약을 쓸 수밖에 없게 된다. 여섯째, 대규모 가축 사육시설에서 동물을 키우는 잔혹한 조건에서는 질병이 쉽게 퍼질 수 있으므로 항생제의 사용 빈도가 높아진다. 결국 현대 농업은 환경적으로도 치명적인 위험을 안고 있으며, 이의 근본적인 변화는 먹거리체계 전반의 전환을 요구한다고 할 수 있다.

포스터와 맥도프는 자본주의적 농업을 넘어서고, 신진대사의 균열을 치유하기 위한 몇 가지 대안을 제시한다. 첫째, 거시적인 차원에서 기존의 농업구조를 바꾸고, 도시의 성격과 규모를 재편하고, 도시화를 억제해야 한다고 주장한다. 즉 농약과 화학비료를 사용하는 관행농업을 친환경농업으로 바꾸어야 하며, 도시 규모를 줄여나가고, 도시 내부 공간에 텃밭을 가꾸는 등의 작업이 이루어져야 한다. 둘째, 보다 구체적인 수준에서는 지역에서 재배한 농산물의 소비 촉진, 음식물 쓰레기의 퇴비화, 농민시장, 그리고 공동체지원농업을 통해 환경적·사회적으로 건전한 영농 활동을 하는 농민들과 연대하는 것을 제시하고 있다(Foster and Magdoff, 2000: 56-57). 즉 거대한 사회적 전환을 위해서는 일상생활에서 먹거리를 매개로 하는 도시인들과의 연대의 정치가 필요하다는 것이다. 대량생산-대량소비를 기반으로 하는 현대 먹거리체계의 문제점을 인식하고, 이를 넘어설 수 있는 로컬푸드가 가지는 사회·생태적 의미에 주목해야 함을 의미한다. 친환경농업 방식으로 생산된 먹거리를, 가능하면 가까이에 있는 소비자들이 생협이나 직거래를 통해 소비토록 함으로써, 사회·생태적 신진대사를 복원시키는 것이 중요하다는 함의를 읽어낼 수 있다(김철규, 2008a).

한국의 신진대사 균열과 대안농업

신진대사 균열론은 한국 농촌과 농업을 이해하는 데 많은 시사점을 제공한다.

도시와 농촌이라는 사회물리적 공간의 단절이 가진 의미에 대한 통찰이다. 마르크스를 활용한 포스터의 논의는 주로 영국의 도시화와 산업화 과정에 대한 분석이었다. 그러나 1960년대 이후 압축적 성장 과정에서 진행된 남한의 도시화와 산업화는 영국의 그것에 못지않은 신진대사의 균열을 초래했다. 특히 식량 소비지로서 서울과 식량 생산지로서 농촌은 극단적인 신진대사의 균열 사례를 보여준다. 우리가 이미 잘 아는 바와 같이 거대도시 서울은 아파트, 도로, 건물 등 콘크리트와 시멘트의 잿빛 공간으로 변했다. 인공환경 속에서 1,000만 인구는 다른 지역에서 생산된 먹거리를 소비하고, 화석연료를 사용하는 생태적 할렘으로 변화했다. 반면, 1970년대 이후 농촌은 산업형 농업의 기지로 전환되어왔다. 식량 생산을 위해 대량의 화학비료와 농약이 사용되고 있으며, 대규모 시장 출하를 위해 효율성만이 강조되고 있다. 이러한 지속불가능한 농식품체계에 대한 우려가 높아지고 있다.

이러한 상황에서 일부 학자들에 의해 대안농업에 대한 연구가 활발히 진행되고 있는 것은 반가운 일이 아닐 수 없다. 로컬푸드, 지역농업, 지역순환적 농업, 친환경농업, 시민농업, 도시농업 등 조금씩 다른 개념들을 바탕으로 진행되는 대안농업에 관한 논의는 단순히 농업과 먹거리 문제뿐 아니라 우리의 사회적 위기를 넘어서기 위한 노력으로 평가할 수 있다. 대안농업은 기존의 거대 농기업과 거대 유통자본의 영향력에서 벗어나 생명논리에 의해 생산 과정을 재구조화하고, 안전한 먹거리를 생산하여 소비자들에게 공급한다. 이 과정은 안전한 먹거리를 생산하고 판매하는 것 이상의 의미를 가지고 있다. 생산자와 소비자의 사회적 거리를 단축시키고, 신뢰관계를 회복하는 과정인 것이다. 더 나아가 자본주의 발전 과정에서 나타난 도시와 농촌의 분리 및 자연과 인간의 이분법을 넘어서려는 노력이 담겨 있다.

베우스와 던랩(Beus & Dunlap, 1991)은 관행농업의 비생태성을 지적한 바 있다. 그들에 따르면, 관행농업은 에너지를 많이 쓰며, 자연의 수용 및 순환 능력을 넘어선다. 반면 대안농업은 자연 순환력에 순응하여 자연에서 나온 퇴비를 활용하고, 윤작과 생물학적 방제 등의 생산 방식을 활용한다. 더불어 대안농업의 경우 농산물 생산·가공·판매를 지역 단위로 할 것을 강조한다. 결국 대안농업은 생산, 유통, 소비 등 모든 면에서 기존의 관행농업이 안고 있던 문제점들을 극복하려는 총체적 노력이라고 할 수 있다.

최근 우리나라에서도 대안농업과 관련된 연구들이 적지 않게 진행되었다. 기존의 농산물 생산·유통체계의 문제점을 지적하며 친환경농산물을 중심으로 한 유통구조의 개선을 강조하는 연구(박현태·강창용·정은미, 2000), 생활협동조합 같은 소비자단체에 관한 분석 관련 연구(김철규·김흥주·한도현·김기섭, 2004), 그리고 친환경농업 생산자들에 관한 연구 등이 있다(허장, 2005; 김흥주, 2006; 김흥주·김철규·허남혁, 2007; 김철규, 2012). 또 '지역'을 중심에 두고, 새로운 농산물체계의 가능성을 탐색하는 연구들도 나타나고 있다(박덕병, 2005; 김종덕, 2007).

생산 방식의 측면에서 관행농업과 대조되는 것이 친환경농업이다. 친환경농업이 곧 대안농업은 아니지만, 적어도 생산할 때 농약이나 화학비료의 사용을 줄이거나 금하는 것은 기존의 화학적·대량생산적 농업을 넘어서는 중요한 출발점이다. 따라서 우리나라 친환경농업의 현황과 추이를 검토하는 것도 의미가 있다. 전국적인 규모에서 보면 친환경농업은 급격하게 증가했다. 통계청 농업총조사에 따르면, 2000년부터 2005년 5년 사이 친환경농가 전체 숫자는 6만여 가구에서 8만 7,000여 가구로 50% 가까이 증가했다. 친환경농업의 증가는 과수와 채소에서 두드러져, 과수의 경우는 거의 2배로 증가했다.

친환경농업의 증가는 일단 바람직한 현상이다. 1970년대 이후 산업적 농업의 폐해를 벗어날 수 있는 출발점이기 때문이다. 그러나 친환경농업의 붐이 안고 있는 문제점에 대해서도 잠깐 지적하지 않을 수 없다. 친환경농업의 시장 확대는 먹거리의 지속가능성이나 '사회적' 웰빙보다는 중상층 고급 소비자들의 개별화된 선택의 결과라고 할 수 있다. 이미 친환경농산물도 빠르게 '상품화'의 과정을 걷고 있는 것이다. 친환경농산물의 상품화는 두 가지 경로로, 친환경농업의 사회적 의미를 식민화하고 있다. 하나는 거대 유통회사들에 의한 것으로, 이들 유통회사는 고부가가치 상품으로서 친환경농산물의 의미를 재빨리 포착하여, 시장을 급속하게 확장시키고 있다. 다른 하나는 문화적 트렌드인 웰빙으로, 극도로 개인화된 동기로서 친환경농산물을 소비하는 현상이다. 웰빙 소비자는 친환경농산물을 자신의 '건강'만을 위해 구입할 뿐, 먹거리가 담고 있는 사회적 의미에는 무관심하다. 이 두 경로의 상품화는 모두 추상화된 시장에서 이루어진다는 점에서, 앞에서 지적한 대안농업의 정치사회적 의미를 퇴색시킨다. 이 과정에 참여하는 친환경농가 역시 친환경농업을 통한 대안성을 추구하기는 어렵다. 따라서 친환경농업이 대안성을 갖기 위해서는 생산농가들의 이념과 조직성, 그리고 그들이 생산한 농산물이 어떤 생애주기를 가지고 소비자들과 조우하는가를 공부하는 프로그램이 만들어져야 할 것이다.

미국의 대표적인 농촌사회학자인 라이슨Lyson은 시민농업civic agriculture라는 개념으로 생산주의 농업을 적극 비판하고, 공동체의 복원을 강조하는 작업들을 수행했다(Lyson, 2000; 2004). 기존의 농업은 대규모, 자본집약적, 복잡기술을 활용한 것으로 산업적 농업이라고 해도 과언이 아니다. 이러한 농업은 고도로 표준화된 벌크 식품을 대량으로 생산하며, 전국 혹은 세계시장을 지향한다.

산업적 농업은 생산성과 효율성을 지향하며, 최소 비용으로 최대 농산물을 생산하는 모델이다. 보다 근본적으로는 환원주의적reductionist 실험생물학에 기원을 둔 과학 패러다임을 기반으로 하며, 식물종이나 동물종의 '우등' 속성을 증가시키고자 하는 과학적 발전에 바탕을 두고 있다. 이는 농산물의 상품화를 극대화하는 데 기여해왔다. 역사적으로 보면 그 과정에 대학의 실험실, 미 농무부 그리고 거대 다국적 농기업이 큰 역할을 했다. 이러한 산업적 농업 혹은 관행농업은 환경적 측면에서 지속가능하지 않다. 왜냐하면 이는 매우 자원집약적이기 때문이다. 농사 과정에서 토양을 착취하고, 수질을 오염시키며, 막대한 화석에너지를 사용한다.

또한 사회적 측면에서 산업적 농업은 공동체와 지역사회를 해체하고 있다. 지역과는 상관없는 대규모 농업·유통 자본이 지역의 농민들을 개별적으로 포섭하고, 농가의 분화가 일어나며, 농민들이 맺던 지역사회의 다양한 사회적 관계가 해체되는 것이다. 결과적으로 토지와 지역 공간을 기반으로 하던 농촌공동체는 시장관계를 중심으로 도시 혹은 초국적 농식품 자본의 하위 단위로 전락하고 만다.

이러한 사회관계의 해체야말로 시민농업이 문제시하는 지점이다. 라이슨에 따르면, 시민농업은 장소place에 의해 묶인 생산자들의 연결망을 특징으로 하는 지역적으로 조직화된 농업과 먹거리 생산체계를 의미한다. 이는 또한 지역 자원에 의존하고 지역의 시장 및 소비자들을 위한 경제적·환경적·사회적 관계망을 강조한다. 이를 통해 지속가능한 농업 및 먹거리 생산체계를 만들려는 농민과 소비자들의 상호헌신이 핵심 가치로 제시된다. 이윤 추구는 협동적이고 상호 지원적인 사회관계에 의해 걸러지며, 주체로서 시민citizen들이 지역공동체의 문제 해결을 위해 노력하는 과정이 강조되는 것이다. 지역에 기반을 둔 농업·먹거리 관련 조직, 결사체, 그리고 제도적 요소들이 핵심이며 구체적으로는 지역 생산자 및 소비자협동조합, 지역 상업 결사체, 지역 농가 등을 행위자로 상정한다.

농업의 생산 방식에 있어서도 산업적 농업과는 근본적인 차이를 보인다. 생태적 생물학적 패러다임에 기반을 둠으로써, 관행농업의 환원주의적 과학기술에 적대적이며 생산과 이익의 극대화가 아니라 '최적의optimal' 생산 과정을 찾아내고, 활용하는 데 관심을 갖는다. 따라서 소규모, 지역지향적 생산과 유연하게 조직화된 농가들이 직거래와 먹거리 가공 및 조달의 지역순환체계를 통해 새롭게 공동체를 만들어가고자 한다. 시민농업은 농민의 소득을 위한 것일 뿐 아니라 지역사회의 건강성과 활력을 위한 기여이며, 사회적, 경제적, 정치적, 문화적 의미 형성을 중요시한다. 시민농업은 생산자와 소비자를 직접 연결함으로써 '농업 문맹률'을 낮추고자 하며, 지역 소비자들을 위한 지역시장을 활성화한다. 시민농업은 농촌공동체의 통합적 일부로 간주되며, 시민적 농민과 소비자들 사이의 직접적 접촉을 통해 공동체적 연대를 생성하는 데 그 목적이 있다. 이러한 시민농업은 대체로 노동집약적·토지집약적이며, 자생적이고 장소 특수적 지식에 대한 의존도가 높다. 포괄적 개념으로서 시민농업의 예로는 농민시장, 지역 농장, 학교 텃밭, 공동체지원농업, 생산자 중심의 생협 등을 꼽을 수 있다.

대안농업 사례: 팔당생명살림

'팔당생명살림'은 우리나라의 대표적인 친환경농산물 생산자 조직이자, 농촌공동체운동 조직이다. 사단법인, 소비자생협, 그리고 생산자 조직으로 이루어진 팔당생명살림의 핵심은 생산자 조직이다. 팔당생명살림의 기원은 1995년 12월 22일 출범한 '팔당 상수원 유기농업운동본부'다. 이후 환경 변화와 내부적 사정에 의해 조직 변화를 겪어오다 2004년 4월 생산자 조직인 '영농조합 팔당생명살림', 소비자 조직인 '팔당생명살림생활협동조합', 그리고 지역공동체운동·환경운동·지역사회운동을 담당하는 협의기구인 '사단법인 팔당생명살림'의 조직체계를 갖추게 되었다. 팔당생명살림은 척박한 우리나라의 현실을 고려할 때, 그것이 추구하는 공동체적 이념, 생산자들의 조직화, 그리고 경제활동 등의 여러 가지 면에서 성공 사례라고 할 만했다(김철규·최창석, 2008). 팔당생명살림의 '성공'이 가능했던 데는 몇 가지 요인이 작용했다. 첫째는 정치적 기회구조, 둘째는 리더십과 이념, 셋째는 조직화와 혁신 전략이다. 각각의 요인을 보다 상세히 살펴보는 것은 향후 유사한 대안을 마련하는 데 도움이 될 것이다.

1) 정치적 (위기)기회구조

앞서 언급했듯이, 팔당생명살림의 조직적 기원은 1995년 설립된 '팔당 상수원 유기농업운동본부'(이하 '유기농본부')다. 팔당 지역에서 유기농업이 본격적으로 확산될 수 있었던 까닭은 이 일대가 상수원 보호를 위해 개발이 제한되었기 때문이다. 1975년 수도법에 의해 상수원 보호구역으로 지정되어 주택 신축 및 증축이 제약을 받게 되고, 주민들은 개발 제한에 따른 피해를 입게 되었다. 그럼에도 불구하고 억압적 정치환경 속에서 별다른 문제 제기를 하지 못했던 주민들은 1990년대 문민정부가 출범하면서 개발 제한에 대해 불만을 제기하기 시작했다. 그 와중에 1994년 상수원 보호구역 내에 토지 선매 제도를 시행하겠다는 환경처의 발표가 지역의 격렬한 저항을 불러오게 되었다. 이에 따라 '팔당 상수원 피해주민 공동대책위원회'(이하 '공대위')가 구성되어 대정부 투쟁에 들어갔다. 이러한 정치적 상황에서 서울시와 농협중앙회가 '팔당상수원친환경농업육성사업'을 시작했다. 이 사업에 의해 팔당 지역의 농민들은 당시로서는 파격적인 지원*을 받을 수 있었다. 그러나 이후 서울시는 유기농산물의 판로를 마련하겠다는 약속을 지키지 않았다. 이에 따라 친환경농산물 유통이라는 고질적인 문제가 발생하여 위기를 맞는다. 이에 '유기농본부'는 경실련 등과 함께 유통사업단인 '새농'을 설립하여 적극적으로 위기를 타개해나갔다.

결국 팔당생명살림은 서울이라는 거대도시의 상수원 지역에 위치하여 개발이 제한되었다는 구조 때문에, 역설적으로 친환경농업이라

---

* 기본계획은 2,500가구에 4,000만 원씩 1,000억 원을 연리 5%로 농협에서 빌려주고 2년 거치, 3년 분할 상환 7.5% 이자차액을 서울시가 보전해주는 조건이었다. 그리고 유기농으로 생산된 농산물을 서울시가 책임지고 판매하며, 각 구청마다 1개의 판매장을 개설하고 운영은 농협에서 하기로 했다.

는 대안을 찾을 수밖에 없었다고 할 수 있다.[*] 그리고 서울시로서는 1,000만 시민들의 상수원을 이 지역에 의존하고 있기 때문에 직간접적인 지원을 계속하지 않을 수 없었다.

2) 리더십과 이념

팔당생명살림의 성공에 있어 빼놓을 수 없었던 것이 이 운동을 이끌어온 지도부와 그들이 가지고 있었던 이념적 정향이다. 팔당생명살림의 뿌리는 1990년대 중반 유기농업이 본격화되기 훨씬 이전인 1970년대 중반으로 거슬러 올라가야 한다. 팔당생명살림의 성장에 핵심적 역할을 했던 정상묵 부부와 정상일 부부는 정농회의 이념과 원칙을 좇아 1976년부터 유기농업을 시작했다. 팔당생명살림의 강령 가운데 일부는 정농회의 그것과 거의 유사하다. 예컨대 첫 번째 강령인 "우리는 농업이 인류생활의 근본임을 확신하고 자연과 신의 섭리에 순응하는 바른 농사(유기농업)의 보급과 발전을 위해 노력하고 정진한다"가 대표적이다.[**] 정상일은 정농회 창립 멤버였고, 정상묵은 몇 년 뒤 정농회 회장을 역임하기도 했다.

팔당생명살림의 지도자들 가운데는 '공대위'에서 큰 역할을 했던 사람들이 적지 않다. 권오균(고문), 김병수(팔당오가닉푸드 대표), 이준용

---

[*] 이를 팔당생명살림의 권오균 고문은 "외부적 요인"으로 유기농 조직이 만들어졌다고 표현했다(팔당생명살림, 2005).

[**] 다음의 정농회 강령을 참조할 것. "우리는 농업이 인류생활의 근본임을 확신하고 하나님의 생육 번성케 하시는 일에 순응하기 위하여 바른 농사에 정진한다. 우리는 인생의 궁극적인 목적이 사랑의 실천에 있음을 확신하고 정농으로써 이웃 사랑하는 실천을 철저히 한다. 우리는 농사의 참사명을 자각하고 정농정신으로 모든 노고를 기쁘게 받는다. 우리는 농촌의 근본적인 개선이 청년들에 대한 정농교육에 있음을 확신하고 이를 위해 자신이 모범이 된다. 우리는 동지적 단결을 확고히 하여 사랑과 협동의 이상농촌 건설에 매진함으로써 인류사회의 초석이 된다."

(영농조합 회장) 등은 이런저런 모양으로 '공대위'에 참여했고, 그 과정에서 유기농업을 대안으로 모였다고 할 수 있다. '유기농본부'가 결성된 뒤에는 정농회의 이념이 중요한 나침반 역할을 해왔고, 앞에서 언급된 지도자들이 조직의 이념적 정향을 유지하는 데 큰 역할을 했다.

3) 조직화와 혁신 전략

팔당생명살림의 성공과 관련해 간과할 수 없는 중요한 부분이 조직화와 혁신전략이라고 할 수 있다. 지난 10년간 팔당생명살림은 적지 않은 조직상의 변화를 경험했다. 즉 1995년에서 2001년 사이에는 팔당생명살림의 전신인 '유기농본부'로 존재했다. '유기농본부'는 적극적으로 친환경농업 생산과 마케팅에 힘을 쏟았다. 당시 조직은 크게 '운영이사회', '총회', 그리고 '사무국'으로 구성되어 있었다. 이 시기에는 조직 활동에 있어 운영이사회가 매우 큰 역할을 했던 것으로 평가된다. 선출직 본부장 1명, 각 지회장, 지회 추천 이사 각 2명, 여성위원회 1명, 그리고 비구성지역 대표 1인 등으로 구성된 운영이사회는 물품 검수나 생산지 점검 등의 실무적인 일까지 맡아 '유기농본부'가 생산 과정을 관리하고 신뢰를 쌓는 데 큰 역할을 했다. 이 시기에 유기농산물 유통을 위한 유통조직인 '새농'과 가공전문회사인 '두물머리 식품'이 설립되었다. 당시의 사무국은 농민들이 직접 참여하는 자원봉사적 성격이 강했다고 한다. 따라서 생산자의 의견이 바로 반영되는 의사소통 구조를 가지고 있었던 반면, 업무의 전문성 부족이 지적되기도 했다.

지역 내에 유기농산물 소비를 촉진하고, 생산을 안정화하며, 생산자-소비자 간의 교류를 활성화하기 위해 2001년 '팔당소비자생활협동조합'(이하 팔당생협)이 설립되었다. 유기농업을 통한 사회적 공동체를 지향했던 팔당생협은 회원 수에 비해 사업지역이 광범위하고, 물류비용이 증가함에 따라 큰 어려움을 겪게 된다. 결국 2002년 3월 '팔당생명살림연대'라는 명칭으로 팔당생협은 '유기농본부'와 통합했다.

팔당생명살림연대는 통합을 통해 비전을 공유하고, 지도력과 실무진을 강화하여 조직 정비에 나섰다. 이 시기에 가장 두드러진 점은 사무국의 역할 강화와 인원 교체라고 할 수 있다. 사무국은 생산구매, 유통공급, 총무회계, 교육조직의 편제를 갖추고, 전문 인력을 충원했다. 이를 바탕으로 매우 역동적인 활동을 벌여 소비자 회원이 1,000명을 넘어서고, 생산자 조직도 크게 성장했다. 규모의 성장과 업무의 복잡성 증대는 다시 조직 분화의 요구를 낳았다.

이에 따라 2004년에 3분 체제로 재정리된다. 즉, 영농조합법인 팔당생명살림, 팔당생명살림 소비자생활협동조합, 그리고 사단법인 팔당생명살림이라는 세 개의 법인체로 분리된 것이다. 사단법인은 지역 내 비영리사업, 대외홍보사업, 조직 간의 조정 역할 등을 담당하고, 영농조합은 생산자 조직으로 생산·유통·경영관리를 담당하며, 생협은 소비자 조직으로 소비자 교육과 유통을 담당한다. 이러한 3분 구조 속에서 전체적인 힘의 중심은 생산자 조직인 영농조합 팔당생명살림에 있다고 해야 할 것이다.

회원들은 남양주지회와 양평지회로 나뉘어 관리되는데, 회원 가입을 위해서는 단순히 유기농산물 생산자라는 자격으로는 미흡하다. 회원으로서의 자격을 충분히 검증하기 위해 지회의 추천이 필요하고, 의무만 있고 권리는 없는 준회원으로 1년이 경과한 뒤, 회원 자격 평가를 거쳐 이사회 승인으로 정회원이 될 수 있다. 정회원이 되어야 작목반원으로 활동하며 생산과 출하에 참여할 수 있다. 팔당생명살림 사무국은 회원들의 작부계획에서 매출에까지 다양한 활동을 지원한다. 친환경농가 입장에서 안정적인 출하 경로를 확보하는 것은 매우 중요한

데, 이를 팔당생명살림의 사무국이 대신해주는 것이다. 팔당생명살림은 송파지역에 자체 매장을 개설하고, 본격적인 매장 체제에 들어갔다. 또 급식 부문에도 식재료를 공급하고 있는데, 예를 들면 녹채원, 대한유통, 솔체푸드라인 등의 급식업체와 '생태유아공동체' 등이 있다.*

결론

자본주의 발전은 먹거리를 생산하고 소비하는 방식 역시 크게 변화시켰다. 전통적인 농업이 자연친화적이고, 순환적이며, 사회적 협업을 강조한다면 산업화된 현대 농업은 자연 파괴적이고, 균열적이며, 사회적 소외를 기반으로 한다. 이 장에서는 사회물리적으로 균열을 생산하는 현대 농식품체계의 문제점을 신진대사 균열론을 통해 이론적 차원에서 검토했다. 신진대사 균열론은 농촌과 농업의 문제만을 지적한 것이 아니라 사회 전체의 단절과 비순환의 문제를 제기한다. 한국사회의 불균형적 산업화와 도시화는 농촌을 위기에 빠뜨릴 뿐 아니라 한국사회 전체의 위기를 낳고 있다. 최근에 크게 이슈가 되고 있는 한국의 높은 자살률, 낮은 행복도, 헬조선 담론 등은 근본적으로 우리 사회가 걸어온 균열적 근대화의 결과라고 볼 수 있다.

1960년대 이후 과도한 산업화와 도시화가 진행되면서 한국사회는 문명적 황폐함에 시달리게 되었다. 농업 또한 근대화의 바람 앞에서 농약, 화학비료, 석유집약적인 것으로 변화하면서 생명을 죽이는 농업으

---

* 녹채원과 대한유통은 서울의 초등학교 급식업체이고, 솔체푸드라인은 양평 지역에 급식을 제공하고 있으며, 생태유아공동체는 어린이집에 급식을 공급하고 있다.

로 바뀌었다. 신진대사의 균열을 특징으로 하는 농업이 자리 잡았던 것이다. 이런 근대화의 역사 속에서 팔당 지역은 정농회의 영향을 받은 농민 지도자의 헌신과 지역 농민들의 연대, 그리고 상수도 보호구역이라는 특수한 여건으로 유기농업, 즉 신진대사를 복원하는 농업을 실험하고 있는 특별한 사례다. 또한 팔당생명살림의 틀 안에 유기농 생산자 조직과 소비자생협이 어우러지면서 먹거리를 통한 공동체의 꿈을 키워가고 있다. 이러한 팔당생명살림의 노력은 사회·생태적 신진대사를 정상화하려는 노력으로 평가될 수 있다. 우리 농업의 미래가 여기에 있고, 우리 사회의 비전이 여기에 있다고 할 수 있다.

보다 큰 시각에서 바라보면 이는 먹거리만의 문제가 아니다. 우리 삶의 방식과 관련되는 것이며, 문명사적 의미를 가진 것이다. 이런 상황에서 사회학의 핵심 개념인 공동체에 대한 새로운 접근이 필요하다. 인간이라는 종은 공동체 없이 존재할 수 없다. 산업화·도시화되어 황폐한 현재, 한국에서 먹거리를 매개로 하는 대안적 공동체에 관한 논의가 절실하다. 생명의 출발점인 먹거리를 매개로 그동안 사회-물리적으로 멀어졌던 농촌과 도시, 농민과 도시인이 다시 만나야 한다. 지역을 중심에 두고 사회적 관계를 회복해야 한다. 팔당생명살림은 여러 가지 면에서 시민농업의 확산 잠재력을 가지고 있다. 어떻게 이런 조직을 도시 공간의 소비 네트워크와 연결할 것인가가 중요한 정치적 과제다. 이 과제는 한국사회 전체의 지속가능성 문제와 관련되어 있다.

10장

대안먹거리운동과
생활협동조합

서론

앞에서 살펴봤듯 한국의 농식품체계는 심각한 구조적 위기에 빠져 있다. 이 위기는 한편으로 긴 시간틀 속 역사의 부침 과정에서 형성된 것이다. 또 다른 한편으로 한국 농식품체계의 위기는 보다 거시적 구조인 세계 농식품체계 속에서 만들어진 것이다. 장기적인 시간틀과 거시적 구조의 제약이라는 점을 고려하면 한국의 농식품체계가 안고 있는 위험과 문제점을 해결하는 것은 결코 쉬워 보이지 않는다. 먹거리의 생산 및 유통 과정이 초국적 농식품기업과 대형 마트 등에 의해 지배되면서 먹거리 안전에 관한 투명성과 책임성을 확보하는 것이 점점 더 어려워지고 있다. 기업식량체제의 구조적 특성이 먹거리의 생애과정을 길고 복잡하게 하며, 소비자들의 시야에서 멀어지도록 만들고 있는 것이다. 이러한 상황은 소비자들을 더욱 불안하게 하고, 사람들은 개인 차원에서 위험을 최소화하기 위한 다양한 노력을 시도하기도 한다.

최근 각종 먹거리 사고가 빈번하게 발생하고 또한 먹거리 위험에 관한 보도가 많이 되면서 먹거리 위험에 대한 소비자들의 불안감은 매우 높다. 먹거리의 위험에 대한 소비자들의 우려는 때로는 직접적인 정치 행위로 나타나기도 한다. 그 예가 2008년 한국의 여름을 뜨겁게 달궜던 미국산 쇠고기 수입 반대 촛불집회다. 한·미 FTA를 졸속으로 조속히 타결하기 위해 이명박 정부는 미국산 쇠고기에 관한 안전장치와 검역권을 포기하고 수입을 완전 자유화하려고 했다. 이에 대한 시민들의 우려와 분노는 청소년, 여성, 시민단체 등 광범위한 시민이 참여한 미국산 쇠고기 수입 반대 촛불집회로 이어졌다(김철규·김선업, 2009). 먹거리를 소재로 한 대규모 집합행동은 다소 예외적이라고 할 수 있는데, 이에 대해 이명박 정부는 한편으로는 탄압을, 다른 한편으로는 최소한의 형식적인 검역절차를 추가함으로써 여론을 무마했다. 정부가 시민의 식품 안전에 대한 요구를 외면했을 때, 사람들이 선택할 수 있는 방법은 매우 제한될 수밖에 없다. 하나는 개인 단위의 소비 전략이다. 자신이 가지고 있는 화폐를 통한 선택권으로 시장에서 비싼 돈을 주고 한우를 사 먹거나 유기농 식품을 선택함으로써 자신과 가족의 건강을 지키려고 노력하는 것이다. 다른 하나는 기존 먹거리체계의 구조를 우회하고 생산자와 직접 연결하여 먹거리의 투명성과 안전성을 높이는 방법이다. 이는 대개 다른 소비자 및 생산자와의 연대를 통해 이뤄진다. 개인이 아니라 보다 조직적인 방식으로 대안을 모색하는 것이다.

현대 농식품체계는 생산, 가공, 유통 단계를 세분화하여 복잡한 하위 과정을 발달시켰다. 예컨대 거대 슈퍼마켓들은 전 세계를 포괄하는 물류망을 가지고 있으며, 광고·구매·포장·가공 등을 때로는 자체적으로 때로는 아웃소싱을 통해 관리하고 있다. 이들이 전체 먹거리체계에서 차지하는 비중과 역할이 점점 더 증가하고 있다(Burch and Lawrence, 2007). 현대 농식품체계의 복잡성을 고려하면 소비자들이 개별적으로 먹거리에 관한 정보를 충분히 확보하고, 안전하고 좋은 식품을 선택하는 것은 결코 쉬운 일이 아니다.

기존 먹거리체계가 안고 있는 문제에 대한 집합적인 대응이 대안먹거리운동이라고 할 수 있다. 비슷한 관심과 우려를 갖고 있는 시민들이 모여 공동으로 해결책을 모색하고자 하는 노력이다. 이러한 대안먹거리운동 가운데 하나로 한국에서 크게 성장한 것이 소비자생활협동조합(생협)이다. 한살림, 두레생협, 아이쿱 등은 회원이 아닌 사람들에게도 많이 알려진 조직으로 성장했다. 그만큼 우리 먹거리체계가 안고 있는 문제가 많다는 점을 보여주기도 하고, 한국의 시민들이 먹거리에 대한 관심이 크다는 증거이기도 하다. 1980년대 중반 이후 등장한 생협은 그동안 소비자들에게 안전한 먹거리를 제공하고, 친환경농산물을 생산하는 농민들의 소득 증대에 기여했다. 먹거리를 매개로 소비자와 생산자가 상생의 대안을 모색했다고 평가할 만하다. 생산 및 유통의 투명성, 생산자-소비자 사이의 신뢰, 그리고 사회적 가치가 강조되는 생협은 친환경농산물과 먹거리 안전에 대한 관심이 높아지면서 계속 성장해왔다. 먹거리 관련 사고가 발생하면 생협 가입자들이 증가하는 경향이 있는데, 2008년 미국산 쇠고기 수입 자유화에 따른 시민들의 우려는 회원 수의 급격한 증가로 이어지기도 했다.

이 장에서 우리는 대안먹거리운동으로 자리잡은 생협의 역사와 현재를 살펴보고, 과연 생협이 지속가능한 대안 먹거리 조직으로서 어떤 의미와 한계를 지니는지 평가하고자 한다. 생협이 대안적인 사회적 가치를 실현하며, 동시에 경제적으로 지속가능한가 여부가 중요한 기준이 될 것이다. 대안 농식품체계를 구축하기 위해서는 신뢰, 연대, 생태성 등 여러 사회적 가치와 더불어 경제적인 측면도 무시될 수 없다. 어떤 조직이든 사회적 배태성embeddedness으로 표현되는 대안적 가치와 도구성 instrumentality으로 표현되는 경제적 이해가 적절하게 충족되어야 지속될 수 있기 때문이다 (윤병선·김선업·김철규, 2011; Hinrichs, 2000).

한국의 생협 가운데 가장 대표적인 조직이 한살림이다. 이 연구에서는 먼저 생협의 사회적 의미와 역사를 한살림을 중심으로 정리한다. 이어서 한살림이라는 조직이 과연 지속가능한 먹거리체계의 한 단위로서 다양한 사회적 가치와 경제적 욕구를 충족시키고 있는지를 경험적으로 분석한다. 조직에 대한 평가는 참여 구성원들의 생각이 중요하기 때문에 한살림 회원 대상 설문조사를 통해 접근하려 했다. 이러한 작업을 통해 생협의 현재를 객관적으로 진단하고 미래를 조망하고자 한다. 더불어 분석 결과를 활용하여, 생협이 지속가능한 먹거리체계를 만드는 데 기여하기 위해서는 또 어떤 변화들이 필요한지에 관해서도 논의할 것이다.

한국의 생협과 한살림

소비자생활협동조합은 한국사회에서 중요한 대안적 먹거리운동이자 신뢰할 수 있는 유기농산물 유통망이다. '운동'과 '시장'의 이중적 성격을 띠고 있는 생협의 독특함은 한계이기도 하고 가능성이라고도 할 수 있다. 이 절에서는 생협의 역사를 간단히 개관하고, 이 연구의 분석 대상인 한살림의 현재와 맞닥뜨린 과제를 정리하고자 한다.

우리나라에서 생협이 본격화된 것은 1980년대부터다. 과거 민주화 운동과 농민운동 등에 참여했던 사람들 일부가 농업과 생태계를 살리기 위한 대안으로 생협운동을 시작했다. 생협은 초기부터 유기농산물 직거래 사업에 큰 관심을 가졌는데, 이는 직거래를 도시와 농촌을 잇는 생명운동으로 인식했기 때문이다(김기섭, 2005; 정은미, 2006). 1986년 우리나라 최초의 본격적인 생협이라고 할 수 있는 한살림이 무위당 장일순의 생명사상을 기초로 만들어졌다. 한살림은 농약과 제초제를 대량으로 사용하는 근대 화학농업의 폐해를 비판하고, 인간과 자연의 단절을 가져온 잘못된 생산-소비 관계에 대한 반성을 강조했다. 한살림에 이어 여러 생협이 만들어졌다. 과거 여성운동을 하던 사람들이 1989년 여성민우회 생협을 조직했으며, 1992년에는 노동운동에 참여했던 사람들을 중심으로 부평생협이 만들어졌다.

민주화 이후 1990년대 시민운동 전반이 활성화되고, 소비자주권의식과 환경에 대한 관심이 높아지면서 생협도 계속 발전할 수 있었다. 1999년 소비자생활협동조합법이 제정되어 생협의 법적·제도적 기반이 마련되었다. 2000년대 농산물 수입이 늘어나고, 식품 관련 사고가 빈번하게 일어나면서 생협은 꾸준히 성장했다. 무엇보다 안전한 유기농산물을 찾는 소비자들과의 직거래에 초점을 맞추면서 생협의 성장이 지속될 수 있었다(윤형근, 2006).

현재 한국의 주요 생협으로는 한살림, 아이쿱, 두레생협, 민우회 생협 등이 있다. 2010년을 기준으로 생협 전체 회원 수는 51만 세대를 넘어섰고, 총 공급액은 5,957억 원에 달했다(〈표 10-1〉 참조). 우리나라 전체 친환경유기농식품 유통거래액은 약 3조 9,713억 원(수입 유기농식품 제외)으로 추정되는데, 이 중 생협을 통한 공급액이 10% 이상을 차지하는 것으로 보인다. 특히 저농약 농식품을 제외한 무농약과 유기농

표 10-1 생협의 사업 현황　　　　　　　　　　　　　　　(단위 : 100만 원, %)

구분		2008(a)	2009(b)	2010(c)	증가율	
					b/a	c/b
공급액	한살림	133,437	159,442	190,940	19.5	19.8
	iCOOP생협연합회	130,150	205,300	280,000	57.7	36.4
	두레생협연합회	40,554	55,583	70,260	37.1	26.4
	민우회 생협	11,338	15,367	20,529	35.5	33.6
	기타	23,839	28,360	33,548	19.0	18.3
	합계	339,318	464,052	595,277	36.8	28.3
조합원수	한 살 림	170,793	207,053	242,916	21.2	17.3
	iCOOP생협연합회	54,600 (34,987)	78,593 (56,100)	110,000 (80,000)	43.9 (60.4)	40.0 (42.6)
	두레생협연합회	48,390	66,617	85,000	37.7	27.6
	민우회 생협	17,187	19,579	24,900	13.9	27.2
	기타	37,420	43,150	49,620	15.0	15.3
	합계	328,390	414,992	512,436	26.4	23.5

주:　1) iCOOP생협연합회의 조합원 수에서 괄호 안의 수치는 조합비 조합원 수를 나타냄.
　　 2) iCOOP생협연합회의 공급액에는 (조합비)조합원외 공급액이 포함되어 있음(2008년 851억 원).
　　 3) 한살림의 2008년 공급액에는 (주)한살림학교급식의 학교 및 일부 어린이집 식재료 공급액을 반영한 것임
　　　 (2008년 8억 3,900만 원, 2009년 6억 8,300만 원, 2010년 1억 5,000만 원).
　　 4) 기타 생협의 공급액과 조합원 수는 추정한 수치임.
출처: 조완형, 2010.

식품만을 고려할 때에는 생협이 차지하는 비중은 20%를 넘는 것으로 추산된다. 취급하는 품목 수도 농산과 가공품을 합하여 1,000여 종에 달한다(조완형, 2010).

　생협운동은 생산자와 소비자가 함께 친환경유기농업을 기반으로 농촌을 살리고, 환경을 보전하려는 새로운 사회운동으로 평가할 수

있다. 각 조직마다 이념이나 구체적인 활동상은 다르지만 기본적으로 공생을 중시하는 생태주의적 사상을 기반으로 한다. 생협은 관행농업, 화학농업이 지배적이었던 우리나라에 친환경유기농업을 지켜냈으며, 이를 소비할 의식 있는 소비자층을 형성하고 조직하는 데 큰 기여를 했다. 그러나 생협 조직이 빠르게 팽창하고, 매출이 증가함에 따라 여러 가지 도전에 직면하고 있는 것도 사실이다. 특히 운동이나 대안의 성격이 약화되면서 또 하나의 시장으로 변모되는 것이 아니냐는 우려가 제기되고 있다(김철규·김기섭·김흥주·한도현, 2004). 즉, 물류 중심의 조직 변화, 중앙집중화, 운동의 상품화, 정체성과 철학의 희석, 지역사회와의 유리 등이 문제점으로 지적되고 있다(윤병선, 2010; 정규호, 2011; 조완형, 2006). 허남혁(2009)은 현재 생협이 '위기와 활로 모색기'에 있는 것으로 해석한다. 무엇보다 국내 유기농 수요가 증가하고 시장이 팽창하면서, 대형 마트, 유기농 전문매장, 백화점 등이 적극적으로 시장에 참여하고 있다. 또한 생협들 간에도 경쟁이 치열해지면서 생협의 미래에 대한 고민이 커지고 있다.

여러 생협 가운데 역사와 규모 면에서 우리나라를 대표하는 생협이 한살림이다. 한살림은 1985년 6월 원주한살림(소비자협동조합)으로 태동한 뒤, 1986년 12월 한살림농산으로 이어졌다. 이어 1988년 2월, 가입 소비자가 1,000세대를 넘게 되자 '한살림공동체 소비자협동조합'이 창립되었고, 1994년 2월에 사단법인 한살림이 세워지면서 생산자, 소비자, 실무자가 함께 참여하는 현재의 종합적인 협동조직으로 자리 잡았다(권미영, 2010; 서성진, 2010). 한살림은 조합원 25만 명에게 연간 1,909억 원에 달하는 농식품을 공급하고 있다. 이를 위해 생산 약정을 맺은 유기농지가 약 650만 평이며, 자체적인 물류센터를 보유하고 있다. 다른 생협과 구별되는 한살림의 특징 몇 가지를 정리하면 다음과 같다.

첫째, 한살림은 생명운동의 일환으로서 생협운동을 시작했으며, 오늘날까지 생명사상은 한살림의 중요한 이념으로 계승되고 있다.[*] 세월이 지나고, 회원 수가 증가하면서 조직의 이념이 약화된 측면도 있지만, 한살림은 다른 생협에 비해 농업을 강조하고, 운동적 지향성이 강하다고 할 수 있다.

둘째, 한살림에서는 '생산자는 소비자의 생명을, 소비자는 생산자의 생활을 책임진다'라는 구호 아래 농민과 소비자가 간의 호혜적 관계 수립을 강조한다. 건강하고 안전한 먹거리를 매개로 소비자와 생산자의 연대와 사회적 관계 회복을 강조하는 것이다.

셋째, 한살림은 다른 생협에 비해 '지역'에 관심을 가지려 노력하는 편이며, 특히 최근에는 로컬푸드에 대한 관심을 제도화하기 위해 노력하고 있다.[**] 그러나 각 지역의 농산물이 주로 수도권의 수요에 의해 유통되고 있어, 지역 생협 중심의 생산-소비 공동체 형성에 어려움이 있는 것이 사실이다.

넷째, 한살림은 단순한 먹거리운동을 넘어서 다양한 사회적 가치를 실현하는 시민 형성에도 관심을 가져왔다. 한살림은 2000년대 후반부터 지역사회에서 수돗물 불소화 반대 캠페인, 굶주린 북한 돕기 모금운동, 아프가니스탄 전쟁난민 돕기 모금운동, 학교급식 개선운동, 위안부 할머니 수요시위 후원 등 다양한 사회운동을 전개해왔다.

---

[*] 무위당 장일순에 의해 틀이 만들어진 생명사상은 동학사상의 재해석에 기초하여 한국의 전통사상의 요소를 담고 있으며, 동시에 심층생태주의적 지향을 지니고 있다고 할 수 있다.
[**] 19개 지역 한살림 중 평택, 홍천, 원주 등은 수도권 주변의 생산자 중심 공동체이자 생산 거점 역할을 하고 있다. 한편 대구, 부산, 경남 한살림은 독자적인 생산과 물류사업을 진행하고 있다.

현재 한살림은 외적 환경 및 내적 구조의 변화로 인해 다른 생협들과 마찬가지로 여러 가지 도전에 직면해 있다. 사업 규모가 확대되고 조합원 구성이 다양해지면서 한살림의 정체성에 대한 고민이 크다. 또 소비자의 수가 증가함에 따라 공급량을 늘리기 위해 약정 생산 비율이 줄어드는 문제, 조합원의 수도권 편중으로 물류가 수도권으로 과도하게 집중되는 문제 등도 심각하다. 조직이 커지고 물류가 강조되면서 한살림 고유의 이념이 희석되고, 생산자와 소비자의 대면적 관계 구축이 어려워지고 있는 점도 한살림이 앞으로 풀어가야 할 숙제로 지적되고 있다. 이에 따라 한살림 관계자들은 생산자와 소비자의 관계성 심화, 조합원 참여 확대, 공동체지원농업 등을 통한 지역 단위 물류체계의 도입, 지역의 강조 등을 앞으로 한살림이 추구해야 할 중요한 과제로 제시하고 있다(윤형근, 2006; 조완형, 2010).

대안먹거리운동과 대안성

앞에서 살펴본 바와 같이, 한살림은 유기농 직거래를 통한 새로운 공동체운동을 지향해왔다. 당면한 여러 현실적 과제에도 불구하고, 한살림은 대안농식품체계를 만들기 위한 중요한 자원이라고 할 수 있다. 한살림의 현재를 객관적으로 평가하고, 지속가능한 대안체계 모색에 필요한 이론적 기반을 마련하기 위해, 이하에서는 대안농식품체계와 관련된 이론적 논의와 동향을 검토하도록 하겠다.

대안농식품체계에 대한 관심은 기존 농식품체계가 가진 먹거리 위험, 먹거리위기, 환경적 폐해, 먹거리 부정의food injustice 등에 대한 비판에서 비롯되었다. 즉 현대 농식품체계가 지속가능하지 않다는 문제의식이 대안에 대한 고민으로 이어진 것이다(김철규, 2008b; 윤병선, 2008; Blay-Palmer, 2008; Blay-Palmer, 2010; Patel, 2007; Rosin, Stock, and Campbell, 2012; Schlosser, 2001). 20세기 중반에 완성된 기존 농식품체계는 대량생산과 대량소비를 특징으로 한다. 포드주의의 틀 속에서 만들어진 현대 농식품체계는 먹거리의 생산과 소비 양쪽의 커다란 변화를 전제로 이뤄졌다(Kenney, Lobao, Curry, and Goe, 1989).

현대 농식품체계의 생산 부문에서 중요한 변화는 다음과 같다. 첫째, 전문화의 이름 아래 단작이 지배적인 생산 방식으로 자리 잡았다. 전통적인 다품종 소량생산이 사라지게 된 것이다. 둘째, 대량의 농약, 화학비료, 그리고 대형 농기계를 사용하는 석유 의존적인 농업이 만들어졌다(Pfeiffer, 2006). 셋째, 집약적인 축산업이 발달했다. 육류의 대량생산을 위한 공장제 축산이 등장한 것이다(Kim and Curry, 1993; Pollan, 2006). 이에 따라 항생제, 성장호르몬 등 사람의 건강과 동물의 복지 문제가 발생하게 되었다.

먹거리 생산의 변화는 이에 조응하는 소비체계의 발전과 함께 진행되었다. 먹거리 소비의 변화는 도시인구의 팽창, 도시와 농촌의 물리적 분리, 도시의 소비적 기능의 심화를 바탕으로 한 것이었다. 도시의 대량소비를 충족시키기 위한 유통체계가 만들어졌다. 농산물의 장거리 이동을 위한 냉장 및 냉동 공급망의 구비, 도로 및 철도망의 정비, 슈퍼마켓을 통한 대량유통, 냉장고 보급에 따른 식품의 장기 보존, 자가용을 이용한 식품 구입 등이 포드주의적 소비 양식의 조건이다. 이제 도시에 거주하는 사람들은 먹거리를 전적으로 외부에 의존하게 되었다. 이는 도시와 농촌의 분업구조의 심화, 식량 생산지와 소비지 사이의 물리적 거리의 확장, 그리고 생산자와 소비자 사이의 사회적 단절을 의미하는 것이었다. 먹거리의 산업적 생산과 도시 집중적 소비는 환경적으로도 재앙이었다. 즉 자연의 순환고리가 깨지는 결과를 낳았으며, 도시와 농촌 모두의 생태적 파괴 혹은 생태적 균열을 경험하게 되었다(Foster, 1999).

현재의 대규모, 산업형, 지구적 농식품체계가 사회적으로나 생태적으로 지속가능하지 않다는 점은 분명해지고 있다. 기존의 농식품체계는 "표준화되고, 환경적으로 위해하며, 소모적이고, 정의롭지 않고, 건강하지 않으며, 탈장소적이며, 주체 역량을 약화"시키는 것이다(Hinrichs, 2010a: 18).* 기존 농식품체계의 문제점이 드러나면서 이를 극복하기 위한 대안운동들이 여러 가지 모양으로 등장했다. 대표적인 것으로 새로운 사회적 유통망을 만들려는 일본의 산소제휴提携, Teikei, 생산자와 소비자가 위험을 공동으로 부담하는 미국의 공동체지원농업, 반세계화운동이자 공동생산자로서의 소비자를 강조하는 이탈리아의 슬로푸드운동, 그리고 전 세계적으로 급성장하고 있는 농민시장 등이 있다. 이와 같은 외국의 대안먹거리운동은 국내에도 활발하게 소개되었으며(김원동, 2008; 김종덕, 2001, 2004; 박덕병, 2005), 현재 우리나라에서도 다양한 형태로 실험되고 있다(김원동, 2010; 김철규, 2011; 윤병선 외, 2011; 지경식, 2010).

이런 대안먹거리운동은 신뢰, 연대, 면대면 접촉과 같은 사회적 가치를 강조한다. 먹거리가 비익명적이고, 물화된 시장의 상품으로 거래되는 것을 경계하며, 사회에 뿌리를 둔 시장, 즉 배태성을 강조한다(Hinrichs, 2000; Polanyi, 1957). 다양한 대안먹거리운동이 지향하는 가치와 사회적 배태성은 생산자와 소비자 사이의 상호 의무와 책임, 네트워크, 신

---

* 이처럼 지속가능하지 않은 기존 농식품체계를 극복하기 위해, 힌리치는 사회정의론적 접근의 필요성을 강조한다(Hinrichs, 2010b).

뢰 등의 사회적 자본이라고 할 수 있다(Kirwan, 2004; Lee, 2000; Sage, 2003).

앞에서 언급한 대안먹거리운동들은 형태가 상이하고, 발생한 사회적 맥락도 차이가 나지만 추구하는 가치의 측면에서 몇 가지 공통점을 발견할 수 있다. 이 공통점을 정리하여, 이를 경험적 분석의 출발점으로 삼고자 한다. 첫째, 먹거리의 안전성food safety을 강조한다. 제휴, 슬로푸드, 공동체지원농업, 농민시장 등은 모두 생산자와의 직거래를 통해 안심하고 먹을 수 있는 안전한 먹거리를 확보하려는 노력이다. 둘째, 생태성 혹은 친환경적 가치environment friendliness를 공유한다. 대부분의 대안먹거리운동은 기존의 산업형 농업, 화학농업이 가진 반생태적 생산 방식을 비판하고, 유기농의 중요성을 강조한다. 셋째, 생산자와 소비자의 관계성relationship을 확보하려고 한다. 대안먹거리운동은 단순히 안전한 먹거리를 공급하는 것을 넘어 생산자와 소비자 간의 신뢰와 연대를 만들고자 노력한다. 넷째, 상대적으로 최근의 경향인데, 지역local에 대한 관심이 높아지고 있다. 특히 로컬푸드라고 할 수 있는 공동체지원농업이나 농민시장은 대안의 모색에서 지역의 중요성을 강조한다. 가능하면 물리적-지리적 거리가 가까운 곳에서 먹거리가 순환하도록 하고, 판매된 자금 역시 지역경제의 활성화를 위해 활용되는 체계를 만들려고 한다. 이처럼 안전성, 생태성, 관계성, 그리고 지역성은 대안먹거리운동이 지향하는 사회적 가치이며, 이러한 가치들이 얼마나 실현되고 있는가는 운동의 미래를 위해 대단히 중요하다고 하겠다.

최근 이러한 사회적 가치의 지나친 강조에 대한 조심스러운 성찰론이 제기되고 있다. 즉 현실에서 대안먹거리운동 조직의 참여자들의 행위 양식은 배태성과 도구성 양자가 조합되어 발현되며, 이에 대한 경험적 분석이 필요하다는 것이다(김철규, 2011; Hinrichs, 2000). 대안먹거리운동이 유지되고, 제도화되기 위해서는 일정한 경제적 기반이 필요하다. 대안먹거리운동에 참여하는 생산자와 소비자 모두는 신뢰, 이념 등의 사회적 가치의 실현뿐 아니라 가격이나 소득 등 일정한 경제적 만족을 추구한다(윤병선 외, 2011). 따라서 대안농식품체계의 구축과 그 장기적인 지속가능성을 위해서는 경제성 측면에 대한 관심 역시 필요하다.

다음 절에서는 이상의 다섯 가지 조건, 즉 안전성, 생태성, 관계성, 지역성, 그리고 경제성의 측면에서, 회원들이 자신이 속한 생협에 관해 어떤 생각을 가지고 있으며, 어떤 행위 양식을 보이는지를 규명할 것이다. 즉 한국의 대표적인 생협인 한살림 회원들에 대한 설문조사를 통해, 앞에 제시한 다섯 가지 기준에 비추어 현재의 한살림이 어디에 와 있다고 생각하는지를 평가하도록 했다. 이를 통해 우리나라 생협이 대안성 측면에서 만족스러운 것은 어떤 것이며 보완이 필요한 부분은 어디인가를 경험적으로 밝히고자 한다(김철규·김상숙·김진영, 2012).

한살림과 대안성: 경험적 분석

1. 조사 방법

한살림 회원들의 생각과 행동을 알아보기 위한 이 조사는 2010년 10월과 11월에 걸쳐 '모심과 살림 연구소'와 '고려대학교 한국사회연구소'가 공동으로 수행했다. 한살림 전국 19개 지역조직의 조합원을 대상으로 무작위 표본추출을 통해 설문조사를 실시했다. 설문조사는 2010년 6월 말 기준으로 한살림 가입기간이 1년 이상이며, 지난 1년 동안 한 번 이상 물품을 이용한 경험이 있는 회원을 대상으로 했다. 이 조건에 해당되는 조합원 1,000명을 무작위로 선정하여 설문지를 배포했으며, 이 중 560명이 응답했다.

2. 조사 대상 일반 특성

설문조사에 응답한 560명의 일반적 특성을 정리하면 다음과 같다. 첫째, 가입기간을 보면, 3년 미만인 조합원이 약 36%를 차지했고, 3년에서 5년 사이가 약 26%, 5년 이상이 나머지 38% 정도였다. 둘째, 연령의 경우 조합원의 평균 연령은 약 44세였고 전체 범위는 26세에서 80세까지 분포되었다. 20~30대가 약 30%, 40대가 약 49%로 가장 많았고 50대 이상이 21% 정도다. 셋째, 학력을 보면 고졸 이하가 약 21%, 대졸이 66%로 가장 많았으며, 대학원 이상은 약 12%였다. 즉 40대 대졸 여성이 한살림의 대표적인 조합원이라 볼 수 있다. 대학원까지 포함할 경우 대졸 이상의 응답자가 78%로, 학력수준이 대단히 높다고 할 수 있다. 넷째, 월평균 가계소득을 보면 300만 원 이하가 약 21%, 300만 원에서 450만 원 사이가 약 32%, 450만 원에서 600만 원 사이가 약 25%, 600만 원 이상이 약 32%로 나타났다. 상당수 조합원의 소득수준이 우리나라 전체 인구 집단보다 높은 중산층 이상에 해당하는 것으로 보인다.

3. 5개의 차원에 대한 검토

생협 먹거리의 안전성, 생태성, 관계성, 지역성, 경제성을 평가하기에 앞서 한살림 조합원들의 기존 시장 일반 먹거리에 대한 인식을 살펴보면 〈표 10-2〉와 같다.

한살림 조합원들은 일반 먹거리와 관련된 모든 항목에 대해 명백하게 부정적인 인식을 갖고 있었다. 5점이 만점이고 3점이 중립적 입장인 척도에서 기존 먹거리에 대한 평가는 모두 2점에 가까운 평균값을 보이고 있다. 심지어는 품질에 대한 가격의 적정성, 즉 경제성의 측면에서도 긍정적인 입장보다는 부정적인 입장이 좀 더 강한 것으로 나타났다. 이처럼 대안성의 주요 지표들에서 한살림 회원들의 일반 먹거리에 대한 평가는 부정적임을 알 수 있다. 어쩌면 이는 당연한 결과라고 할 수 있는데, 왜냐하면 한살림에 가입하게 된 동기 자체가 기존 먹거리에 대한 불안과 불만족이기 때문이다.

한살림에서 공급하는 먹거리에 대해서는 조합원들이 어떻게 평가하고 있는지를 살펴보자. 〈표 10-3〉은 대안성의 주요 지표들에 대한 평가를 보여준다. 5점 척도에서 측정했는데, 안전성에 대한 만족도는 평균이 약 4.58점으로 매우 만족에 가장 가까운 값이다. 친환경성도 그와 비슷한 긍정적인 평가를 받고 있다. 세 번째 변수인 신뢰는 관계성을 보여준다고 할 수 있는데, 이 역시 4.57점으로 매우 높다. 네 번째 변수인 물품에 대한 정보 제공은 지역성과 관계되는 것이라고 할

표 10-2 한살림 회원의 일반 먹거리에 대한 인식

문항			평균	표준편차
전혀 안전하지 못하다	⇐①②③④⑤⇒	매우 안전하다	2.223	0.907
전혀 친환경적이지 않다	⇐①②③④⑤⇒	매우 친환경적이다	2.125	1.060
누가 생산한 건지 전혀 알 수 없다	⇐①②③④⑤⇒	생산자가 누군지 잘 알 수 있다	2.104	0.908
생산자를 신뢰할 수 없다	⇐①②③④⑤⇒	생산자를 신뢰할 수 있다	2.180	0.955
품질에 비해 가격이 비싸다	⇐①②③④⑤⇒	품질에 비해 가격이 적당하다	2.557	1.044

표 10-3 한살림 물품에 대한 회원 만족도

매우 불만	조금 불만	그저 그렇다	조금 만족	매우 만족
1	2	3	4	5

	평균	표준편차
① 물품의 안전성	4.576	0.553
② 물품의 친환경성	4.570	0.558
③ 물품에 대한 신뢰성	4.573	0.567
④ 물품에 대한 정보 제공	3.879	0.810
⑤ 물품의 가격수준	3.963	0.767

수 있다. 왜냐하면 물품에 대한 정보는 생산자나 생산지에 대한 정보를 포함하기 때문이다. 지역성을 보여주는 물품 정보 평균값은 약 3.88로 다른 변수들에 비해 상대적으로 만족도가 약간 떨어짐을 볼 수 있다. 다섯 번째 변수인 가격수준은 경제성에 관한 것인데, 평균이 약 3.96점으로 조금 만족에 가깝다. 요약하면, 생협 먹거리는 안전성, 친환경성, 관계성, 지역성, 경제성 등에 있어서 대체로 긍정적이지만, 상대적으로 지역성이나 경제성은 보완해야 할 부분이 있는 것으로 평가할 수 있다.

경제성과 관련해서 좀 더 깊이 있는 질문을 던져보았다. 즉 한살림 물품의 가격이 일반 시중 가격 등에 비해서 어떻다고 생각하는지에 대한 응답인데, '적당하다고 생각한다'가 모두 과반수 이상이다(〈표 10-4〉 참조). 시중 가격보다 비싸다고 생각하는 이들도 일부 있었지만, 전체적으로 평가했을 때 경제성의 측면도 긍정적인 수준이다. 즉 한살림 회원들은 생협의 물품 가격이 다소 비싸더라도 그것이 가진 대안적 가

표 10-4 한살림 물품 가격에 대한 회원 평가

	비싸다고 생각한다	적당하다	싸다고 생각한다	모르겠다	무응답
① 일반 시중 가격과 비교해서	137(24.5)	345(61.6)	72(12.9)	5(0.9)	1(0.2)
② 타 생협과 비교해서	39(7.0)	299(53.4)	140(25.0)	78(13.9)	4(0.7)
③ 한살림이 지향하는 가치에 비추어서	49(8.8)	409(73.0)	67(12.0)	31(5.5)	4(0.7)

치를 높게 평가하고 있는 것이다.

조합원들의 생협 물품 가격에 대한 긍정적 평가는 두 가지 측면에서 해석할 수 있다. 첫째, 생협 조합원들이 대체로 경제적 수준이 높은 집단인 것에 영향을 받은 것으로 보인다. 조사 대상 조합원의 월평균 가계소득은 약 460만 원으로 비교적 소득수준이 높은 집단이라는 것을 알 수 있다. 둘째, 한살림 회원들의 가격에 대한 평가는 일정 부분 한살림이 제공하는 안전한 먹거리나 가치에 영향을 받았을 것이다. 예컨대 "한살림이 지향하는 가치에 비추어서" 가격에 대한 평가를 물었을 때, 비싸다고 응답한 사람은 8.8%에 불과했다는 사실이 이를 방증한다. 결론적으로 많은 한살림 회원은 먹거리 구입의 경제성 판단에 있어서도, 한살림 물품이 제공하는 안전성, 가치, 안심 등 비경제적 가치를 고려하고 있는 것으로 보인다.

이러한 사실은 한살림 상품의 가격이 현 조합원들에게는 별 문제가 되지 않지만, 생협이 외연을 넓혀 소득수준이 낮은 계층까지 포괄하는 대안적 체계가 될 수 있을 것인가라는 과제를 남긴다. 생협이 교육수준이나 소득수준이 높은 중산층 중심의 조직을 넘어 보다 보편적인 먹거리 평등 및 먹거리 정의를 실현하는 데 어떻게 기여할 수 있을까 하는 고민이 필요하다.

다음으로 살펴볼 대안성 지표는 관계성이다. 관계성의 핵심은 먹거리 생산자와 소비자 사이의 신뢰 형성이며, 이를 위해서는 생산자와 소비자의 상호 이해와 관심, 그리고 더 나아가 소통과 대면적인 만남이 필요하다. 그러나 한살림을 비롯한 한국 생협은 이 관계성의 측면에서는 충분히 성숙되지 못한 상태로 보인다. 이번 조사 문항 중 "한살림 물품을 구입하실 때 가장 우선해서 고려하는 사항은 무엇입니까?"라는 질문에 다수의 조합원이 물품의 품질과 친환경 인증 여부를 선택했으며, 물품 생산지나 생산자를 선택한 사람은 5.5%에 불과했다. 이는 회원 대부분의 가입 동기가 안전하고 친환경적인 먹거리를 통해 자신과 가족의 건강을 지키려는 것임을 보여준다. 조합원들의 농산물 생산자에 대한 관심은 2차적이라고 할 수 있다. 관련된 또 다른 문항은 한살림이 물품과 생산지 소식 제공 등의 활동을 하고 있다는 사실을 얼마나 알고 있는지를 물었다. 5점 척도로 조사한 것인데, 그 평균은 2.9(표준편차 0.91)로 중간 수준의 인지도를 보인다. 즉 상당수의 조합원이 생산지에 대한 소식 제공 사실을 잘 모르고 있었다.

보다 직접적으로 관계성의 수준을 파악하고자 또 다른 두 질문을 던지고, 그 결과를 각각 〈표 10-5〉와 〈표 10-6〉에 제시했다. 우선 〈표 10-5〉는 조합원들이 지난 1년간 생협의 어떤 활동에 참여했는지를 복수 응답으로 조사한 것이다. 총 8종류의 다양한 활동 중 생산지를 방문해 생산자를 만나는 기회는 '⑤ 생산지 방문 활동'과 '⑥ 대보름, 단오, 가을걷이 행사 참여'인데, ⑤의 경우 11.6%의 조합원이 참여했고, ⑥의 경우 7.7%의 조합원이 참여했다. ⑤와 ⑥에 모두 참여한 사람도 있기에, 둘 중 하나라도 참여한 경험이 있는 사람의 비율은 14.3%였다. 즉 응답 조합원의 14.3%는 최소 1년에 한 번 생산지를 방문한 것으로

표 10-5 한살림 회원의 지난 1년간 활동 경험 (복수응답)

	빈도	%
① 햇살모임 등 '마을모임' 활동	65	11.6
② 독서, 요리, 바느질 등 '지역 소모임' 활동	39	7.0
③ 물품, 교육, 홍보, 환경 등 '위원회' 활동	47	8.4
④ 한살림에서 진행하는 '교육 및 강좌'	96	17.1
⑤ '생산지 방문' 활동	65	11.6
⑥ 대보름, 단오, 가을걷이 등 '단체 행사'	43	7.7
⑦ 한살림 지역 '총회'	54	9.6
⑧ 한살림 '운영위원회 또는 이사회'	14	2.5
⑨ 물품 이용 외에 특별한 활동은 않고 있다	388	69.3
무응답	22	3.9
합계	–	–

조사되었다. 낮은 비율은 아니지만, 한살림이 지향하는 바를 고려한다면 충분한 수준으로 보기는 어렵다. 다음 절에서는 이 문항을 이용하여 어떠한 특성을 갖는 조합원들의 생산지 방문이 상대적으로 낮은지를 로짓 회귀분석으로 밝힐 것이다. 이는 향후 생산지 방문을 촉진하고, 관계성을 증진시키기 위해서는 어떤 특성을 가진 조합원들에게 더 관심을 기울여야 할지를 파악하기 위한 것이다.

〈표 10-5〉를 이용해 다음 절에서 수행할 또 하나의 로짓 회귀분석이 있는데, 이때 종속변인은 '⑨ 물품 구입 외의 활동은 하지 않는다'라는 문항이다. 이 문항에 대해 그렇다고 응답한 사람들을 나머지 집단과 구분한 이항 변수로 분석을 시도할 것이다. 생협의 바람직한 모습

표 10-6 한살림 회원의 생산자에 대한 인지

	빈도	%
① 전혀 모른다	100	17.9
② 잘 모르는 편이다	286	51.1
③ 조금 안다	133	23.8
④ 대체로 알고 있다	32	5.7
⑤ 매우 잘 알고 있다	3	.5
무응답	6	1.1
합계	560	100.0

은 조합원들이 단순히 먹거리를 구입하는 수단으로 생협을 이용하는 것이 아니라 적극적인 참여를 통해 대안적 체계를 함께 만들어나가는 것이다. 그러나 표에 나와 있듯이 69.3%의 조합원은 물품 구입 이외의 다른 활동은 하지 않고 있다. 이는 앞으로 생협이 보다 관계성을 강화해야 한다는 것을 보여준다. 우리는 경험적 분석을 통해 어떠한 특성을 갖는 조합원이 구매 이외의 생협 활동에 참여하지 않는지를 규명함으로써, 이후 활동 참여를 독려할 때 우선적으로 고려해야 할 집단을 발견하고자 한다.

〈표 10-6〉은 관계성의 수준을 가늠케 하는 또 하나의 자료인데, 생산자를 인지하는 정도를 5점 척도로 측정한 것이다. 생산자를 모른다는 쪽의 응답비율은 약 69%에 달했다. 이 역시 관계성 측면에서 한살림이 개선해야 할 부분이라고 하겠다. 직접 생산지를 방문하지는 못하더라도 소식지나 인터넷 등을 통해 생산자에 대해 관심을 갖게 하고 이해하도록 하는 것은 중요한 과제다. 다음 절에서 로짓 회귀분석을 통해 어떤 특성을 갖는 조합원들이 생산자를 모른다는 쪽으로 응답했는

지를 확인할 것이다.

비록 현재의 관계성 수준은 낮은 편이지만 긍정적인 신호도 발견할 수 있었다. 즉, 앞으로 생산자와의 교류 행사에 참여할 의향이 있는지를 5점 척도로 조사했다. 그 결과 의향이 없는 쪽이라고 응답한 비율은 20%에 불과해, 참가할 의향이 있다는 응답자가 훨씬 많았다. 이는 앞으로 생산자와의 관계를 강화하기 위한 한살림의 노력이 있다면 관계성의 측면이 향상될 수 있음을 보여준다.

마지막으로 살펴볼 대안성의 지표는 지역성이다. 지역성 역시 관계성과 함께 한국 생협에서 개선이 필요한 부분이다. 최근 로컬푸드운동이 강조하고 있는 지역성은 대안농식품체계 구축을 위한 중요한 요소다. 지역에서 생산된 먹거리를 지역에서 소비하자는 로컬푸드운동은 다양한 사회·경제적 가치를 만들어낼 수 있다. 생산자와 소비자의 연대를 통해 믿을 수 있는 먹거리를 공급받고, 지역 경제를 활성화하며, 지역 환경을 풍요롭게 할 수 있는 것이다. 한살림에서는 2009년부터 '가까운 먹을거리운동'이라는 이름으로 일종의 로컬푸드운동을 진행되고 있으며, 이를 통한 온실가스 감량을 강조하고 있다. 가까운 먹을거리운동과 로컬푸드운동에 대한 조합원의 인지 여부를 조사한 결과가 〈표 10-7〉에 나와 있다.

두 문항의 결과는 서로 비슷한데, 로컬푸드운동을 조금이라도 아는 응답자는 60.9%, 가까운 먹을거리운동을 조금이라도 알고 있는 응답자는 61.8%였다. 가까운 먹을거리운동을 알고 있다는 회원이 모른다는 회원보다는 많았지만, 예상보다는 낮은 수치였다. 거의 40% 정도의 응답자가 한살림이 직접 추진하고 있는 운동을 인지하지 못하고 있는 것이다. 이는 로컬푸드의 중요성에 대한 한살림의 홍보와 캠페인이 충분히 효율적이지 않았음을 보여준다. 다음 절에서는 로짓 회귀분석을

표 10-7 한살림 회원의 '로컬푸드운동' 과 '가까운 먹을거리운동' 인지 여부

	'로컬푸드운동' 인지 빈도(%)	'가까운 먹을거리운동' 인지 빈도(%)
전혀 모른다	55 (9.8)	43 (7.7)
잘 모르는 편이다	160 (28.6)	166 (29.6)
조금 안다	166 (29.6)	152 (27.1)
대체로 알고 있다	134 (23.9)	146 (26.1)
매우 잘 알고 있다	40 (7.1)	48 (8.6)
무응답	5 (0.9)	5 (0.9)
합계	560 (100.0)	560 (100.0)

표 10-8 한살림 회원의 지역농산물 구입 노력 여부

	빈도	%
① 가까운 지역 농산물만을 구입하려고 많이 노력한다	43	7.7
② 가까운 지역 농산물을 구입하려고 노력하는 편이다	155	27.7
③ 조금 신경 쓰는 편이다	167	29.8
④ 거의 신경 쓰지 않는다	190	33.9
무응답	5	0.9
합계	560	100.0

통해 어떤 특성을 갖는 조합원들이 로컬푸드운동을 모르고 있는지를 확인함으로써, 향후 한살림에서 보다 관심을 기울여야 할 회원들은 누구인지를 밝힐 것이다.

지역성과 관련된 또 하나의 문항은 실제 가까운 지역 농산물을 구입하려는 노력을 하는지를 묻는 것으로, 그 결과는 〈표 10-8〉에 제시되어 있다. 조사 결과에 따르면, 가까운 지역 농산물을 구입하려는 노력을 한다는 응답자의 비율은 35.4%였다. 이는 한살림 회원 다수에 해당하는 64.6%가 로컬푸드 소비를 위해 노력하지 않는다는 것으로, 대안 가치인 지역성이 한살림에서 충분히 내재화되지 못했음을 의미한다. 다음 절에서는 로짓 회귀분석을 통해 어떤 특성을 지닌 조합원들이 지역 농산물을 구입하려는 노력을 하는지를 확인하고, 지역성을 강화하기 위해 특별히 고려해야 할 조합원의 특성은 무엇인지 제시한다.

끝으로 다섯 가지 대안성 지표와 직접 관련되지는 않지만, 사회운동 조직으로서 생협의 역할을 엿볼 수 있는 조사 결과가 발견되었다. 즉 생협에 가입하여 물품을 구매한 이후 환경과 농업에 대한 관심 증가되었는지를 물어보았는데, 흥미롭게도 83.4%의 응답자가 이 문항에 긍정적으로 답했다. 비록 많은 조합원이 단순히 물품을 구입하는 데 그치고 있지만, 한살림 가입과 접촉을 통해 환경 문제와 우리 농업에 관심을 갖게 된 것이다. 이는 사회문제에 관심을 갖는 시민을 양성하는 데 있어 생협의 기여 가능성을 보여주는 고무적인 사실이라고 할 수 있다.

4. 관계성 및 지역성 관련 조합원 특성 분석

앞에서 언급한 대로, 이 절에서는 로짓 회귀분석을 통해 관계성과 지역성 관련 문항들을 심층 분석하고자 한다. 관계성과 관련된 문항은 세 문항인데 첫 번째 문항은 지난 1년간 생산지 방문 행사에 참여했는지(〈표 10-9〉의 모델 1)를 조사한 것이고, 두 번째 문항은 구매를 제외한 생협 활동에 참여 경험이 없는지(〈표 10-9〉의 모델 2)를 조사한 것이고, 세 번째 문항은 생산자에 대해 알지 못하고 있는지(〈표 10-9〉의 모델 3)를 조사한 것이다. 지역성과 관련된 문항은 두 문항으로 첫 번째는 로컬푸드운동을 모르고 있는지(〈표 10-9〉의 모델 4)를 조사한 것이고 두 번째는 가까운 지역먹거리를 구입하려는 노력을 하는지(〈표 10-9〉의 모델 5)를 조사한 것이다. 관계성과 지역성에 대한 이상의 다섯 가지 측면이 조합원의 어떠한 특성과 관계되는지를 분석하기 위해, 조합원의 연령, 거주 지역, 학력, 가구 소득, 가입기간을 독립변인으로 고려했다. 각 독립변인은 분포를 고려하여 적절한 하위집단들을 구분하는 더미변수로 변환하여 로짓 회귀분석을 수행했으며, 그 결과가 〈표 10-9〉에 정리되어 있다.

우선 모델 1에서 종속변인은 지난 1년간 생산지 방문 행사에 참여한 이들이 1값을 갖는 더미변수이기에, 독립변인에 따라 생산지를 방문했을 승산이 어떻게 달라지는지에 대한 분석이 된다. 연령의 준거집단은 40대다. 20~30대는 40대보다 생산지를 방문했을 승산이 미세하게 더 높지만 통계적으로 유의미하지 않다. 50대 이상은 40대보다 생산지를 방문했을 승산이 27% 더 낮지만 이 역시 통계적으로 유의미한 수준은 아니다. 비록 통계적으로 유의미하지는 않지만 50대 이상 집단이 연령이 낮은 집단보다 생산지 방문이 상당히 낮다는 것은 흥미로운 결과다. 다음 서울 거주자는 비서울 거주자에 비해 생산지를 방문했을 승산이 50% 더 낮으며, 이는 통계적으로 유의미한 수준이다. 학력 변수의 경우 준거집단이 대졸인데, 고졸 이하 집단은 대졸에 비해 생산지를 방문했을 승산이 93%가량 더 높다. 대학원 집단은 대졸 집단보다

표 10-9 한살림 회원의 관계성과 지역성의 예측 요인들(회귀분석 계수와 승산비)

예측변수	종속변인: 생산지 행사 참여 모델 1	종속변인: 활동 비참여 모델 2	종속변인: 생산자 비인지 모델 3	종속변인: 로컬푸드 비인지 모델 4	종속변인: 지역 먹거리 구입 모델 5
20~30대	.063 (1.065)	.259 (1.296)	.621* (1.861)	.224 (1.251)	-.414† (.661)
50세 이상	-.317 (.728)	.618* (1.856)	.128 (1.137)	.544* (1.722)	.157 (1.170)
서울 거주	-.691** (.501)	.198 (1.219)	.425* (1.529)	.277 (1.319)	-.333† (.716)
고졸 이하	.658* (1.932)	-.594* (.552)	-.557* (.573)	.076 (1.079)	-.001 (.999)
대학원	-.671 (.511)	.457 (1.580)	.014 (1.042)	-.115 (.891)	.068 (1.070)
300만 원	.289 (1.335)	-.298 (.742)	-.027 (.974)	.339 (1.403)	.306 (1.358)
450만 원	-.294 (.745)	.167 (1.182)	-.002 (.998)	.161 (1.174)	.214 (1.238)
600만 원	-.640 (.527)	.505† (1.657)	.561† (1.753)	.284 (1.328)	-.078 (.925)
3년 미만	-.578† (.561)	.430† (1.537)	.562* (1.755)	-.062 (.940)	-.298 (.743)
5년 미만	-.290 (.748)	.286 (1.331)	.296 (1.344)	.027 (1.028)	-.101 (.904)
Constant	-1.127*** (.324)	.271 (1.311)	.151 (1.163)	-.972*** (.378)	-.368 (.692)
-2LL N	427.926 560	650.756 560	643.584 560	722.503 560	700.333 560

주: †: P<.10
 *: P<.05
 **: P<.01
 ***: P<.001 (양측 검정)

생산지를 방문했을 승산이 낮지만 이는 통계적으로 유의미하지 않다. 어쨌든 교육수준이 낮은 조합원일수록 생산지를 방문할 개연성이 더 높다는 결과를 보여준다. 높은 교육수준이 오히려 생산지 방문에 부정적 효과를 지니는 것으로 나타났다. 다소 예상을 벗어나는 이 사실을 제대로 해석하기 위해서는 보다 심층적인 연구가 필요하다. 다음으로 소득 변수의 준거집단은 월 600만 원 이상 집단인데 하위집단들과 이런 저런 차이가 있지만 통계적으로 유의미하지 않다. 마지막으로 가입 기간 변수에서 준거집단은 5년 이상 집단으로 할 때, 3년 미만 집단은 5년 이상 집단에 비해 생산지를 방문했을 승산이 낮고 이는 .10 수준에서 통계적으로 유의미하다. 3년 이상 5년 미만 집단은 5년 이상 집단과 유의미한 차이가 없다. 이상의 결과를, 이후 생산지 방문을 활성화하기 위해서는 어떤 집단에게 참여를 독려할 필요가 있는가 하는 시각에서 요약해보자. 분석 결과에 의하면, 서울에 거주하는 조합원, 대졸이상 학력의 조합원, 가입기간 3년 미만의 조합원, 그리고 50세 이상의 조합원이 참여가 저조한 집단으로 나타났다. 따라서 이런 특성을 지닌 회원들의 생산지 방문을 높이기 위한 노력이 필요하다. 물론 각 집단별로 왜 참여가 저조했는지에 대한 보다 섬세한 원인 분석이 필요하고, 이에 따른 전략이 요구된다고 하겠다.

모델 2에서 종속변인은 지난 1년간 물품 구입 이외의 활동을 전혀 하지 않은 이들이 1값을 갖는 더미변수다. 모델 1과 동일한 절차로 분석한 바를 정리하면, 50세 이상, 대졸 이상, 가구 월 소득 450만~600만 원, 가입기간 3년 미만인 조합원들이 상대적으로 생협을 통한 구매 활동 이외의 다른 활동에 참여하지 않은 것으로 나타났다. 따라서 이들의 참여를 독려할 필요가 있을 것이다. 이런 조합원의 특성은 앞서 모델 1에서 생산지 방문이 저조했던 조합원의 특성과 거의 일치한다.

모델 3에서 종속변인은 생산자가 누구인지 모르는 이들이 1값을 갖는 더미변수다. 앞에서와 동일한 절차로 해석한 바를 요약하면, 20~30대, 서울 거주자, 대졸 이상, 월 소득 450만~600만 원, 가입기간 3년 미만인 조합원들이 생산자가 누구인지 잘 모르는 경향이 강했다. 이런 조합원의 특성은 앞서 모델 2에서 생협 활동이 저조했던 조합원의 특성과 연령을 제외하고는 동일하다.

모델 4와 5는 지역성과 관련된 분석이다. 모델 4는 로컬푸드 인식과 관련한 종속변인을 사용하는데, 로컬푸드운동을 잘 모른다는 이들이 1값을 갖는다. 통계적으로 유의미한 계수는 하나뿐인데, 연령이 40대인 집단에 비해 50세 이상인 집단에서 로컬푸드운동에 대한 인식 정도가 낮은 것으로 나타났다. 모델 5에서 종속변인은 가까운 지역먹거리를 구입하려고 노력하는 쪽이라고 답한 사람들이 1값을 갖는다. 통계적으로 유의미한 계수는 두 개인데, 우선 연령이 40대인 집단에 비해 20~30대에서 지역먹거리를 구입하려는 노력이 부족한 편이다. 다음으로 비서울 거주자에 비해 서울 거주자의 경우가 지역먹거리를 구입하려는 노력이 부족했다. 이러한 결과는 지역성 향상을 위한 생협의 노력에서 연령과 거주지 요인이 고려될 필요가 있음을 함의한다.

결론

생협은 우리나라의 척박한 현실 속에서 유기농업을 활성화하고, 소농들의 소득을 지원하며, 소비자들에게 안전한 먹거리를 제공하는 데 기여해왔다. 산업적 농업 생산 방식과 시장 유통으로 먹거리 안전을 담보할 수 없는 기존 농식품체계에 대한 중요한 대안으로 성장해온 것이다. 하지만 유기농업의 관행화와 대형 마트에 의한 유기농 시장 점유가 증가하면서 생협은 여러 면에서 도전에 직면하고 있다. 정도의 차이는 있지만, 각 생협 역시 대규모화와 시장화의 경향이 관찰된다. 이에 따라 생협이 가진 대안성의 의미가 희석되고 있다는 우려가 작지 않다. 이러한 현실에서 이 연구는 현재 생협 회원들이 자신이 속한 조직과 조직이 제공하는 물품에 대해 어떤 생각과 행위를 하는지를 경험적으로 밝혔다. 즉 대안성의 지표인 안전성, 친환경성, 관계성, 지역성, 그리고 경제성의 측면에서 한살림 생협 회원들의 인식을 분석하고, 그 의미를 해석하려 했다.

대체로 한살림 회원들의 조직에 대한 평가는 긍정적인 것으로 나타났다. 특히 안전성, 친환경성, 경제성에 있어서 회원들의 만족도는 매우 높았다. 반면, 관계성과 지역성 부분에 있어서는 미흡한 측면이 있으며 개선의 필요성이 있다. 예컨대 조합원의 14.3%만이 생산지를 방문한 경험이 있으며, 전체 응답자의 거의 70%는 물품 구입 이외의 다른 활동은 하고 있지 않은 것으로 조사되었다. 또 로컬푸드를 구입하려고 노력하는 회원은 전체 응답자의 35.4%에 불과했다. 생협이 지향하는 대안먹거리운동의 측면에서 아쉬움이 작지 않은 결과다.

사회적 배태성으로 표현될 수 있는 생산자와 소비자 사이의 관계성이나 지역성은 대안농식품체계를 만드는 데 중요한 사회적 자본이다. 그럼에도 불구하고 이에 대한 회원들의 관심이 낮다는 것은 생협 조직의 차원에서 많은 고민과 새로운 전략이 필요하다는 것을 의미한다. 우리는 이러한 전략의 실효성을 높이기 위해 구체적으로 어떤 집단이 관계성과 지역성 면에서 낮은 관심을 가지고 있는가를 심층 분석했다. 몇 가지 중요한 발견을 정리하면 다음과 같다. 첫째, 생산지 방문과 관련해서는 서울 거주자, 가입기간이 3년 미만인 집단이 미흡했다. 둘째,

물품 구입 이외의 활동에 참여하지 않는 집단은 50세 이상, 대졸, 그리고 가입기간 3년 미만 회원이 많았다. 셋째, 로컬푸드를 구입하려는 노력이 부족한 집단은 20~30대층과 서울 거주자들이었다.

이러한 연구 결과는 생협이 봉착한 도전이 만만치 않다는 점을 보여준다. 생협 회원들 간에 존재하는 이질성을 극복하고, 그들을 어떻게 먹거리시민으로 성장시킬 것인가는 매우 중요한 과제다. 대안먹거리운동은 조직의 구조와 이념뿐 아니라 그 조직 구성원의 역할이 중요하기 때문이다. 즉 어떻게 주체를 만들고, 그들의 역량을 강화할 것인가가 앞으로의 숙제라고 할 수 있다.

생협은 현재 우리가 직면한 먹거리위기를 극복하고, 대안적 농식품 체계를 만들기 위한 중요한 자원임에 틀림없다. 그러나 생협이 보다 지속가능한 대안으로 성장하기 위해서는 몇 가지 변화가 필요하다. 첫째, 중산층을 위한 조직이라는 인식을 불식시키고, 저소득계층까지 포괄할 수 있도록 외연을 확장해야 한다. 이는 결국 경제성의 문제와 관련되는데, 경제성의 문제를 어떻게 먹거리정의 문제와 조화시킬 것인가에 대한 조직과 회원들의 고민이 필요하다. 둘째, 생협 내 다양한 회원 및 생협 간의 이질성을 극복하고, 먹거리공동체를 만들도록 해야 한다. 최근 들어, 전반적으로 생협을 식품 구입의 통로로만 인식하고 활용하는 회원이 증가하고 있는 현실에서 이런 노력이 더욱 시급하다고 하겠다. 셋째, 경험적 분석에서 나타난 바와 같이 상대적으로 미흡한 관계성과 지역성을 강화하는 것이 필요하다. 생협이 진정한 대안이 되기 위해서는 결국 생산자와 소비자 사이의 사회적 연대가 가장 중요하기 때문이다.

11장

공동체지원농업과 농민시장

서론

앞 장에서 살펴본 생활협동조합은 국내에서 비교적 오랜 역사를 가진 대안농식품체계를 만들기 위한 운동이라고 할 수 있다. 특히 국내 생협의 대표주자라 할 수 있는 한살림은 그 형성 배경과 지향을 고려할 때, 근대화된 산업형 농업에 대한 저항과 농민 중심적 먹거리운동이다. 비록 2008년 미국산 쇠고기 수입 사태를 겪으며 한살림 정신에 철저하지 않은 일반 소비자가 생협 회원으로 다수 참여하게 되었지만, 이러한 역사적 특성은 여전히 중요하다. 생협과는 다른 형태의 대안먹거리운동들이 최근 빠르게 성장하고 있는데, 가장 대표적인 것인 서구사회에서 기원한 공동체지원농업Community Supported Agriculture(이하

CSA)과 농민시장farmers' market이다(김철규, 2012). 이 장에서는 최근에 각광을 받고 있는 CSA와 농민시장이 가지는 대안먹거리운동으로서의 의미를 이론적으로 검토하고, 한국에서의 현황을 분석하고자 한다.

이제까지 강조한 바와 같이 우리는 먹거리위기에 직면해 있다. 20세기 중반 이후 대량생산, 단작, 그리고 석유 의존적 농업이 자리 잡으면서 포드주의적 농식품체계가 보편화되었다. 대량생산과 대량소비를 축으로 하는 포드주의적 먹거리체계는 거대 농식품기업들에 의해 지배되고 있다고 해도 과언이 아니다. 그리고 초국적 거대기업들에 의한 먹거리체계 지배는 1980년대 이후 신자유주의 세계화 속에서 더욱 가속화되어왔다. 먹거리위기는 이러한 먹거리체계의 변화, 즉 새로운 기업식량체제의 등장과 깊이 관련된다(McMichael, 2005; 김철규, 2008a).

먹거리위기는 식량의 안정적 공급과 관련되는 먹거리보장food security 의 위기와 먹거리의 위험 및 위해와 관련되는 식품 안전food safety의 위기로 구분할 수 있다(김철규, 2008b). 농업 생산과 먹거리 소비라는 사회 과정이 점차 거대한 기업과 추상적인 시장관계에 의해 지배되면서 먹거리의 이중적 위기가 심화되고 있다. 한편으로, 농민들은 자신의 생산 과정에 대한 결정권을 점차 상실하고 거대기업의 하청업자 혹은 농업노동자로 전락하고 있다. 다른 한편으로, 적지 않은 소비자가 먹을 것이 없어서 기아에 시달리거나 영양부족 때문에 고통받고 있다. 때로는 농약이 범벅이 되거나 정체를 알 수 없는 성분이 들어 있는 음식을 먹으며 불안에 떨고 있다. 생산자와 소비자 사이는 점점 멀어지고, 그들의 정치적 힘은 사라지고 있다. 그리고 그 구조를 지배하는 것이 거대 농식품기업들인 것이다(Magdoff, Foster, and Buttel eds., 2000).

기존의 농식품체계를 넘어서서 대안을 모색하려는 움직임이 1970년대부터 유럽, 미국, 일본 등에서 전개되어왔다. 석유 및 화학농업을 배격하고, 생산자와 소비자 간의 사회·물리적 거리를 감소시킴으로써 지속가능한 먹거리체계를 지향하는 움직임이 있었던 것이다. 추상적 시장관계를 넘어서 사람과 사람이 만나는 대안농식품체계가 로컬푸드라고 할 수 있다.

한국에서도 농업과 농촌의 위기를 넘어서기 위한 대안으로, 2000년대 중반 이후 로컬푸드에 관한 학술적 연구들이 등장했다(박덕병, 2005; 김종덕, 2007; 김종덕, 2009). 특히 최근에는 국내외 로컬푸드 사례에 대한 경험적 연구들이 활발히 진행되고 있다(김원동, 2010; 김자경, 2010; 윤병선, 2010). 로컬푸드에 대한 대중적 관심 역시 높아지고 있다. 언론을 통해 소개되면서 조금씩 알려지던 로컬푸드는 이제 한국사회의 대안먹거리체계로 각광을 받고 있는 듯하다. 로컬푸드에 대한 높은 관심의 한 축에는 도시 소비자가 있다. 식품 관련 사고가 빈번하게 발생하고, 건강에 대한 관심이 커지면서 국내 소비자들이 먹거리 안전에 대해 더 신경을 쓰게 된 것이다. 특히 2008년 멜라민 분유 파동과 미국산 쇠고기 사태를 겪으면서 지역에서 생산된 안전한 먹거리에 대한 관심이 높아졌다. 웰빙과 건강에 대한 시민들의 관심이 로컬푸드를 발전시킬 수 있는 사회적 여건을 만들어준 것이다(김철규·김선업, 2009).

로컬푸드에 대한 관심의 다른 쪽에는 생산자가 있다. 한국의 경제발전 속에서 농민들은 오랫동안 사회경제적 어려움을 겪어왔다. 산업 중심의 경제 정책은 농업을 소외시켰으며, 수입개방 정책 속에서 농민들은 심각한 재생산 위기를 겪고 있다. 열심히 농산물을 생산해도 제값을 받지 못하고, 유통업자들이 중간에서 이익의 대부분을 가져감으로써 농산물 판매액에서 농민이 차지하는 몫이 매우 작다. 이에 따라 대부분의 농민은 풍년이 들어도 걱정이요, 흉년이 들어도 걱정인 상태에 빠져 있다. 이러한 상황에서 일부 농민이 보다 좋은 가격을 받을 수 있는 안정적인 판매망으로서 로컬푸드에서 희망을 발견한 것이다.

한국에서 로컬푸드가 공공담론으로 부각된 것은 정부 정책과 깊은 관련이 있다. 2000년대 후반부터 정부는 녹색성장과 사회적 기업을 통한 일자리 창출이라는 맥락에서 로컬푸드에 관심을 가지고 있었다. 몇몇 지방자치단체들도 로컬푸드에 관심을 갖기 시작했다. 충남 서천군의 경우 2007년부터 군수의 강력한 의지를 등에 업고 다양한 사업이 추진되었다. 농민시장인 마서장터의 개설, 생협 조직 추진, 가공업체의 사회적 기업화 등이 이뤄졌다. 로컬푸드 관련 전문가들 역시 직간접적으로 자문을 제공하여 서천군의 새로운 실험에 도움을 주었다. 그 밖에 완주군은 '약속 프로젝트'라는 이름으로, 강원도 원주시의 지속가능발전협의회는 '그린스타트 네트워크'의 추진을 통해 로컬푸드운동을 추진했다. 청주-청원 지역에서도 지자체와 지역 비정부기구들이 긴밀하게 협조하면서 농민시장을 개최하고, 로컬푸드체계 구축을 위해 노력하고 있다 (우영균·윤병선·김용우, 2009). 또 평택에서는 '평산평소'라는 이름으로 지역주민의 식량권에 대한 조례 제정을 추진하기도 했다.

다양한 비정부기구 역시 조금씩 다른 이름으로 로컬푸드에 관심을 가지고 있다. 구체적으로는 YWCA에서 '땅과 생명을 살리는 먹을거리 운동'이라는 이름으로 20개 회원조직을 중심으로 시범사업을 실시하여 계약재배와 직거래를 실시했다. 또 지역재단, 푸른의제21, 고양시 행주치마협의회 등이 로컬푸드에 관심을 가지고 여러 가지 사업을 추진하고 있다.

가히 로컬푸드의 열풍이라 할 만한 현 상황을 지켜보며, 연구자로서 우려되는 점도 없지 않다. 무엇보다 로컬푸드에 대한 이론적 고민과 경험적 분석이 부족한 상태에서 대부분의 행위자들이 조급히 로컬푸드 실현에 나서고 있는 상황이다. 그 과정에서 로컬푸드의 원칙이나 비전에 대한 고민은 뒷전으로 밀리기 쉽다. 로컬푸드의 핵심은 생산자와 소비자 관계이며, 그들을 물리적·사회적으로 묶는 공동체에 있다. 지방자치단체나 시민사회단체들은 이런 생산자와 소비자들을 연결할 수 있는 제도와 정책, 그리고 여건을 만들어내는 데 일정한 역할을 할 수 있다. 그러나 어떤 운동이든 정부가 적극적으로 개입할 경우, 과잉제도화로 인해 그 운동이 지향하는 가치가 탈각되고, 관료주의적 전유와 성과주의가 일어날 수 있다. 또 비정부기구들이 조직적으로 어떤 사업을 기획하고 추진하는 과정에서 실제 현장 주체들의 목소리와 모습은 희석되고, 몇몇 운동가나 스태프들이 사업을 이끌게 될 수 있다.

로컬푸드가 지향하는 것은 단순한 먹거리체계가 아니라, 참여자들 간의 신뢰, 호혜성, 민주주의, 참여, 공동체와 같은 사회적 가치의 실현이다. 이러한 가치들은 매우 섬세하고, 상호작용을 통해 형성되는 것이기 때문에 하나의 매뉴얼이나 제도로서 뚝딱 만들어낼 수 있는 것이 아니다. 더군다나 선출직 정치인이 자신의 업적 가운데 하나로 어떤 사업을 시행하게 될 경우, 그것은 일회성으로 그치거나 졸속으로 끝나버릴 가능성이 높다.

로컬푸드가 또 하나의 실패한 전시성 농업 정책으로 기록되지 않기 위해서는 보다 엄밀하고 체계적인 이론적 논의와 분석이 필요하다. 현재 로컬푸드에 대한 '열정'이 학술적 논의와 이론화, 그리고 경험적 분석을 통해 보다 '냉정'하게 담금질될 필요가 있다는 점을 지적하고자 한다. 이러한 입장에서 이 글은 로컬푸드의 의미와 원칙을 살펴보고, 이론적 차원에서 몇 가지 쟁점을 검토한다. 이어서 한국 로컬푸드의 대표적인 두 가지 형태인 농민시장과 CSA가 구체적으로 어떻게 운영되고 있는지를 사례를 통해 살펴볼 것이다.

로컬푸드의 의미와 쟁점

로컬푸드의 핵심은 생산자와 소비자 사이의 면대면 접촉을 기반으로 한 농산물의 직접적인 거래에 있다. 로컬푸드운동은 우리 식탁에 대한 기업의 지배권에 도전하고, 먹거리를 매개로 농민과 소비자의 권리를 확보하기 위한 운동이라고 할 수 있다. 구체적으로는 농민시장, CSA, 직거래 급식farm to school program 등을 들 수 있다. 이와 같은 대안적이고 협동적인 농산물 공급 방식은 1990년대 서구에서 급속하게 확산되었다. 로컬푸드는 농민과 소비자들이 처한 농업과 먹거리 위기를 넘어서서 먹거리주권을 확보하기 위한 운동이라고 할 수 있다(윤병선, 2008; 2009).

로컬푸드운동은 먹거리 이동거리food miles를 최소화하는 것을 지향한다. 즉 지역의 농민이 생산해서 가까이에 있는 지역주민들이 소비하도록 하는 단거리 공급short supply을 추구하는 것이다. 주로 몸에 좋은 유기농산물을 지역 소농과 소비자들 간에 직접 거래함으로써 농민과 소비자가 모두 이익을 보게 된다. 이는 현대 농식품체계가 특징으로 하는 생산자와 소비자 간의 '사회적 거리social distance', 생산지와 소비지 간의 '물리적 거리physical distance', 그리고 농식품의 '자연적 거리natural distance'를 줄인다는 의미를 가진다(Kneen, 1993). 물리적 거리를 줄임으로써 농산물의 안전성, 투명성이 높아지고 환경오염이 줄어든다. 또 사회적 거리가 감소함으로써 생산자와 소비자는 상대방을 신뢰할 수 있게 된다. 그리고 자연적 거리가 줄어들게 되면서 자연의 원리에 순응하는 순환적인 농업을 만들어갈 수 있다. 그런 의미에서 이념형으로서의 로컬푸드는 매우 전체론적인 접근을 필요로 한다. 즉 생산·유통·소비체계 전체가 지속가능성의 원칙에 의해 재편되는 구조인 것이다. 신뢰와 사회적 연대를 통해 상품관계에 근거한 생산자와 소비자라는 분리를 극복해야 하며, 생산지와 소비지 사이의 물리적 거리를 줄임으로써 지역의 개념이 강조되고, 더불어 생산 과정이 자연 순환적인 방식으로 바뀌어야 하는 것이다.

이러한 로컬푸드가 한국사회에서 가지는 사회적 의미는 적지 않다. 첫째, 농민의 입장에서는 농사를 통해 거둔 수확물의 판매가에서 정당한 몫을 가져갈 수 있으며, 이를 통해 피폐해진 농촌경제가 살아날 수 있다. 우리나라 근대화의 가장 큰 피해자인 농민, 특히 소농들에게 정당한 보상을 제공함으로써, 사회정의 실현이라는 큰 의미가 있다. 둘째, 소비자들의 입장에서는 원산지와 유통 과정이 불투명한 대형 마트의 수동적 소비자에서 투명한 먹거리를 확보하는 적극적인 소비자 역할을 함으로써, 몸에 좋은 안전한 먹거리를 소비할 수 있다. 셋째, 생산자와 소비자들 간의 유대를 통한 사회적 공동체를 형성하고, 지역사회에 실질적으로 긍정적인 영향을 줄 수 있다. 소비자들의 생산농가 방문이나 체험은 현대 산업사회에서 해체일로에 있는 공동체적 경험의 중요한 자원이다. 또한 경제적으로나 사회적으로 위기에 처한 농촌지역이 새로운 활기를 찾을 수 있다.

이처럼 여러 가지 긍정적인 기대효과는 한국사회에서 로컬푸드에 대한 관심을 증폭시켰다. 정부와 적지 않은 지방자치단체들이 로컬푸드 체계 구축에 나서고 있다. 앞에서 지적했듯, 열기라고까지 표현할 수 있는 로컬푸드에 대한 관심이 장기적으로 지속되기 위해서는 다음과 같은 이론적 질문이 필요하다. 첫째, 현재 한국에서 추진되고 있는 로컬푸드 관련 사업들 속에서 로컬푸드의 핵심이라고 할 수 있는 생산자와 소비자는 얼마나 주체적인 역할을 담당하고 있는가. 둘째, 로컬푸드의 제도화와 지속가능성을 고려할 때, 과연 이념과 가치만으로 충분한 것인가.

우선 로컬푸드의 주체 문제를 검토해보자. 지역 혹은 공동체에 대한 강조야말로 로컬푸드의 핵심이다. 그리고 이 공동체는 추상적인 것이 아니라 구체적인 행위자들인 생산자와 소비자 간의 사회적 연대와 신뢰를 통한 상호작용 과정이다. 이러한 상호작용의 핵심은 자발적이고 민주적인 행위자, 즉 생산자와 소비자라는 시민적 주체라고 할 수 있다. 로컬푸드의 성패는 행위자들이 얼마나 성찰적 주체로서 역할을 담당하고 있는지, 그리고 로컬푸드 참여 경험이 '생산자-시민'과 '소비자-시민'을 만들어가는 데 얼마나 기여하고 있는지 등의 문제에 달려 있다. 이런 시각에서 우리나라 로컬푸드 사례에 대한 검토가 요구된다. 즉, 구체적인 사례에서 생산자와 소비자가 얼마나 주체적으로 참여하고 있으며, 그들의 상호작용 방식이 어떻게 진행되고 있는가에 대한 분석이 필요한 것이다.

로컬푸드의 제도화는 로컬푸드의 지속가능성과 직결된다. 대안농식품체계로서 로컬푸드의 제도화는 가치와 정신만으로 확보될 수 없다. 로컬푸드가 대안먹거리체계로 자리 잡기 위해서는 운동movement에서 체계system로의 전환이 필요하다. 관련해서 힌리치(Hinrichs, 2000)는 농산물의 직거래가 가지는 이중적 특성으로 사회적 배태성social embeddedness과 시장성marketness/도구성instrumentalism을 지적한 바 있다. 배태성이란, 경제적 인간의 합리적 이기심을 주장하는 주류경제학자들의 견해와는 달리, 경제는 호혜성이나 상호성과 같은 사회관계에 묻어 있다고 보는 개념이다(Polanyi, 1957). 그리고 일반적으로 로컬푸드와 같은 농산물의 직접적인 거래는 배태성을 근간으로 하는 반시장적이거나 시장을 넘어서는 새로운 제도다. 즉 신뢰, 호혜성, 연대같은 가치가 로컬푸드를 지배한다는 것이다. 그러나 힌리치는 이것이

다소 낭만적인 견해이며, 보다 정밀한 분석을 위해서는 블록(Block, 1990)이 제시하는 시장성/도구성의 개념을 배태성 개념과 동시에 고려해야 한다고 지적했다. 즉 농산물 직거래에 있어서 생산자와 소비자들은 신뢰나 연대뿐 아니라 가격을 강조하는 시장성과 경제적 기회 역시 고려한다는 것이다. 행위자들은 한편으로는 면대면 관계, 신뢰, 도덕성 등의 배태성과 다른 한편으로는 가격, 이익 등의 시장성/도구성을 활용하여 의사결정을 하게 된다. 이처럼 상이한 변수들의 조합은 실제 상황이나 구체적인 로컬푸드의 형태에 따라 달라지게 된다는 것이다.

이런 개념틀을 바탕으로 힌리치는 미국의 농민시장과 CSA 사례를 비교하여, 각각이 지닌 배태성과 시장성/도구성의 조합을 분석한다. 그녀에 따르면, 농민시장의 작동에 있어 시장성과 도구성은 생산지와 소비자 모두에게 중요한 요소였다. 즉 농민시장에서 생산자와 소비자 사이의 친밀성과 신뢰 등 배태성의 요소가 작동하고 있었지만, 농민들은 동시에 경제적 효과를 극대화하기 위해 판매 전략을 학습하는 등 도구성의 발현이 존재했다. 한편 CSA는 먹거리, 농지, 그리고 자연의 연결망 속에서 공동체를 형성하는 데 강조점을 둔 로컬푸드이며, 시장경제와는 근본적으로 다른 새로운 결사체적 경제associative economy를 추구한다고 평가된다. 그러나 여기에서도 힌리치는 농민들의 비용에 대한 합리적인 계산을 발견한다. 소비자들 역시 회비의 적정성 등 시장성/도구성 등을 고려하는 것이 경험적으로 관찰된다는 것이다(Hinrichs, 2000: 300). 그럼에도 불구하고, CSA는 공동체에 대한 강조와 선납회비를 통해 '먹거리의 탈상품화decommodification of food'에 근접하고 있다. 이런 연구 결과를 근거로 힌리치는 농민시장을 '대안적 시장 alternative market'으로 CSA를 '시장에 대한 대안alternative to the market'으로 구별지었다.

힌리치의 배태성과 시장성/도구성은 한국의 로컬푸드 연구에 몇 가지 시사점을 제공한다. 첫째, 로컬푸드에 대한 과도한 낭만적 윤리성 부여에 대한 경고다. 로컬푸드가 가진 생산자와 소비자 사이의 관계성에 대한 도덕적 강조는 중요하지만, 실제 로컬푸드의 중요한 작동 요소인 시장성과 도구성도 고려해야 한다. 그래야 현실로서 로컬푸드의 지속가능성을 담보할 수 있다. 둘째, 로컬푸드 내부의 분화에 대한 보다 엄밀한 분석이 필요함을 보여준다. 한국에서 이뤄지고 있는 농민시장, CSA, 학교급식, 그리고 생활협동조합 등이 내적 동학에 있어 어떤 차별성을 가지고 운영되고 있는지를 경험적으로 분석할 필요가 있다. 이러한 작업에 있어 배태성과 시장성/도구성 개념은 유용한 분석틀을 제공해준다.

이하에서는 현재 한국의 로컬푸드의 현황을 몇 가지 사례를 통해 개괄하고, 이들이 한편으로 주체의 측면에서 어떤 특징을 지니는지, 그리고 다른 한편으로 배태성과 시장성/도구성의 측면에서 어떤 특징을 가지고 있는지를 검토할 것이다.

한국의 대안먹거리운동: 농민시장과 CSA

로컬푸드체계는 다양한 먹거리 관련 제도들의 결합체라고 할 수 있다. 대표적인 로컬푸드의 예로는 농민시장, CSA, 도시농업 등이 있다. 뿐만 아니라 지역 농산물을 활용한 단체급식, 식당, 생협 등도 중요한 로컬푸드운동의 영역이 될 수 있다. 이들은 모두 생산자와 소비자, 그리고 생산지와 소비지 간의 사회·물리적 거리를 최소화함으로써, 사회적 배태성을 강조하는 사회적 경제를 지향한다. 그러나 동시에 조직이나 참여자 차원에서 시장성과 도구성의 논리가 작동하는 것이 사실이다.

1. 농민시장(Farmers' Market)

지역 농민시장은 가장 단순한 형태의 로컬푸드로, 생산자와 소비자 간의 사회적 거리가 매우 가깝다. 왜냐하면 원칙적으로 생산자가 가져온 농산물을 자신이 직접 장터에서 소비자들에게 판매하기 때문이다. 결국 생산자가 곧 판매자가 되기 때문에 장터에서 농민과 소비자가 면대면으로 만날 수 있고, 문자 그대로 얼굴 있는 농산물의 거래가 이루어진다.

농민시장은 농민이 생산한 농산물을 농민이 직접 판매하는 직거래 장터다. 미국에서의 농민시장은 대개 수확기 토요일에 주로 개최되는데, 이는 농민들의 농업 노동 부담 때문이다. 미국에서 농민시장은 1990년대 들어 급속하게 증가하여 2009년에는 5,200여 개가 있는 것으로 추정된다(〈그림 11-1〉 참조). 일본에서는 지방자치단체나 농협이 매개 역할을 하는 직매소가 주를 이룬다. 미국형 농민시장과 일본형 농민시장 가운데 우리나라의 농민시장은 어느 곳에 더 가까운가는 중요한 질문이 될 수 있다. 지역의 실정에 맞는 다양한 접근이 필요한데, 초기 조직화 단계에서 지자체와 비정부기구의 역할이 필요하다고 본다.*

우리나라에서 가장 대표적인 농민시장은 원주 새벽시장이라고 할

---

* 김원동은 미국 포틀랜드 농민시장과 우리나라 춘천의 번개시장을 비교한 뒤, 열악한 한국 농민시장을 활성화하기 위해서는 정부, 지역사회, 농민단체, 농협, 문화단체 등 다양한 조직 등의 다각적이고 유기적인 노력이 필요하다고 지적한다(김원동, 2010).

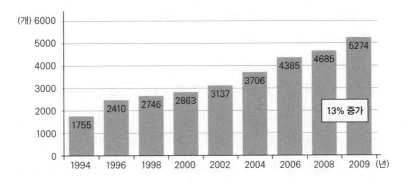

〈그림 11-1〉 미국 농민시장의 성장 추이(1994~2009)

출처: 김원동(2010)에서 재인용; USDA Agricultural Marketing Service.

수 있다. 원주 새벽시장은 1994년 농업인들과 공무원들의 노력으로 시작된 것으로 알려져 있다. 처음 출발은 영세농가와 귀농자들에게 적절한 판로를 만들어주기 위해서였다고 한다. 새벽시장은 4월 중순부터 12월 초순까지 매일 새벽 4시부터 9시까지 원주천 둔치에서 열린다. 타지인들이나 상인들의 진입을 막기 위해 '새벽시장농업인협의회'가 운영하고 있으며, 읍·면·동 마을 책임자가 판매자가 지역 농민인지 확인하는 것을 원칙으로 한다. 회원제로 운영되는데, 가입비는 4만 원, 연회비는 2만 원이며 현재 회원 수는 원주 거주 농민 408명으로 알려져 있다. 농민들은 협의회에서 제작한 명패에 주소와 실명을 기록하여 리콜제를 실시한다고 한다. 또한 판매 자리의 형평성을 보장하기 위해 장터를 13개 구역으로 나누어 정기적으로 자리바꿈을 실시하고 있다. 원주 새벽시장의 소문이 퍼지면서 원주 시민뿐 아니라 여주·제천·횡성·충주 등 인근 지역에서도 많은 소비자가 모여드는 것으로 알려져 있다. 또 개인 소비자뿐 아니라 식당이나 도매업자들의 비중도 큰 것으로 보인다. 원주 새벽시장의 연매출액은 2007년 51억 원, 2008년 61억 원이었다. 2009년에는 총 22만 명이 시장을 방문했으며, 총 매출액은 75억 원 정도로 추정된다(지경식, 2010). 이러한 '성공' 덕분에 원주 새벽시장은 각종 언론의 스포트라이트를 받고 있으며, 2007년 농림부 농산물 직거래장터 평가에서 최우수기관으로 선정되기도 했다. 원주의 새벽시장이 외형적 성공을 거둘 수 있었던 데는 지방자치단체의 행정적 지원이 큰 역할을 했던 것으로 평가할 수 있다. 2009년 12월 31일 '원주시 농업인 새벽시장 개설 및 운영에 관한 조례'가 제정되어 제도적 안정 단계에 들어섰다고 할 수 있다. 또 하천점용 허가, 임시시장 등록, 전담 행정지원 공무원 등을 통해 지속할 수 있는 기반을 마련했다(지경식, 2010).

화려한 원주 새벽시장의 성공 스토리를 고려하면, 이에 대한 체계적인 연구의 부족은 매우 의아스럽다.* 일각에서는 원주 새벽 농민시장이 진정한 지역먹거리운동으로 정착하기 위해서는 소비자의 참여 확대, 생산 기준에 대한 관리, 그리고 농민들의 자치능력 강화가 필요하다는 지적이 있다. 또 농민들이 새벽마다 물건을 실어 가져오고, 농사도 병행해야 하는 과정에서 과도한 노동 부담에 시달린다는 평가도 있다. 또 원주권의 경우 횡성, 평창 등 이웃 지역과의 연계가 필요한데, 아직은 기초자치단체 중심의 경직된 지역 개념을 고수함으로써 로컬푸드의 취지를 퇴색하게 한다고 보는 견해도 있다.

이러한 여러 지적에도 불구하고, 원주의 농민시장은 어려운 현실 속에서 지역 농민들과 소비자들에게 나름 의미를 지니고 운영되고 있다.

---

* 원주 새벽시장에 대한 경험적 연구가 시도된 바 있는데, 예컨대 고려대 '먹거리 위기와 로컬푸드' 연구팀이 윤병선 교수의 주도로 설문조사를 실시하였다.

특히 시장성과 도구성의 측면에서 대안시장으로서의 역할을 하고 있는 것으로 보인다. 즉, 가격이나 신선도의 입장에서 소비자들은 높은 만족도를 보이며, 생산자는 안정적인 현금 수입에 만족해하는 것으로 나타났다. 그러나 생산자나 소비자 모두 공동체에 대한 인식이나 상호 작용, 친밀성의 측면에서는 취약한 것으로 보인다. 또 생태적 지속가능성의 관점에서 농민시장에 출하되는 농산물의 어느 정도가 친환경농산물인지, 그리고 농민시장에의 참여가 생산자들의 생산 방식 변화에 얼마나 기여하고 있는가의 문제가 제기될 수 있다(윤병선·김선업·김철규, 2011).

우리나라의 또 다른 농민시장으로는 서천의 마서장터를 들 수 있다. 서천 마서장터는 서천군 마서면의 면정 특수시책인 지역먹거리 활성화를 위한 시범사업으로 2009년 시작되었다. 2009년 1월 '지역먹거리 활성화 추진계획'이 수립되어 면 차원에서 적극적인 활동을 벌이기 시작했다. 이어 공무원 학습, 지역리더(기관단체장, 이장, 새마을지도자 등) 대상 설명회, 지역주민 교육 등의 과정을 밟았다. 약 3개월간의 준비작업을 거쳐 2009년 4월 15일 마서면사무소 주차장에서 '마서동네장터'를 개장했으며, 이후 보름에 한 번씩 개최되고 있다. 지자체에 의해 주도된 마서장터는 몇 가지 이슈에 관해 고민했다. 첫째는 누가 마서동네장터의 주체가 될 것인가였다. 기존 민간단체의 활용을 원칙으로 해서 '새마을협의회'가 장터 운영주관 기관이 되었고, 서천군지역혁신협의회와 함께 장터를 공동 주관하게 되었다(전종석, 2010: 124). 둘째, 장터 운영 원칙에 관한 것이다. 전문가들의 자문과 내부 논의를 통해 마서장터에서는 마서면 지역에서 생산되는 농수산물을 유통하고, 판매는 마서면민 생산자가 직접 하며, 이를 통해 지역순환경제를 촉진하고 지역공동체를 회복하자는 원칙을 세웠다. 적어도 이론적 수준에서 마서장터는 로컬푸드의 이념을 충실히 재현하고자 했던 것이다. 그러나 이러한 사회적 배태성 관련 담론은 주로 하향식 과정을 통해 구성되었으며, 지역주민들의 주체적 역할은 미흡한 것으로 보인다. 또한 시장성/도구성의 측면에서 한계가 나타나기도 했지만, 지자체의 강력한 지원과 의지에 의해 유지되었다고 할 수 있다.

비교적 활발하게 움직여온 또 다른 농민시장은 청주-청원 농민시장이다(우장명·윤병선·박대호, 2009). 청주-청원 농민시장은 대개 다음과 같은 세 가지의 요인에 의해 만들어질 수 있었다고 평가된다. 첫째는 청주-청원 통합을 위한 방안의 하나로 여겨졌다는 점이다. 상당 기간 동안 청주시와 청원군을 통합하려는 노력이 있었지만 잘 진행되지 않는 상황에서, 농민시장은 도시인 청주시와 농촌인 청원군의 통합 당위성을 보여주는 좋은 사업으로 간주되었다. 이에 따라 통합을 지지하는 참여연대와 청원군농민회를 중심으로 농민시장이 추진되었다. 둘째, 농업위기를 극복하기 위한 대안농민운동의 하나로 청원군농민회가 조직적으로 참여했다. 농민시장을 통해 농민과 소비자 간의 연대를 만들기 위한 시도로 추진되었던 것이다. 셋째, 지역 시민단체 활동가들을 중심으로 농민시장을 사회적 경제의 발판으로 인식하게 되었다. 특히 2007년부터 사회적 기업에 대한 관심이 높아지면서 로컬푸드를 이런 관점에서 접근하려는 노력이 시작되었다. 2008년도에 4차례 농민시장을 개최한 바 있으며, 2009년에는 5차례의 농민시장이 개최되었다. 그러나 2010년의 평가에 따르면, 농민시장을 비롯한 로컬푸드의 홍보는 증가했으나 농민 참여의 한계로 "답보 상태"라고 한다(하채찬, 2010: 166).

우장명·윤병선·박대호(2009)의 농민시장에 관한 연구는 몇 가지 흥미로운 사실을 발견했다. 첫째, 농민시장 소비자들은 생산 품목이 부족하고, 정기적으로 장이 서지 않는 것에 불만을 표시했다. 이는 소비자들에게는 힌리치(2000)가 지적했던 시장성과 도구성이 중요하다는 점을 보여준다. 배태성을 나타내는 신뢰나 연대만으로 농민시장을 유지할 수는 없다. 둘째, 생산자들이 농민시장에 참여함으로써 얻은 수확으로는 생산자 간의 교류 확대와 농사에 대한 자부심을 꼽았다. 이 결과는 대단히 의미 있는 것으로 보이는데, 농민시장이 농민주체 간의 교류와 연대의 자원이 될 수 있다는 점을 알려줬다. 농민시장에 새로운 사회적 배태성의 차원이 있음을 발견했다는 점에서 추후 농민주체 형성에 시사하는 바가 크다고 생각된다. 셋째, 농민들은 학교급식과 같은 안정적인 소비처에 대한 욕구가 높았다. 이 점은 시장성과 도구성이 농민의 로컬푸드나 농민시장 참여에 있어 중요하다는 점을 보여준다.

2. 공동체지원농업(CSA)*

CSA는 로컬푸드의 대표적인 형태로 지역사회(공동체), 생산자와 소비자 신뢰, 먹거리 안전성 등을 강조한다. 무엇보다 지역사회의 소비자들이 농민(들)을 재정적·사회적으로 지원함으로써 함께하는 공동체를 만들겠다는 이념이 강한 로컬푸드 형태다. CSA는 소비자가 자금, 노동 등의 자원을 농민에게 투자하여 그 농장의 회원 혹은 '나눔이shareholder' 가 됨으로써 형성된다(Lyson, 2004). 소비자인 나눔이는 대개의 경우 1년 회비를 선납함으로써, 작황의 불확실성에 따른 위험부담을 함께 진다. 미국의 경우 1인 농가와 다수의 소비자가 CSA를 구성하는 경우

* 한국에서 과연 진정한 의미의 혹은 '강한' CSA가 존재하는가라는 문제 제기가 가능하다. 그럼에도 불구하고 CSA의 정신을 살리려는 노력들이 박스 혹은 꾸러미 형태로 실험된다는 점에서, 우리나라에서 현존하는 몇 개의 사례를 광의의 CSA에 포함시킬 수 있다고 본다.

가 많은데, 생산자농민에 대한 정당한 임금을 포함해서 생산에 필요한 모든 비용을 먼저 계상한다. 그리고 이를 판매될 총 구좌share 수로 나누고, 나눔이들은 한 구좌에 상응하는 회비를 미리 지불한다. 농민이 농사를 짓기 위해 필요한 자금을, 경작이 시작되기 전에 나눔이들이 회비를 모아 제공하는 형태인 것이다. 미리 지불된 연회비는 흉작으로 생산량이 확보되지 않아도 환불되지 않으며, 공급 품목을 변경할 수도 없다. 농민의 입장에서 보면 공동체 회원들에게 미리 자금을 제공받음으로써, 재정적 안정성을 확보할 수 있다. 한편 소비자 회원들의 입장에서 보면 생산 과정이 투명하고 안전한 제철 먹거리를 믿고 먹을 수 있으며, 지역사회 활성화에 기여할 수 있다.

미국 CSA의 시초는 1986년 시작된 뉴햄프셔의 템플-월턴 공동체 농장Temple-Wilton Community Farm으로 알려져 있다. 이후 CSA는 여러 형태로 분화하면서 미국 전역에 퍼졌다. 대부분의 CSA는 도시 근교에 위치하고 있으며, 유기농 채소를 제철에 공급하는 것이 일반적이다.

미국 CSA의 기원에 관해서는 두 가지의 다른 설이 있다. 첫째는 1970년대 일본의 '산소제휴(Teikei提携)'의 영향을 받아 시작되었다는 설이다. 많은 연구자가 이런 입장을 취하고 있으며, 한국의 연구자들도 대체로 이러한 해석을 따르고 있다. 먹거리 위험에 대해 우려를 가졌던 일본 주부들이 식탁 안전을 지키기 위해 시작한 산소제휴가 유럽을 거쳐 미국으로 건너가 CSA로 발전했다는 것이다(김종덕, 2004). 이러한 일본 기원설에 대해 일부 미국 CSA 관계자들은 이의를 제기한다. 미국에서 CSA가 시작된 것은 유럽의 생명역동농업bio-dynamic agriculture 전통에서 찾아야 하며, 일본과의 관련성에 관한 증거는 없다는 것이다. 꾸준히 CSA를 연구해온 맥패든은 미국 최초의 CSA인 템플-월턴 공동체농장과 인디언 라인 농장은 모두 1920년대 오스트리

아의 철학자 루돌프 슈타이너Rudolf Steiner의 사상을 계승하고 있다고 주장한다. 슈타이너는 '생산자와 소비자 간 협력'과 '지역에서 필요한 소비는 지역 내 생산으로 해결'이라는 독특한 경제학 이론을 가지고 있었다. 이러한 슈타이너의 사상과 생명역동농업을 잰 밴더 튜인 Jan Vander Tuin이 스위스와 독일 등에서 배운 뒤, 미국으로 돌아와 초기 CSA 지도자들인 로빈 밴엔Robyn Van En, 수전 위트Susan Witt 등에게 전파했고 이들이 미국 CSA 의 주역이 되었다는 것이다(McFadden, 2009).

CSA는 1990년대 이후 미국은 물론 유럽 국가에서도 빠르게 성장하고 있다. 미국의 경우 2001년 761개였던 CSA는 2010년에는 약 1,400~2,500개 정도로 급증했다. 정은정·허남혁·윤정원(2010)은 CSA에 관한 논의에서 실제 CSA 조직형태의 스펙트럼은 그 폭이 넓다고 지

표 11-1 CSA의 스펙트럼

강한 형태의 CSA	생산자-소비자 나눔의 정도	약한 형태의 CSA (박스 프로그램)
소비자가 강하게 참여	생산/계획	농민이 전적으로
생산물을 전적으로 공유	소비	소비자가 품목과 수량 선택 가능
소비자가 직접 농가를 방문해 찾아가거나 수확해감. 도시 지역의 몇몇 지점까지만 배송하고 각자가 찾아감.	전달	농민이나 중간 매개 조직이 소비자 가정까지 배송
1년치 영농 비용을 선납	지불 형태	횟수마다 후불
상시적으로 이루어짐.	교류 및 체험	거의 없거나 형식적인 교류

출처: 정은정·허남혁·윤정원(2010)

적한다. 즉, CSA의 이상에 충실한 '강한 형태의 CSA'에서부터 박스 프로그램인 '약한 형태의 CSA'까지 다양한 유형이 존재한다는 것이다 (〈표 11-1〉 참조). 미국의 많은 CSA들이 원칙을 강조하는 강한 CSA라면 아직 우리나라의 CSA는 약한 CSA에 가깝다고 볼 수 있다.

우리나라에서 CSA가 논의된 것은 비교적 최근의 일이고, 안정적인 사례를 찾는 것은 쉽지 않다. 그럼에도 불구하고, 꾸러미라는 이름으로 박스 형태의 실험들이 곳곳에서 진행되고 있다. 예컨대 Y등대생협 회원과 팔당의 일부 유기농민들이 2007년 이후 제철 꾸러미 사업을 시행해왔으며, 개인 농민 단위로 인적 네트워크를 통해 진행되고 있는 박스 프로그램 역시 여러 개로 추정된다. 일반적으로 한국의 박스 프로그램은 지역사회를 강조하는 물리적 근접성보다는 사회적 관계망이 더 강조되고 있다. 정은정·허남혁·윤정원(2010)의 다음과 같은 지적이 정확하다고 할 수 있다.

> (한국의 CSA는) 인적인 네트워크를 통해 도시 소비자들을 모집하고, (…) 이들에게 택배로 직배송하는 형태로 거의 진행되고 있다. (…) 그에 따라 1년치를 선불하는 연회원이 아니라 대부분 월회원으로 꾸러미 대금이 납부되고 있어서 진정한 의미의 연간 농사 리스크 공유로 보기가 어렵다. 또한 일손 나눔이나 작부체계 설계에 대한 도시 소비자들의 공동참여는 낮은 편이고, 대신 인터넷 공간과 생산자 편지를 통해 생산자와 소비자 간의 커뮤니케이션이 이루어지고 있다(정은정·허남혁·윤정원, 2010: 5).

최근 농민 조직 차원에서 CSA를 활성화하려는 움직임이 눈에 띈다. 2009년부터 전국여성농민회총연합(이하 전여농)에서 진행하고 있는 '언니네텃밭' 사업이 대표적이다.* 홈페이지에 따르면, 언니네텃밭의 제철 꾸러미는 "다품종 소량생산으로 친환경농사를 짓는 여성농민 생산공동체와 소비자들이 함께 짓는 농사"이며, "공동체지원농업 형태의 직거래사업"이다. 구체적으로 소비자 회원은 월 10만 원의 회비를 내 여성농민 생산자 공동체를 지원하고, 생산자는 월 4회 제철 농산물 꾸러미를 소비자 회원에게 보내는 형식이다. 이러한 제철꾸러미의 목적으로는 생산과 소비의 공동체 형성, 여성에 의한 토종씨앗을 통한 농사 활동 지원, 그리고 텃밭을 통한 친환경농업의 복원 등 세 가지를 밝히고 있다.

윤정원(2010)에 따르면, 2008년 전국여성연대의 식량주권 지킴이단 활동의 하나로 토종씨앗 지키기 사업이 이뤄지면서 생산자와 소비자의 신뢰가 쌓였으며, 이것이 언니네텃밭 사업을 시작할 수 있는 중요한 자원이 되었다. 언니네텃밭 사업의 특징은 여성농민이 주도하며, 다양한 품목을 생산하고, 제철 먹거리 및 친환경적 농업을 지향한다는 점이다. 또한 개인 텃밭에서 농사를 짓되 농민들이 함께 생산계획을 세우고 함께 포장해서 보내는 공동체 활동이자 직거래다. 이러한 사업은 자체 평가를 통해 "시장에 의존하지 않고 직거래를 통해 생산자와 소비자가 새로운 관계를 만들고", "여성농민 공동체 활동이며 새로운 여성농민운동"이라고 결론짓는다(윤정원, 2010: 331).

전여농의 텃밭 사업은 일반적인 CSA에 비해 강한 운동성과 정치적 메시지를 가지고 있다. 즉 식량위기에 대한 먹거리주권적 차원에서 대안으로 CSA를 강조하고 있는 것이다. 특히 비아캄페시나와 연대하면서 젠더 문제와 식량 문제를 연결시키게 된다. 정은정·허남혁·윤정원

---

* '우리텃밭'이라는 이름으로 시작했으나 최근 '언니네텃밭'으로 변경했다. http://sistersgarden.org.

(2010)은 여성 문제에 대한 비아캄페시나의 분명한 입장("여성이 먹거리 생산과 의사결정에 있어서 핵심적인 역할을 갖는다")이 전여농의 시각과 일치한다는 점(Via Campesina, 2008: 60)이 전여농과 비아캄페시나와의 친화성을 더욱 배가시켰다고 지적한다.

전여농의 언니네텃밭 제철꾸러미 사업은 2009년 3월 횡성에서부터 시작되어 이후 상주, 안동, 김제, 순천, 제주 등으로 확산되었다. 대개 한 지역의 생산자는 7~20 농가인데, 제주도가 20농가로 참여 생산자 수로는 가장 많다. 생산자들과 연계된 소비자는 20~130명 안팎이다. 연 매출액 규모로는 상주가 가장 컸는데, 2010년의 경우 14곳의 생산자 농가가 약 4,500박스를 공급하여 1억 이상의 매출을 올렸다.

전여농 언니네텃밭 사업은 소비자들과 생산자들에게 각기 배태성을 제공하고 있다. 즉 꾸러미에 넣어 보내는 편지를 통해 소통과 신뢰가 증가하는 것은 분명해 보인다. 생산자인 여성농민은 '보람과 자부심'을 경험했다고 고백했고, 소비자는 '고마운 마음', 여성농민회 조직에 대한 '신뢰'를 높일 수 있었다고 한다. 그러나 여기에서도 일정한 시장성 및 도구성이 발견되는데, "우리텃밭(언니네텃밭) 공식 인터넷 카페에서는 생산자가 미리 꾸러미 품목 계획을 밝히고, 소비자들은 겹치지 않는 먹거리만을 시중에서 구입하곤 한다"(정은정·허남혁·윤정원, 2010). 즉 전여농 언니네텃밭은 신뢰나 연대와 같은 사회적 가치(배태성)이 강한 프로그램임에도 불구하고, 시장성과 도구성이 완전히 무시되지 않는다. 추후의 과제는 과연 언니네텃밭이 '시장의 대안'으로서 자리매김할 것인지 아니면 '대안적 시장'으로 일정한 위치를 점할 것인지를 보다 엄밀한 분석을 통해 검증하는 작업이 될 것이다. 그리고 이는 참여 주체들의 의식, 태도, 그리고 행위에 의해 결정되는 매우 역사의존적인 주제다.

결론

로컬푸드에 대한 높은 관심이 먹거리위기와 관련해서 여러 긍정적인 변화를 야기하고 있는 것이 사실이다. 이 글은 로컬푸드에 대한 관심에 상응하는 이론적·분석적 작업이 수행되고 있지 못하다는 인식에서 출발했다. 로컬푸드의 현황을 분석하기 위한 이론적 논의를 시론적으로 수행했고, 개별 유형에 대한 경험적 분석이 필요함을 지적했다. 또 현재 우리나라의 로컬푸드가 어떻게 진행되고 있는지를 농민시장과 CSA를 중심으로 개괄했다. 앞으로 개별 로컬푸드 유형에 대한 분석에 있어 생산자와 소비자라는 행위주체들의 관계와 상호작용 방식에 주목해야 하며, 더불어 배태성과 시장성/도구성이 어떻게 교차되는지에 대해서도 관심을 가져야 한다.

이 연구에 따르면, 한국의 농민시장과 CSA는 몇 가지 특징을 가진다. 첫째, 원주 새벽시장의 경우 시장성/도구성이 강하게 발현되는 데 비해, 사회적 배태성은 취약한 것으로 보인다. 둘째, 서천 마서장터와 청주-청원 농민시장의 경우 로컬푸드의 의미를 부여하는 사회적 배태성이 강조되었지만, 미흡한 시장성/도구성 때문에 근본적인 지속가능성 문제가 제기되고 있다. 셋째, 우리나라의 CSA는 대개 꾸러미 형태로 진행되는 약한 CSA로, 구호로서의 사회적 배태성에 비해 소비자의 실질적 책임성이 약한 것으로 보인다. 넷째, 전여농의 '언니네텃밭' 사업의 경우 먹거리주권이라는 특수한 사회적 가치가 강조되는 것이 눈에 띈다.

일반적으로 볼 때, 우리나라의 로컬푸드의 실행에 있어 지방자치단체의 역할이 컸다고 할 수 있다. 이러한 현실에서 적지 않은 성과를 거두고 있는 것도 사실이지만, 여러 가지 한계가 노정되고 있기도 하다.

로컬푸드를 활성화시키기 위해 필요한 몇 가지 제언으로 글을 맺고자 한다.

첫째, 생활협동조합의 방향 재설정이 필요하다. 생협의 유통 강조에 대한 일부의 비판에도 불구하고, 생협은 산업형 농업과 대형 마트 중심의 구조 속에서 나름대로 큰 역할을 해왔다. 생협운동은 근대성이 파괴해놓은 도시와 농촌, 생산과 소비의 관계를 복원하기 위해 노력해왔던 것이다. 그동안 우리나라 생협은 물류 활성화에 초점을 맞추면서, 생산자와 소비자들 간의 면대면 관계나 신뢰 등을 간과하는 경향이 있었다. 이제 로컬푸드라는 새로운 운동의 흐름 속에서 생협도 원래의 정신과 가치를 복원하려는 노력을 기울여야 할 것이다.[*]

둘째, 학교급식의 적극적 활용이다. 학교급식은 로컬푸드의 원칙을 실현시킬 수 있는 매우 중요한 운동의 장이다. 학교급식을 지역 농산물로 제공하는 것은 지역 중심의 새로운 먹거리체계를 만들어가는 방법이다(김흥주, 2009). 특히 논란 끝에 몇 해 전부터 시행되고 있는 무상급식은 새로운 기회구조를 제공하고 있다. 물론 현실 속에서 적지 않은 갈등과 문제점이 드러나고 있지만, 무상급식에서 더 나아가 지역 친환경 급식을 실현하고, 이를 통한 먹거리 교육과 먹거리시민 양성의 노력이 필요하다.

셋째, 학교 텃밭과 공동체 텃밭 등 도시농업을 적극 확산시켜야한다. 가장 좋은 로컬푸드는 스스로 농산물을 재배해서 먹는 것이다. 따라서 아파트의 공터, 학교 운동장, 관공서 공터, 하천 부지 등 땅이 있는 곳에 농사를 지을 수 있도록 적극 권장하고, 정책을 마련해야

---

[*] 예컨대 한살림의 경우 내부 논의를 모아서 2009년부터 '가까운 먹을거리운동'을 시작, 취급 물품마다 탄소배출량과 생산지로부터의 거리를 명기하는 프로그램을 도입한 것은 긍정적인 신호로 보인다.

한다. 스스로 자신이 먹을 것을 짓기 때문에 농약이나 비료를 최소한으로 사용할 것은 자명한 일이며, 식량자급률이 올라가고, 녹색도시로 거듭날 수 있다. 황폐한 잿빛의 도시, 시멘트와 콘크리트의 공간은 인간성을 피폐하게 하고, 각종 사회문제를 유발할 수 있다. 텃밭을 통해 과잉도시화와 산업화의 부작용에서 벗어나는 새로운 문명 만들기 운동을 시작할 수 있다.

12장

지속가능한
농식품체계를 향하여

아직도 많은 사람들이 2008년의 여름을 기억할 것이다. 촛불집회 때문이다. 수백만의 촛불은 모두 어디로 갔을까? 우리는 무엇 때문에 시청 앞 광장에 모여 구호를 외치고 노래를 불렀던 것일까? 먹기 싫다는 미국산 쇠고기를, 정부는 '값싸고 질 좋은 쇠고기'라며 자신들이 먼저 먹을 테니 함께 먹자고 성화를 해댔다. '미국의 선물'이라며 고마워할 줄 모르는 국민을 타박하기도 했다. 그래도 먹기 싫다고 버티며 촛불을 켜자 정부는 '명박산성'을 쌓고, 물대포를 쏘고, 구둣발로 짓밟고, 경찰버스에 태웠다. 이후 유모차 부대 엄마들이 수사를 받고, 온라인 카페 관계자들이 소환되고, 언론사 사장들이 교체되는 등 난리법석이 나기도 했다.

이제 학교 주변에서 미국을 원산지로 하는 쇠고기로 음식을 조리하는 식당을 보는 것이 어렵지 않게 되었다. 다수의 국민은 다소 찜찜해하면서도, 미국산 쇠고기를 먹고 있는 것 같다. 얼마 전에 맛있게 먹은 나주 곰탕집 갈비탕의 재료가 미국산이라는 것을 식사 후에 알게 되었다. 미국산 나주곰탕을 먹는 웃지 못할 경험을 한 것이다.

이러한 상황을 보며, 과연 공고한 현대 농식품체계를 보다 지속가능한 것으로 만드는 것이 가능한가 하는 의구심을 갖게 되는 것이 사실이다. 자본주의의 발전, 도시화와 산업화, 개발주의의 헤게모니, 그리고 지난 20년간 한국사회를 지배하고 있는 신자유주의와 세계화 기획은 건강한 먹거리와 지속가능한 농업을 기반으로 한 사회의 모색을 어렵게 한다.

20세기 중반 이후 단기간에 진행된 압축적 근대화 과정은 정부에 의한 강력한 개발 개입에 의해 이루어졌다. 서구의 근대화 이론으로 무장한 정부 관료와 정책 개발 지식인들은 무지막지한 공업화와 도시화를 추진했다. 그 결과 농촌에는 모든 것을 아낌없이 줘버린 노인들만 덩그러니 남게 되었다. 도시에는 쌀 한 톨, 배추 한 포기 제 손으로 못 가꾸면서 저 잘난 줄 아는 허영 덩어리들이 득실댄다. 마트에만 가면 언제든지 얼마든지 먹거리가 그득할 것이라는 착각 속에 살고 있다.

하지만 현실은 사뭇 다르다. 국제 농산물 시장의 불안정성은 상존해 있으며, 우리나라의 식량자급률은 20%대에 머물고 있다. OECD 국가들 가운데 네덜란드와 일본을 제외하면 가장 낮은 수준이다. 관세화를 통한 개방 정책으로 그동안 안정적으로 유지되던 쌀의 자급률마저 점차 낮아지고 있으며, 나머지 곡물의 자급률 상황은 더욱 심각하다. 밀 0.8%, 옥수수 0.8%, 콩 13.6%의 자급률에 머물고 있어 해외 의존도가 매우 높다. 옥수수와 콩은 주로 사료로 사용되는데, 이는 한국의 육류 생산도 해외 의존성이 크다는 것을 의미한다.

어떻게 하다 이렇게 되었을까? 이 질문에 답하기 위해서 이 책에서는 20세기 자본주의 역사 속에서 배태된 식량체제의 변동을 이해하고, 그

구조 속에서 한국의 농업을 위치시켜야 한다는 점을 강조했다. 세계체계와 남한이라고 하는 단위를 나누어서 생각해볼 필요가 있다. 우선 세계체계의 수준에서 20세기는 먹거리 생산과 소비에서 혁명적인 변화가 일어났다. 가장 중요한 특징은 미국에서 진행된 식품 포드주의 실현이다. 생산의 측면에서 커다란 변화는 에너지·화학집약적 농업의 등장이다. 예컨대 1930년부터 1970년 사이 미국의 비료와 살충제 사용량은 18배 증가하였다. 또 화석연료를 사용하는 각종 농기계가 널리 보급되었다. 육류 생산에 있어서도 이에 상응하는 변화가 일어났다. 소위 공장제 축산의 형성으로, 이는 사료, 항생제, 성장호르몬 등을 기반으로 했다. 닭고기 생산이 가장 대표적이었는데, 예전과는 전혀 다른 과학적 '닭 공장' 모델을 만들어내면서 육계산업의 비약적인 성장을 가져오게 된다.

소비 부문의 급격한 변화는 자동차와 냉장고의 보편화와 궤를 같이했다. 2차 세계대전부터 1960년대까지, 미국의 안정적인 자본 축적을 이끌었던 포드주의는 사회적으로도 큰 변화를 야기했다. 임금이 상승하면서 상당수의 도시인이 교외의 단독주택으로 이주했다. 장거리 이동을 위해 자동차를 구입한 사람들은 새로 조성된 상업단지 내 슈퍼마켓에서 식료품을 대량으로 구입하게 된다. 구입된 식료품은 각 가구의 냉장고 안에 보관되며, 일주일 단위로 냉장고를 채우는 행위가 전형적인 미국인의 소비 양식이 되었다. 이는 자동차에 의한 소비자들의 주기적인 장거리 이동, 구입된 식료품의 냉장고에 의한 보관, 농식품을 대량공급하는 전국적인 슈퍼마켓 망이 결합되어야만 가능했던 것이다.

이 같은 농식품의 대량생산-대량소비체계는 생태적으로는 재앙이었다. 농업 생산은 화학비료, 살충제, 석유를 대량으로 사용하는 형태로 재조직되었으며, 이렇게 생산된 농산물은 대형 디젤 트럭에 실려 미국 대륙을 가로질러 대도시로 이동했다. 대형 유통업체들은 엄청난 전기에너지를 사용하며 식료품을 저온에서 보관하여, 소비자들에게 판매했다. 소비자들은 휘발유를 마구 사용하는 자가용을 이용하여 많은 양의 식품을 구입한 뒤, 전력 효율성이 낮은 냉장고에 재워놓고 먹었다. 결국 농식품 생산과 소비가 대량의 화석연료, 전기에너지, 화학약품을 사용하는 과정으로 바뀌었다. 또 대량의 이산화탄소와 오염물질을 배출하며 먼 거리를 이동하게 되었다.

이제 한국이라는 특수한 시공간에서의 농식품 생산과 소비 문제를 검토해보자. 우리나라에서 농업은 기본적으로 산업화를 위한 부차적인 영역으로 간주되었다. 한국전쟁 이후 미국의 잉여농산물 원조를 통해 값싼 농산물이 들어오자 농촌은 더욱 피폐화되었다. 이에 따라 농촌 과잉인구는 도시로 이주하여 산업예비군으로 자리 잡았다. 특히 젊은 여성들이 대도시로 모여들어 노동집약적 산업화의 주역이 된다. 한국의 수출지향적 공업화는 가격 경쟁력에 의존했으며, 이는 값싼 노동력을 필요로 했다. 저임금을 유지하기 위해서는 낮은 농산물 가격을 유지하는 것이 필수적이었다. 이런 조건을 충족하는 데 미국이 제공한 밀가루의 역할이 중요했다. 그런 의미에서 밀가루로 만든 라면과 소면은 초기 산업화 과정에서 노동계급 재생산에 크게 기여한 식품이었다.

1970년대 이후 남한의 농업은 농약, 화학비료, 농기계에 의존하는 하는 산업형 농업으로 빠르게 전환했다. 생산주의 패러다임에 근거한 산업형 농업은 과다한 농약과 비료 사용으로 토질의 약화, 농민들의 농약 중독, 그리고 소비자들의 건강 위험, 그리고 환경오염 등의 부작용을 낳았다. 1980년대 이후 급격하게 진행되고 있는 농산물 시장의 개방과 세계화는 우리나라의 농업기반을 위협하고 있다. 쌀을 제외한 곡물자급률이 극히 낮은 가운데, 한·미 FTA와 통상국가론 등으로 농업 부문 자체의 포기가 현실이 되는 것이 아닌가 하는 우려를 낳고 있다. 자유화와 규제 완화에 따라 우리 식탁이 정체를 알 수 없는 먹거리에 의해 점령당하고 있다. 육류는 물론 채소, 과일, 나물을 포함한 다양한 식품이 통계를 잡을 수 없을 정도로 유입되어 우리 입으로 들어가고 있다. 또한 국제 곡물 가격의 상승을 핑계로 국내 식품기업들이 값싼 GMO를 대량으로 수입하고 있는 실정이다.

현대 농식품체계는 에너지를 먹고산다. 특히 엄청난 양의 화석연료를 사용하며 유지되고 있는 것이다. 에너지 사용은 먹거리 생산과 이동의 측면으로 나누어 생각해볼 수 있다. 거대한 기업식량체제에 지배되는 현대인의 먹거리 생산은 매우 비효율적이다. 첫째, 육식의 문제를 지적하지 않을 수 없다. 대개 1kg의 쇠고기를 생산하기 위해서는 9kg의 사료가 사용되며, 이 중 대부분은 곡물과 조사료다. 식품을 생산하는 데 필요한 물의 양을 추정하는 개념이 가상수virtual water다. 쌀, 달걀, 돼지고기, 쇠고기 1kg을 생산하는 데 필요한 가상수의 양은 각각 3,400리터, 3,300리터, 6,000리터, 그리고 15,000리터 정도다. 둘째, 현대 대량생산형 농업은 석유 의존적이다. 실제 연간 사용일수가 그다지 많지 않은 대형 농기계가 농가마다 구비되어 있으며, 겨울철 하우스 난방비는 영농 비용에서 큰 비중을 차지한다. 이미 석유정점에 도달했다는 주장이 심심치 않게 나오고 있는데, 앞으로 석유 생산량의 감소와 국제 원유 가격의 불안정은 식량위기를 더욱 심화시킬 것이다. 이는 이미 2008년 식량위기에서 관찰된 바 있다.

이렇게 생산된 먹거리는 트럭, 기차, 비행기, 선박 등을 이용해 먼 거리를 이동하게 된다. 먹거리의 이동거리 증가는 흔히 푸드 마일이라는 개념을 중심으로 논의된다. 푸드 마일은 먹거리가 생산되어 실제 소비자에게 전달되기까지 움직인 거리를 의미하는데, 한 추정에 따르면 캘리포니아산 오렌지는 5,968마일, 필리핀산 바나나는 1,624마일, 칠레산 포도는 12,726마일을 이동해 한국에 도착한다. 세계화에 따라 식품의 이동거리도 길어지고 있는 것이다. 장거리를 이동한다는 것은 그만큼 화석연료를 사용한다는 것을 의미한다. 그리고 그 과정에서 이산화탄소와 같은 유해물질을 방출한다. 조완형(2008)에 따르면, 미국산 밀 1kg을 수입하는 데 방출되는 이산화탄소의 양은 982kg인 데 비해 같은 양의 전라남도 해남산 밀을 구입할 경우 방출되는 이산화탄소의 양은 63kg 정도다. 결국 국내산 밀을 소비함으로써 919kg의 이산화탄소를 줄일 수 있는 것이다.*

사람은 누구나 굶주림 앞에 평등하다. 먹지 못하면 허기지고, 허기가 계속되면 어느 시점에서 죽는다. 이러한 생물학적 특성은 물론 역사 속 사회관계의 위계에 의해 재구성된다. 결국 사회적 현실로서의 굶주림은 불평등하다. 불평등체계가 특정 지역, 특정한 계층만을 기아상태로 빠뜨리는 반면, 이 기아를 활용하여 거대한 이익을 창출하는 자들이 있는 것이다.

국제 농산물 가격은 매우 불안정하다. 특히 기후변화가 심각해지면서 해마다 급등락을 거듭하고 있다. 또한 세계화와 무역자유화에 따라 농산물 생산의 지역적 전문화가 심화되고 있다. 각 지역에 사는 사람들의 생존에 기본이 되는 식량이 해당 지역에서 생산되지 않는 경우가 늘어나고 있다는 의미다. 일반적으로 인간의 기본 식량이 곡물이다. 가난한 사람도, 아니 가난한 사람일수록 그 의존도가 높은 먹거리가 곡물이다. 그런데 국제 곡물 가격의 등락이야말로 예측하기 어렵게 진행되고 있다. 이에 따라 주곡을 국제 농산물 시장에 의지하던 많은 개발

---

* 조완형, 2008. "식생활패턴과 지구환경문제", 〈위기에 처한 삶, 위험사회 어떻게 극복할 것인가?〉, 환경운동연합·ERISS 토론회. 6월 26일.

도상국가가 어려움을 겪었다. 보다 정확하게는 세계 주변부 국가들의 사회적 약자인 빈곤층, 여성, 어린이가 기아에 시달렸다. 적지 않은 국가들에서 식량폭동이 일어나고, 아사자가 발생하기도 했다. 곡물 가격의 폭등에 따른 식량위기의 원인으로 주류 경제학자들은 대개 세 가지를 지적한다. 첫째, 수요의 증가다. 한편으로는 인구의 증가, 다른 한편으로는 아시아와 라틴아메리카의 경제성장에 따른 소비 유형의 변화가 식량의 수요 증가를 가져왔다고 주장한다. 둘째, 장기적인 공급의 침체다. 이는 도시화에 따른 경작지의 감소와 토지 생산성 증가의 정체 때문이라고 한다. 셋째, 바이오연료 생산의 급격한 증가인데, 이는 국제 석유 가격의 상승과도 관련된다. 특히 미국 정부가 적극적인 개입과 보조금 정책을 실시했으며 이에 따라 상당량의 옥수수가 바이오에탄올 생산에 사용되었다. 국제식량정책연구소International Food Policy Institute는 국제 곡물 가격 상승의 30% 정도가 바이오연료 때문인 것으로 추정하고 있다. 경제학자들은 이런 진단을 바탕으로 식량위기의 해결을 위해 농산물 수출 제한을 철폐하고, WTO의 도하라운드를 완성할 것을 주장한다.[*]

식량위기에 관한 시장중심적 경제학자들의 진단은 애써 중요한 현실을 무시한다. 식량위기의 지구적 불균등 분포를 고려할 때, 그들이 내놓은 해결책이야말로 식량위기의 근본적인 원인이다. 작금의 식량위기는 신자유주의적 세계농업구조의 틀 속에서 배태된 것이다. 앞에서 지

---

[*] 같은 학술심포지엄에서 발표된 다음의 두 글을 참조할 것. Heidues, Franz. 2008. "The World Food Crisis: Causes and Challenges", Keynote speech; Saito, Katsuhiro. 2008. "Food Crisis and Its Countermeasures: The Japanese Case", World Food Crisis: Social and Economic Threats and Challenges in Northeast Asia. Proceedings of 2nd Jeju Peace Institue-Friedrich Naumann Foundation for Liberty Joint Workshop. October 17.

적했듯, 2차 세계대전 이후 미국과 유럽의 농업은 산업적 대량생산 모델로 전환되어 값싼 농산물을 세계시장에 내놓는다. 덤핑 경쟁에 돌입했던 것이다. 이에 따라 1975년에서 1989년 사이 세계 농산물 가격은 39%나 떨어지게 된다. 결국 1986년 농산물 수출국들은 GATT 우루과이라운드에서 농업 무역에 관한 새로운 틀을 짜기 시작했다. 자유무역이라는 이데올로기를 제도화하기 시작했다. GATT와 WTO는 세계주변부 국가들로 하여금 수입 규제를 철폐하고, 값싼 미국과 유럽의 농산물을 수입하도록 하는 제도들을 만들어냈다. 1995년 WTO 농업협정은 자유무역을 바탕으로 하는 새로운 먹거리보장food security 개념을 내놓았다. 새로운 먹거리보장 개념은 식량의 안정적 공급이 국민국가 단위의 식량 생산이 아니라 세계시장의 원활한 작동에 의해 이뤄지는 것으로 다시 규정되었던 것이다. 자유무역을 기반으로 하는 먹거리보장론은 실제로는 세계 식량체계를 지배하고 있는 소수 초국적 농식품기업들의 이익을 극대화하기 이데올로기에 다름 아니다. 그 결과 제3세계의 소농들은 식량 대신에 환금작물 생산에 종사하면서 자신의 먹거리는 수입에 의존해야 하는 비극이 벌어졌다.

자유무역을 강조하는 신자유주의 세계화야말로 현 식량위기의 원인이다. 자유무역에 대한 강조가 계속되면서 많은 국가들이 자국의 국민들이 필요로 하는 기본적인 식량을 생산하지 못하게 되었다. 이는 세계적으로 식량 생산과 식량 소비 공간의 편포와 양극화를 초래했다(Kim, 2008). 미국, 캐나다, 브라질, 아르헨티나, 태국 등 일부 국가는 식량의 수출국으로 그리고 많은 제3세계 국가는 식량의 수입국이라는 새로운 국제 식량 분업구조가 만들어진 것이다. 이에 따라 국가 곡물 가격의 불안정이 발생하면, 기본적인 주곡조차 자급하지 못하는 제3세계 국가들이 심각한 식량위기에 빠지게 된다. 특히 빈곤층을 비롯한 사회·

경제적 약자들이 기아의 위험에 노출된다. 농산물 생산과 교역이 카길, 몬산토, ADM 등의 초국적 농식품기업들에 의해 지배되고 있다는 사실이 문제를 더욱 심각하게 한다. 뿐만 아니라 농산물 교역량이 증가하고, 국제시장이 활성화되면서 적지 않은 투기자본이 단기적 매매를 통해 곡물시장의 불안정성을 높이고 있는 것으로 추정된다.

먹거리주권과 대안먹거리운동

2008년의 촛불집회는 먹거리주권food sovereignty 회복을 위한 운동이었다. 한국사회에서 처음으로 먹거리 문제를 정치화한 사례라고 할 수 있다. 먹거리정치는 기존의 민주주의 문제보다 훨씬 다양한 층위와 관련된다. 적어도 다음 두 가지 수준에 대한 논의가 필요하다. 첫째, 개인의 수준이다. 이와 관련해서도 그 영역은 매우 다양하다. 음식에 대한 기호라는 미학적 측면, 비만·다이어트 등 몸과 관련되는 부분, 그리고 건강·기아·위험 등 생명과 관련되는 부분 등 정치화의 영역이 여러 가지다. 둘째, 가정 혹은 가구라는 단위다. 일반적으로 먹는다는 행위는 집에서 이루어졌다. 그리고 식사를 매개로 한 가족 구성원의 정체성은 가족의 연대에 매우 중요했고, 그 중심에 음식을 제공하는 주부 혹은 어머니가 있었다.*

---

* 이런 진술이 현재의 가부장적 가사노동 분업구조를 지지하는 것은 결코 아니다. 오히려 가정이나 먹거리라는 생활 영역의 중요성을 강조하고 싶다. 특히 한국 남성들이 가정과 먹거리와의 관계에서 소외된 것은 큰 문제다. 문화적으로뿐 아니라 제도적으로도 남성들이 육아나 조리 등에 더욱 많이 참여할 수 있도록 하는 것이 필요하다. 이렇게 해야만 향후의 일상의 정치, 먹거리정치에서 남성이 역할을 할 수 있다.

촛불집회가 그렇게 짧은 시간에 폭발적으로 확산될 수 있었던 데는 위에서 언급한 먹거리의 특수한 정치화 영역이 있었다는 점을 지적하고 싶다. 처음 촛불을 밝혔던 10대들은 광우병이 자신들의 몸에 미칠 파괴적 위험에 커다란 공포를 느꼈다. 특히 〈PD수첩〉을 통해 방영되고, 인터넷을 통해 확산된 광우병의 생생한 위험은 수동적 급식 소비자인 중고생들로 하여금 적극적으로 촛불을 들게 만들었다. 섬세한 감수성을 지닌 청소년, 특히 여학생들에게 자신의 생명과 건강에 대한 위해는 매우 절실한 것으로 다가왔다. 그리고 먹거리정치의 주체로서 촛불을 켰던 것이다.

촛불집회에서 유모차 부대로 상징되는 '엄마'들의 적극적 참여 역시 새로운 현상인데, 이 또한 먹거리가 가지는 특수성과 깊이 연관된다. 엄마들의 논리는 매우 단순하면서도 선명했다. 우리 아이들에게 어떻게 위험한 쇠고기를 먹일 수 있냐는 분명한 논리를 가지고 시청 앞과 청계광장을 찾았다. 경찰과 검찰이 이들의 배후를 찾고, 일부 한나라당 의원들이 아동학대법 운운한 것은 모정을 무시한 몰상식한 짓이었다. 돌이켜보건대, 2008년 촛불집회는 우리에게 먹거리주권의 문제를 자각시키고, 먹거리정치의 가능성을 보여준 중요한 사건이었다. 분석적으로 먹거리주권은 식품 안전과 식량 수급 문제를 포괄해야 한다. 그리고 현재의 글로벌 농식품체계로는 식품 안전과 식량 수급 문제를 결코 해결할 수 없다.

미국산 쇠고기와 중국의 멜라민 사태는 이미 몇 년 지난 일이지만, 그것이 상징하는 바가 작지 않다. 글로벌 농식품체계가 태생적으로 안고 있는 문제를 극명하게 보여주는 것이다. 도무지 정체를 알 수 없는 식품들이 불투명하고 복잡한 과정을 거쳐 식품기업들에 의해 만들어지고, 무차별적으로 대형 마트의 선반에 놓인다. 화려한 포장과 현란한

광고의 물결 속에서 우리는 풍요의 환각을 경험한다. 서양 격언에 '당신은 당신이 먹는 것이다You are what you eat'라는 말이 있지만, 문제는 우리가 무엇을 먹고 있는지를 알기가 쉽지 않다는 점이다. 식품의 원료 표시는 암호를 보는 것 같고, 안전성과 투명성을 높이겠다는 정부의 목소리도 신뢰를 잃은 지 오래다.

결국 대안은 '사회'와 '정치'에서 찾아야 한다. 예컨대 2008년 촛불집회에서 중요한 역할을 했던 소녀들, 엄마들, 그리고 가족 등은 새로운 먹거리정치의 주체로서 시장의 폭력으로부터 사회를 지키려 했다고 볼 수 있다. 안전한 먹거리를 찾기 위한 어머니들의 노력은 단순히 개인 차원으로 귀결되지 않았다. 특히 생활협동조합에 대한 높은 관심과 참여가 두드러진다. 미국산 쇠고기 사태가 발생한 후 아이쿱생협, 여성민우회 생협, YWCA 등대생협, 두레생협, 에코생협 등의 회원이 급증했다. 단순히 생협 회원 가입이 정치화를 의미하는 것은 물론 아니다. 더 중요한 것은 생협을 통해 글로벌 농식품체계를 넘어서기 위한 구체적인 대안에 대해 고민한다는 점이다. 그런 의미에서 최근 생협들의 적극적인 활동은 인상적이다. 단순히 몸에 좋은 유기농 먹거리를 판매하는 것을 넘어서 다양한 방식으로 회원들 간의 소통을 강화하고, 먹거리 교육을 확대하며, 생산자농민들과의 교류를 심화시키기 위해 노력하고 있는 것이다.

생협은 한국사회에서 제법 오랜 역사를 지닌 로컬푸드운동이다. 지역에서 생산된 것을 지역에서 소비하자는 로컬푸드운동의 핵심은 거리를 줄이는 데 있다. 물리적 거리와 사회적 거리 모두의 축소를 의미한다. 첫째, 생산지와 소비지의 물리적 거리를 줄이고자 한다. 먹거리 이동거리의 감소는 농민들에게 경제적으로 정당한 몫을 제공하고, 소비자들도 비교적 저렴한 가격으로 즐길 수 있게 한다. 또 이동거리가 줄어들면서 신선한 농산물을 먹을 수 있으며, 화석연료 사용량과 이산화탄소의 방출량이 감소한다. 둘째, 로컬푸드는 생산자와 소비자 사이의 사회적 거리를 줄이는데, 이는 양자 간의 신뢰를 증대시킨다. 신뢰가 쌓임으로써 먹거리의 안전이 자연스레 확보되고, 상품화된 식품이 야기했던 생산자와 소비자의 먹거리에 대한 소외를 줄여줄 수 있다. 익명적 시장에서 심화된 상품 물신주의를 벗어던질 수 있는 것이다.

먹거리주권은 보편적인 권리다. 누구나가 안전한 먹거리를 안정적으로 먹을 수 있어야 비로소 먹거리주권의 확보를 얘기할 수 있다. 이는 요원한 과제다. 몇몇 주체에 의해 시작되더라도, 사회적으로 확산되고 보편적 권리로 제도화되어야 하기 때문이다. 모두가 먹지 않으면 살 수 없다는 명제 앞에서 겸손해질 필요가 있다. 거품과 겉멋을 벗어던지고, 제대로 먹는 법부터 배우고 더불어 먹는 문화를 만들 때다.

그렇다면 지속가능한 농식품체계는 무엇인가? 구체적인 모습을 모두 그려내기는 어렵지만, 다음과 같은 몇 가지 조건을 갖추어야 한다. 첫째, 모든 사람에게 충분한 먹거리를 제공할 수 있어야 한다. 먹거리 보장의 문제는 궁극적으로 사회정의와 주체적 의사결정의 문제로 연결된다. 결국 최근 비아캄페시나에서 제기하고 있는 먹거리주권의 시각에서 먹거리 생산, 유통, 소비의 구조를 재편해야 한다. 둘째, 안전하고 건강한 음식을 생산해야 한다. 식품 안전의 문제를 개인의 차원에서 바라볼 것이 아니라 공공성의 측면에서 접근해야 한다. 유기농 역시 이런 시각에서 바라볼 필요가 있다. 그동안 농약에 찌들어 살았던 농민들도 이제는 자신의 건강을 지키며 자연의 방식으로 농사를 지을 수 있어야 한다. 셋째, 먹거리의 단순유통 혹은 짧은 공급사슬을 기반으로 하는 농식품 공급체계가 만들어져야 한다. 즉, 생산자로부터 소비자까지의 이동거리가 짧고, 그 단계가 간단한 것이 좋다. 중간 단계를 적게 거치기 때문에 농식품의 투명성이 높아지고, 신선도 역시 보장할 수 있다. 또 생산자와 소비자 사이의 사회적 관계가 형성될 가능성이 높아진다. 신뢰와 유대 등 사회적 배태성이 확보될 수 있는 것이다(김철규, 2011). 가능하면 지역에서 생산되고 소비되는 방식으로 전체 농식품 체계가 재편될 필요가 있다. 최근에 관심을 많이 끌고 있는 농민시장, 공동체지원농업, 생협의 확산 등이 중요한 대안으로 고려되어야 한다. 넷째, 개개인이 수동적인 소비자가 아니라 먹거리시민으로 전환되는 과정, 즉 주체 형성이 필요하다. 개인적이고 사적인 것으로 보이는 먹거리 소비를 통한 정치를 기획해야 한다. 다섯째, 먹거리 문제를 사회-생태적 정의social and environmental justice 차원에서 바라볼 필요가 있다. 사회적 약자의 먹을 권리에 대한 관심과 배려, 다른 종들(예컨대 동물복지)의 권리 문제 등에 대한 성찰이 필요하다. 이런 면에서, 먹거리를 둘러싼 제도적 차원의 변화가 요구된다. 정부와 시민사회가 우리 농식품 체계의 미래를 기획하기 위한 협치체계를 만들어야 한다. 이러한 제도적 장치에 의해 먹거리의 생산, 유통, 소비를 전체론적으로 바라보고, 어떻게 지속가능한 농식품체계를 만들 것인가에 대한 의사소통이 요구된다. 성찰과 소통의 과정이 지속가능한 농식품체계 구상의 중요한 요소다(Hinrich, 2010: 32).*

---

* 이러한 대안농식품체계 구상에 있어서 먹거리사회학자들의 연구와 개입의 중요성을 힌리치는 강조한다. 국내 먹거리사회학의 역사가 일천하고, 연구 성과가 미흡한 상황에서 보다 많은 연구자의 관심과 노력이 필요하다고 하겠다.

참고문헌

고원, "박정희 정권시기 농촌 새마을운동과 '근대적 국민' 만들기",《경제와 사회》69호, 2006.

공제욱, "혼분식 장려운동과 식생활의 변화",《경제와 사회》77호, 2008.

공지영,《봉순이 언니》, 오픈하우스, 2010.

권미영, "생협 회원의 사회적 자본과 사회적 립틱에 관한 연구", 고려대학교 대학원 석사학위논문(미간행), 2010.

김기섭, "생활협동조합의 현황과 과제",《농정연구》14호, 2005.

김병태, "농지개혁의 재평가", 장을병 외,《우리시대 민족운동의 과제》, 한길사, 1986, pp. 408~439.

김병택,《한국의 농업정책》, 한울, 2002.

김성훈, "현대판 제국주의 침략, 우루과이라운드",《역사비평》13, 1990.

김원동, "미국 포틀랜드지역의 농민시장 운영실태에 관한 사례연구",《농촌사회》18집 2호, 2008.

김원동, "춘천 농민시장의 현실과 과제",《농촌사회》, 20집 2호, 2010.

김일철, "70년대 새마을운동의 전개과정과 농촌사회의 변화", 한국정신문화연구원,《해방 후 도시성장과 지역사회의 변화》, 1991.

김자경, "로컬푸드시스템 구축을 위한 제주도민의 식생활 현황과 먹을거리 의식에 관한 연구",《농촌사회》20집 2호, 2010.

김종덕, "현대 음식 문화의 반성과 슬로푸드 운동",《환경과 생명》30호, 2001.

김종덕, "미국의 대외정책에서 식량의 정치적 이용",《경제와 사회》28호, 1995.

_____,《원조의 정치경제학》, 경남대학교출판부, 1997.

_____,《농업사회학》, 경남대학교출판부, 2000.

_____, "미국의 공동체 지원농업CSA",《지역사회학》5집 2호, 2004.

_____, "미국의 농민시장",《사회과학연구》15호, 2004.

_____, "지역식량체계 농업 회생방안과 과제", 《농촌사회》 17집 1호, 2007.

_____, 《먹을거리 위기와 로컬푸드》, 이후, 2009.

김진영, "세계화Globalization와 헤게모니", 《한국정치학회보》 32집 1호, 1998.

김태완·김철규, "지역 먹거리 운동 조직과 농민 생활의 변화: 완주로컬푸드협동조합 사례를 중심으로", 《농촌사회》 26집 1호, 2016.

김태호, 《근현대 한국 쌀의 사회사》, 들녘, 2017.

김철규, "현대 미국 농업 구조의 특징과 변화의 동학", 《농촌사회》 9집, 1999.

_____, 《한국의 자본주의 발전과 사회변동》, 고려대학교 출판부, 2002.

_____, "한국 농업체제의 위기와 세계화", 《농촌사회》 16집 2호, 2006.

_____, "신자유주의 세계화와 먹거리 정치", 《한국사회》 9집 2호, 2008a.

_____, "현대 식품체계의 동학과 먹거리 주권", 《ECO》 12집 2호, 2008b.

_____, "한국 로컬푸드 운동의 현황과 과제: 농민장터와 CSA를 중심으로", 《한국사회》 12집 1호, 2011.

_____, "남한 농식품체계의 구조와 변화", 《지역사회학》 15집 2호, 2014.

김철규·김기섭·김흥주·한도현, 《농산물의 대안유통 모델 연구: 사회관계론적 접근》, 명진씨엔피, 2004.

김철규·김상숙·김진영, "대안먹거리운동과 한국의 생협", 《지역사회학》 14집 1호, 2012.

김철규·김선업, "2008 촛불집회와 먹거리 정치", 《농촌사회》, 19집 2호, 2009.

김철규·김흥주·윤병선, "한국인의 환경의식 변화와 신개발주의", 《한국사회》 16집 1호, 2015.

김철규·윤병선·김흥주, "먹거리 위험사회의 구조와 동학", 《경제와 사회》 96호, 2012.

김철규·이지웅, "4대강 사업과 팔당 유기농 공동체", 《ECO》 13집 2호, 2009.

김철규·최창석, "한국의 농업위기와 대안농업", 《농촌사회》 18집 1호, 2008.

김흥상·김석민·이경숙·박영현, 《한국 자본주의와 농업문제》, 아침, 1987.

김환표, 《쌀밥 전쟁》, 인물과사상사, 2006.

김흥주, "학교급식운동을 통한 지역 먹거리체계 구축방안", 《농촌사회》 19집 2호, 2009.

김흥주 외, 《한국의 먹거리와 농업》, 따비, 2015.

박덕병, "미국의 local food system과 공동체 지원농업CSA의 현황과 전망", 《농촌사회》 15집 1호, 2005.

박민선, 「초국적 농식품체계와 먹거리 위기」, 《농촌사회》 19집 2호, 2009.

박환일 외, 《글로벌 식량위기시대의 신식량안보 전략》, 삼성경제연구소 연구보, 2011.

사공용·최지현, "소득증가에 따른 식품소비 변화분석", 《농촌경제연구》 36집 1호, 1995.

서성진, "원주지역 생협운동의 프레임 변화에 관한 연구", 고려대학교 대학원 석사학위논문(미간행), 2010.

송원규·윤병선, "세계농식품체계의 역사적 전개와 먹거리위기", 《농촌사회》 22집 1호, 2012.

송인주, "농업의 산업화와 한국의 축산혁명", 《농촌사회》 23집 1호, 2012.

식품의약품안전처, 《국가 항생제 내성 안전관리사업 연구보고서》, 2006.

우영균·윤병선·김용우, "원주 로컬푸드 발전방안모색을 위한 토론회 자료집", 원주협동조합운동협의회, 2009.

울리히 벡,《위험사회》, 홍성태 옮김, 새물결, 1997.

_____,《글로벌 위험사회》, 박미애·이진우 옮김, 길, 2010.

윤병선,《전후 농업공황의 변용과 국가독점자본의 역할》, 건국대학교 박사학위논문, 1992.

_____,「초국적 농식품 복합체의 농업지배에 관한 고찰」,《농촌사회》 14집 2호, 2004.

_____, "세계 농식품체계하에서 지역 먹거리운동의 의의",《ECO》 12집 2호, 2008.

_____, "지역 먹거리운동의 전략과 정책과제",《농촌사회》 19집 2호, 2009.

_____, "대안농업운동의 전개과정에 대한 고찰: 유기농업운동과 생협운동, 지역 먹거리운동을 중심으로",《농촌사회》 20집 1호, 2010.

윤병선·우장명·박대호, "관계성 측면에서 본 지역 먹거리 운동의 의의: 청주지역의 사례를 중심으로", 한국사회학회 후기사회학대회 발표문, 2009.

윤병선·김선업·김철규, "농민시장 소비자와 배태성: 원주 농민시장 참여 소비자의 태도에 관한 경험적 연구",《농촌사회》 21집 2호, 2011.

윤정원, "얼굴 있는 생산자와 마음을 알아주는 소비자가 함께 하는 '우리텃밭'",《로컬푸드 전국대회 in 원주》, 원주푸드위원회 심포지엄 자료집, 2010.

윤형근,「먹을거리의 공공화와 새로운 지역자립운동」,《환경과 생명》 49호, 2006.

이경숙,「한국 농지개혁 결정과정에 관한 재검토」, 김홍상 외,《한국 자본주의와 농업문제》, 아침, 1986.

이은희, "설탕과 근대 한국인", 지역재단 먹거리 포럼 발표문, 2016.

이해진,「먹거리 위험사회의 구조와 특성」. 한국사회학회 2012년 전기 학술대회, 2012.

임혁백,《비동시성의 동시성》, 고려대학교 출판문화원, 2014.

장 지글러,《왜 세계의 절반은 굶주리는가?》, 유영미 옮김, 갈라파고스, 2007.

전종석, "지역 먹거리와 함께: 마서동네장터 운영사례",《로컬푸드전국대회 in 원주》, 원주푸드위원회 심포지엄 자료집, 2010.

정규호, "생협의 지역화 전략: 한살림의 지역살림운동 경험",《사회적경제연구회 월례세미나 자료》(25회), 2011.

정은미,「한국 생활협동조합의 특성」,《농촌경제》 29집 3호, 2006.

정은정,《대한민국 치킨전》, 따비, 2014.

정은정·허남혁·윤정원, "한국의 CSA와 전여농 우리텃밭 사업", 한국농촌사회학회 심포지엄 발표 원고, 2010.

정진성·이재열 외,《위험사회, 위험정치》, 서울대학교 출판문화원, 2010.

조승연,《한국농촌사회변동과 농업생산구조》, 서경문화사, 2000.

조완형, "생협운동의 최근 동향과 대응과제",《한국협동조합연구》 24집 1호, 2006.

_____, "한국 협동조합의 친환경유기농업 추진 경과와 과제",《유기농업의 발자취와 미래》, 한국유기농업학회 상반기 학술대회 자료집, 2010.

지경식, "2010 농업인 새벽시장 운영현황",《로컬푸드전국대회 in 원주》, 원주푸드위원회 심포지엄 자료집, 2010.

프란시스 무어 라페·애나 라페, 《희망의 경계》, 신경아 옮김, 이후, 2005.

하재찬, "청주·청원 로컬푸드 운동과 농민장터", 《로컬푸드 전국대회 in 원주》, 원주푸드위원회 심포지엄 자료집, 2010.

한국농촌경제연구원, 《국제 곡물시장 분석과 수입방식 개선방안》, 2009.

한도현, "국가권력의 농민통제와 동원정책", 한국농어민연구소 엮음, 《한국 농업·농민문제 연구 2》, 1989.

허남혁, "생협 생산자 조직의 생산-소비 관계 변화", 《농촌사회》 19집 1호, 2009.

Arrighi, G., *The Long Twentieth Century*, London: Verso, 1994.

Beardsworth, Alan and Teresa Keil, *Sociology on the Menu*, New York: Routledge, 1997.

Blay-Palmer, Alison (eds), *Imagining Sustainable Food Systems : Theory and Practice*, Surrey, England: Ashgate Publishing, 2010.

Blay-Palmer, Alison, *Food Fears: From Industrial to Sustainable Food Systems*, Aldershot: Ashgate Publishing, 2008.

Block, Fred, *Postindustrial Possibilities*, Berkeley: University of California Press, 1990.

Brown, L., "The world is closer to a food crisis than most people realise", 2012.7. Guradian. http://www.guardian.co.uk/environment/ 2012/jul/24/ world-food-crisis-closer. (2012.10.15. 접속)

Burch, David and Geoffrey Lawrence (eds), *Supermarkets and Agri-food Supply Chains: Transformations in the Production and Consumption of Foods*, Chelternham, UK; Edward Elgar, 2007.

Carolan, *The Sociology of Food and Agriculture*, London: Earthscan, 2012.

Cuming, B., *The Origins of Korean War*, Vol. 1. Princeton University Press, 1981.

Dixon, J., "A cultural economy model for studying food systems", *Agriculture and Human Values* 16(2).

Dixon, J., "From the imperial to the empty calorie: how nutrition relations underpin food regime transitions", *Agriculture and Human Values* 26(4), 2009, pp. 321~331.

Foster, John Bellamy and Fred Magdoff, "Liebig, Marx, and the Depletion of Soil Fertility: Relevance for Today's Agriculture", in Fred Magdoff, John Bellamy Foster, and Fredrick H. Buttel (eds), *Hungry for Profit: The Agribusiness Threat to Farmers, Food, and the Environment*, Monthly Review Press: London, 2000.

Foster, John Bellamy, "Marx's theory of metabolic rift", *American Journal of Sociology*, 105(2), 1999, pp. 366~405.

Foster, John Bellamy, *Marx's Ecology: materialism and nature*, Monthly Review Press: London, 2000.

_____, "Capitalism and Ecology: The Nature of the Contradiction", *Monthly Review* 54(4), 2002.

Friedland, W., "Commodity systems analysis", *Research in Rural Sociology and Development* 1, 1984, pp. 221~235.

Friedland, W., A. Barton and R. Thomas, *Manufacturing Green Gold*, Cambridge University Press, 1981.

Friedmann, H., "World market, state, and family farm", *Comparative Studies in Society and History* 20(4), 1978, pp. 546~585.

_____, "The political economy of food" In M. Burawoy & T. Skocpol (eds), Marxist Inquiries, *American Journal of Sociology*, 88(suppl.), 1982, pp. 248~286.

_____, "Family farms and interantional food regimes" in Shanin, T. (ed), *Peasants and Peasant Studies*, Oxford: Blackwell, 1987.

Friedmann, H. and P. McMichael, "Agriculture and state system: The rise and fall of national agriculture", *Sociologia Ruralis* 29(2), 1989.

Hinrichs, Clare, "Embededdness and local food systems: notes on two types of direct agricultural market", *Journal of Rural Studies*, 16, 2000, pp. 295~303.

Hinrichs, Clare, "Conceptualizing and Creating Sustainable Food Systems" in Blay-Palmer, Alison (eds), *Imagining Sustainable Food Systems: Theory and Practice*, Surrey, England: Ashgate Publishing, 2010.

_____, "Sustainable Food Systems: Challenges of Social Justice and a Call to Sociologists", *Sociological Viewpoint* 26(2), 2010b, pp. 7~18.

James, Jr. H. S., Hendrickson, M. K. and Howard, P. H., "Networks, Power and Dependency in the Agrifood Industry", working paper, University of Missouri, 2012.

Kenny, M., L. Lobao, J. Curry, and W. R. Goe, Midwestern Agriculture in US Fordism, *Sociologia Ruralis* 24(2), 1989, pp. 131~148.

Kim, Chul-Kyoo. 2008. "The Global Food Crisis and Food Sovereignty in South Korea", World Food Crisis: Social and Economic Threats and Challenges in Northeast Asia. Proceedings of 2nd Jeju Peace Institue-Friedrich Naumann Foundation for Liberty Joint Workshop. October 17.

Kim, Chul-Kyoo and James Curry, "Fordism, Flexible Specialization and Agri-industrial Restructuring: The Case of the US Broiler", *Sociologia Ruralis* 33(1), 1993, pp. 61~80.

Kirwan, J., "Alternative strategies in the UK agro-food system: interrogating the alterity of farmers' markets", *Sociologia Ruralis* 44, 2004, pp. 395~415.

Kneen, Brewster, *From Land to Mouth*, Toronto: NC Press LTD, 1993.

Le Heron, R., *Globalized Agriculture: Political Choice*, Oxford: Pergamon Press, 1993.

Lee, R., "Shelter from the storm? Geographies of regard in the world of horticultural cosumption and production", *Geoforum* 31, 2000, pp. 137~157.

Lyson, Thomas, *Civic Agriculture*, Medford, MA: Tufts University Press, 2004.

Magdoff, F., J. B. Foster, and F. Buttel (eds), *Hungry for Profit*, New York: Monthly Review Press, 2000.

Mann, S. and J. Dickinson, "Obstacles to the development of capitalist agriculture", *Journal of Peasant Studies* 5(4), 1978, pp. 466~481.

Marx, K., *Capital* Vol. 1, New York: Vintage Books, 1977.

McMichael, P., "Global Development and the Corporate Food Regime" In Frederick H. Buttel and Philip McMichael (eds), *New Directions in the Sociology of Global Development* Volume II, JAI Press, 2005.

McFadden, Steven, Community Farms in the 21st Century, 2009.

McMichael, P., "Food security and social reproduction" in I. Bakker & S. Gill, 2003.

_____, "Global development and the corporate food regime" in F. Buttel and P. McMichael (eds), *New Directions in the Sociology of Global Development* Vol. 2, Bingley, UK: Emerald Press, 2005.

_____, "A food regime genealogy", *Journal of Peasant Studies* 36(1), 2009.

_____, "A food regime analysis of the 'world food crisis'", *Agriculture and Human Values* 26, 2009.

Patel, Raj, *Stuffed and Starved: Markets, Power and the Hidden Battle for the World's Food System*, London, UK: Portabello Books, 2007.

Pfeiffer, D. A., *Eating Fossil Fuel: Oil, Food and the Coming Crisis in Agriculture*, Gabriola Island, BC: New Society Publishers, 2006.

Polanyi, Karl, *The Great Transformation: The Political and Economic Origins of Our Time*, Boston, MA: Beacon Press, 1957.

Pollan, Michael, *The Omnivore's Dilemma*, New York: Penguin, 2006.

Ritzer, G., *The McDonaldization of Society*, Pine Forge, 2004.

Rosin, Christopher, Stock, Paul, and Hugh. Campbell, *Food Systems Failure*, London: Earthscan, 2012.

Sage, C., "Social embeddedness and relations of regard: alternative 'good food' networks in south-west Ireland", *Journal of Rural Studies* 19, 2003, pp. 47~60.

Schlosser, Eric, *Fast Food Nation: The Dark Side of the All-American Meal*, Boston, MA: Houghton Mifflin, 2001.

Smith, M. J., "From policy community to issue network: salmonella in eggs and the new politics of food", *Public Administration* 69, 1995, p. 235.